2026 기업법 I 필기노트

상법총칙 / 상행위 / 회사법

공인회계사 시험대비

머리말

　법적 분쟁을 해결하기 위해 가장 중요한 역량 중 하나는 "복잡한 쟁점을 간명하게 풀어내는" 능력입니다. 한편 복잡한 쟁점을 간명하게 풀어내기 위해 가장 효과적인 방법은 "도식화"입니다. 편저자 역시 해결하기 어려운 문제가 있을 때 연습장과 연필을 꺼내어 그림을 그려가며 사실관계를 정리하다 보면, 자신도 모르게 사건 전체가 파악되고 문제해결의 실마리를 찾게 되는 놀라운 경험을 여러 차례 한 바 있습니다.

　수험공부도 마찬가지입니다. 어려운 법리나 사실관계가 복잡한 판례를 도식화해서 정리하면 개념 전체가 자연스레 이해됩니다. 이와 같은 이유로 저는 강의시간에 항상 그림을 통한 도식화를 강조합니다.

　다만 도식화된 필기내용을 빠짐없이 받아 적는 데 너무 많은 시간이 든다며 애로사항을 호소하는 수험생들이 여럿 있었습니다. 이에 수험생들의 건의를 받아들여 강의내용을 정리한 **필기노트**를 출간하였습니다. 수험생들이 강의를 들으면서 **필기노트**를 잘 활용한다면 필기에 들어가는 노고를 상당 정도 줄일 수 있습니다. 덧붙여 강의를 듣고 난 뒤 복습하는 과정에서 **필기노트**에 도식화된 내용을 다시 한 번 정리하면, 굳이 암기하려 하지 않아도 관련 개념이 머릿속에 자연스레 각인될 것입니다.

　기업법 공부를 시작할 때부터 시험을 앞두고 마무리하는 과정까지 이 **필기노트**가 유용한 수험의 도구가 될 것이라 생각합니다. 아무쪼록 이 **필기노트**로 공부하는 모든 수험생들에게 단기합격의 영광이 함께 하길 기원합니다.

2025. 4. 어느 새벽에
편저자 정인국

CONTENTS

Part 01 | 상법총칙

제1장 상법서론
제1절 상법의 개념 / 8
제2절 상법의 특성 / 8
제3절 상법의 법원 / 8

제2장 상인과 설비
제1절 상인 / 10
제2절 상업사용인(기업의 인적설비) / 16
제3절 기업의 물적설비 / 23

제3장 영업의 공시와 양도
제1절 상업등기 / 33
제2절 영업양도 / 37

Part 02 | 상행위

제1장 상행위 총론
제1절 상행위의 개념 / 44
제2절 상행위의 특칙 / 45
제3절 상사매매 / 53
제4절 상법상의 특수한 계약 / 56

제2장 상행위 각론
제1절 대리상 / 61
제2절 중개업 / 64
제3절 위탁매매업 / 66
제4절 운송업 / 71
제5절 운송주선업 / 79
제6절 공중접객업 / 82
제7절 창고업 / 83
제8절 새로운 상행위 / 86

Part 03 | 회사법

제1장 회사법 통칙
제1절 회사의 개념 / 90
제2절 회사의 종류 / 93
제3절 회사의 능력 / 96
제4절 회사의 설립 / 97
제5절 회사의 기구변경(구조조정) / 101
제6절 회사의 해산과 청산 / 118

제2장 주식회사의 설립
제1절 주식회사의 3요소 / 123
제2절 설립의 방법과 절차 / 124
제3절 설립에 관련된 문제점 / 130

제3장 주식과 주주
제1절 주식과 주주의 개관 / 134
제2절 주권과 주주명부 / 143
제3절 주식의 양도와 제한 / 151
제4절 주식에 관한 그 밖의 문제 / 162

제4장 주식회사의 기관(상)
제1절 주주총회 / 168

제5장 주식회사의 기관(하)
제2절 이사회와 대표이사 / 186

제3절 감사와 감사위원회 / 209

제6장 주식회사의 그 밖의 제도
제1절 자본금의 증감 / 216

제2절 정관의 변경과 회사의 계산 및 사채 / 226

제7장 그 밖의 회사
제1절 합명회사 / 242

제2절 합자회사 / 245

제3절 유한회사 / 246

제4절 유한책임회사 / 249

부록1 앞글자 정리사항 / 251

부록2 상법상 추정규정 정리 / 261

PART 1

상법총칙

Chapter 01 상법서론

제1절 | 상법의 개념

P 3

* 상법
    - 형식적 의미 : 상법(전)
        - 상법총칙 / 상행위
        - 회사법
        - 보험 · 해상
        - 항공
    - 실질적 의미 : 기업관계에 관한 법규의 총체

제2절 | 상법의 특성

P 4

* 상법의 기본이념
    - 기업 내부의 측면 : 기업의 유지 강화
    - 기업 외부의 측면 : 거래의 신속 · 안전

제3절 | 상법의 법원

P 5

* 민법과 상법의 적용 영역

    민법
    → 시민

    상법
    → 상인

* 상법과 민법의 관계 : 특별법과 일반법 관계
- 상법에 규정이 없는 경우 → 민법 규정을 적용(예 미성년자)
- 민법과 상법의 규정이 다른 경우 → 상법규정을 우선 적용(예 법정 이율 : 민법 5%, 상법 6%)
- 상법 특유의 제도 → 상법규정 적용(예 상업등기, 상호계산)

P 6

* 관습법

관습 —— 법적확신 ——→ 규범   예 주식양도담보

* 판례의 구속력
- 사실적 구속력 : O ⎤
- 법적 구속력 : X   ⎦ 하급법원은 기존 판례와 달리 판단할 수 있다.
                      (판례의 법원성 부인)

* 적용순서

상사자치법   예 회사의 정관
↓
상사특별법   예 자본시장법, 전자상거래법
↓
상법
↓
상사관습법(불문법) ··· 불문법인데도 불구하고 민법에 우선
↓
민법(성문법)
↓
조리

Chapter 02 상인과 설비

제1절 | 상인

P 7

* 법률행위 : 권리와 의무를 발생시키는 행위
  (↔ 사실행위)

```
        토지
         |
         A  ─── 의무   토지   권리 ───  B
       매도인  ←── 대금 ──              매수인
              권리         의무
```

* 민법상의 능력제도

		의미	자연인	법인
순서 ↓ 능력	권리의무 능력	권리·의무의 주체가 될 수 있는 능력(人)	출생시	설립등기시
	의사능력	사리분별할 수 있는 능력	유아, 만취자, 약물중독자는 인정 X	문제 X (∵기관이 활동)
	법률행위 능력	법률행위 효과를 (권리·의무) 감당할 수 있는 능력	미성년자, 피한정후견인, 피성년후견인은 제한 〈제한능력자〉	청산중인 법인은 영업능력 인정 X

P 8

* 영업성 ─ 영리성 : 이윤 추구
         ├ 계속성
         └ 대외적 인식가능성

	(영리성 : 이윤추구) 상인	(영리성 : 이윤추구 & 이익분배) 회사
남양유업	○	○
연세우유	○	×

P 9

* 판단순서
  영업성 인정 → 당연상인 → 의제상인

* 당연상인과 의제상인

  (상인) 주체   VS   (상행위) 행위

  (상법 제4조)
  당연상인 : 상행위를 하면 누구든지 (실질주의)
          ↳ 상법 제46조   의제 = 간주 = 본다
          판단순서
          ↓
  의제상인 : 상인이기만 하면, 상행위가 아니어도 (형식주의)
  (상법 제5조) ↳ 설비상인, 민사회사
              (자연인) (법인)

P 10

* 민사회사

	적용법규	영리내용	상인성
영리법인(회사)	상법	상행위 → 상사회사	당연상인
		기타 → 민사회사	의제상인
비영리법인	민법		

법인
├ 영리법인(회사) ─ 상법 ─ 상행위 → 상사회사 / 당연상인
│   └ 기타 → 민사회사 / 의제상인
└ 비영리법인 ─ 민법

```
┌─────────────────────── 법인 ───────────────────────┐
│     ╱───── 영리법인 ─────╲                          │
│    │       → 회사          │      비영리법인         │
│    │  ╱─ 상사회사 ─╲       │                         │
│    │ │  → 당연상인  │ 민사회사                       │
│    │ │     §4      │ → 의제                         │
│    │  ╲───────────╱   상인                          │
│     ╲                 §5.②                         │
└────────────────────────────────────────────────────┘
```

P 11

* 소상인

┌ 지배인
├ 상호   ┐
├ 상업장부   ├ 적용 X
└ 상업등기   ┘

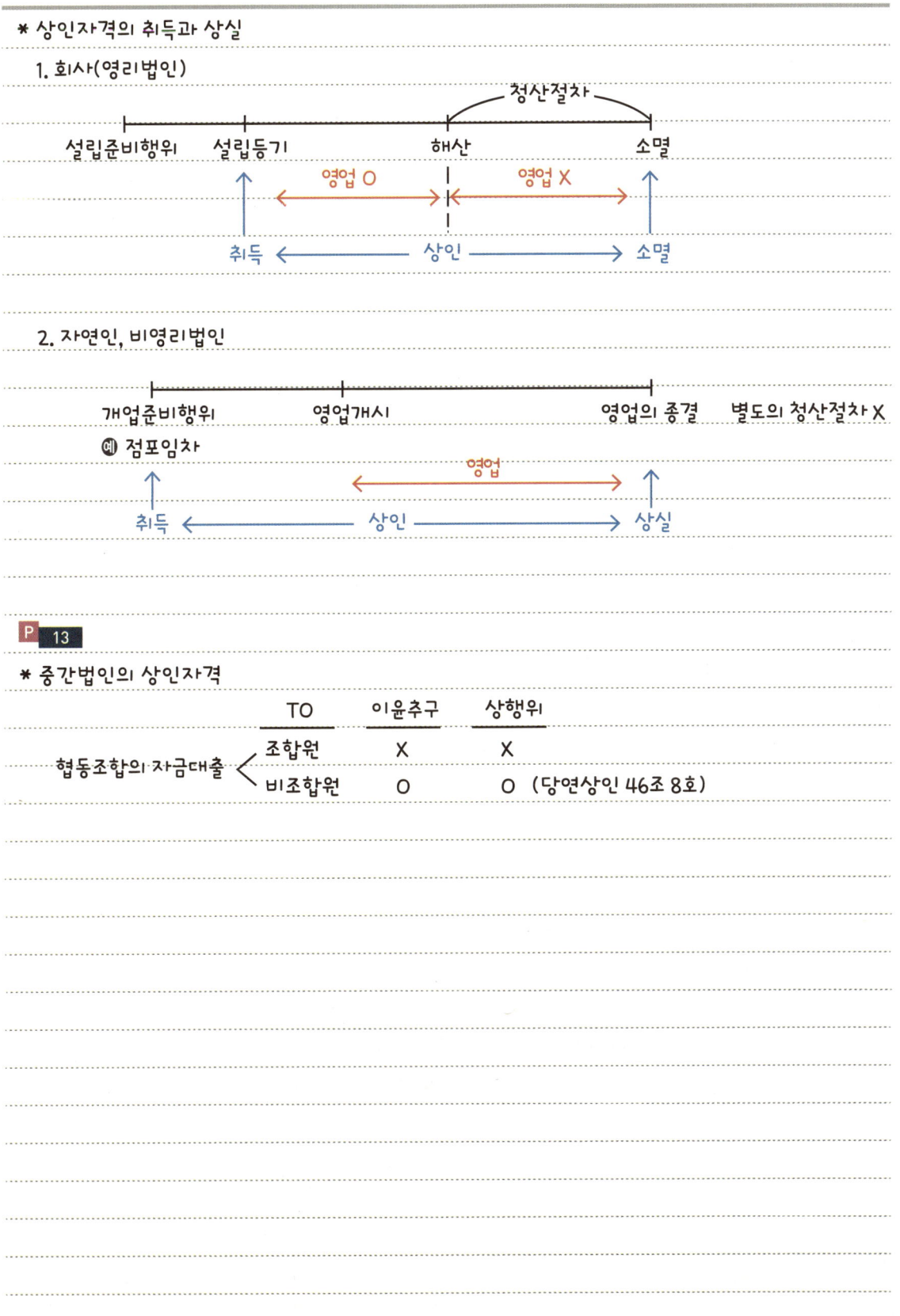

※ 민법의 행위능력 관련 용어개정

```
    ┌─ 무능력자  ──────→  제한능력자
    │
    │   ┌ 미성년자   ──────→  미성년자
    └─→ │ 한정치산자 ──────→  피한정후견인
        └ 금치산자   ──────→  피성년후견인
```

※ 제한능력자의 행위

	IF) 단독으로 법률행위시	법정대리인 허락	법정대리인 대리
미성년자	취소가능	취소불가능	취소불가능
피성년후견인 (금치산자)	취소가능	취소가능 (∵ 허락 자체가 불가능)	취소불가능

※ 제한의 정도

피한정후견인 ─────── 미성년자 ─────── 피성년후견인
　　(약)　　　　　　　　　　　　　　　　　(강)

※ 피한정후견인

```
            ┌ 원칙 : 단독으로 가능 ─┬ 영업
            │                      └ 무한책임사원
행위능력 ───┤                                        등기
            │                              ┌ 허락 필요   X
            └ 법원이 제한한 경우 : 법정대리인
                                           └ 대리 필요   O
```

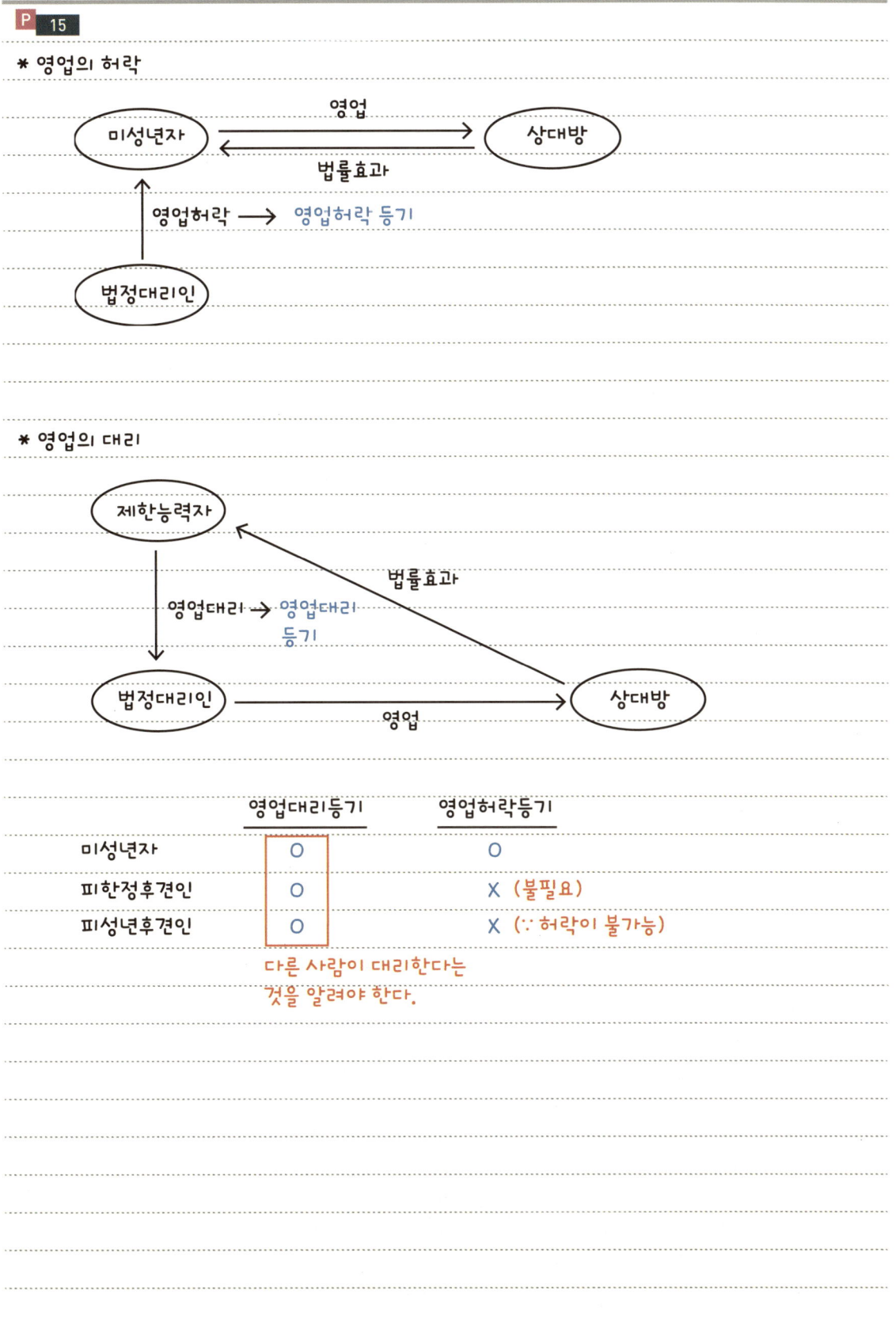

제2절 | 상업사용인(기업의 인적설비)

P 15

* 영업의 설비

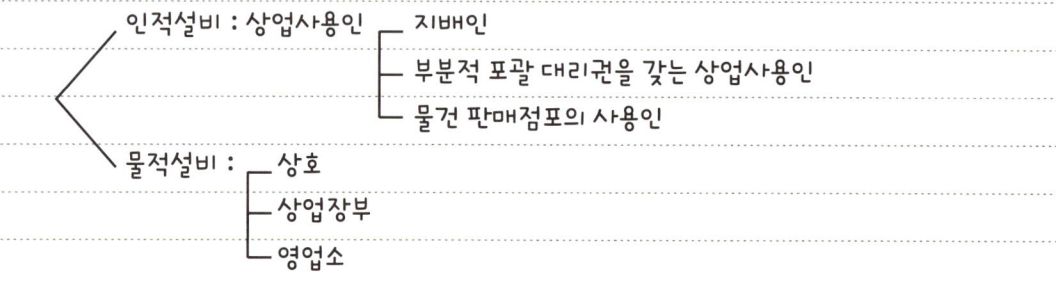

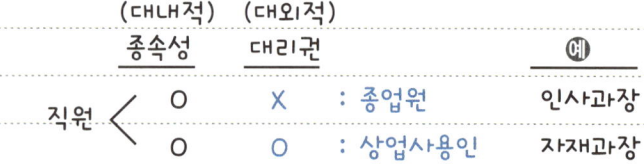

P 16

* 지배인의 의의

1. 민법상 대리

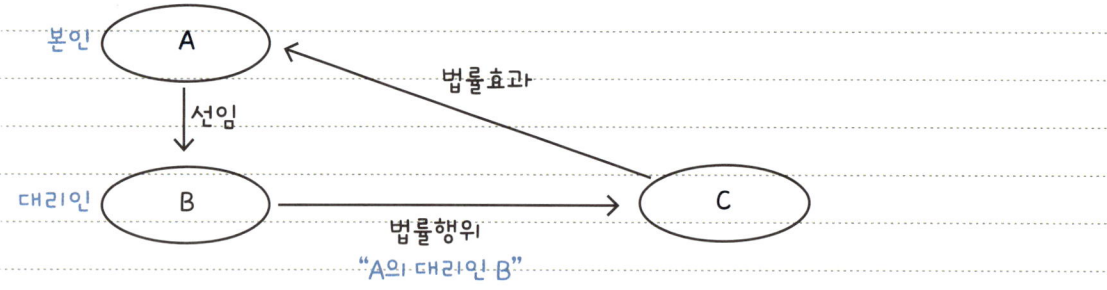

2. 대표이사   3. 지배인

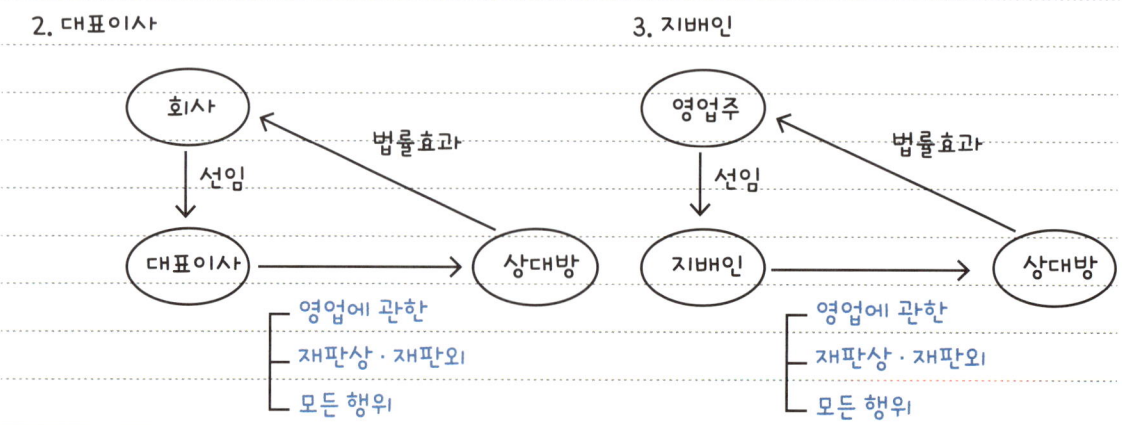

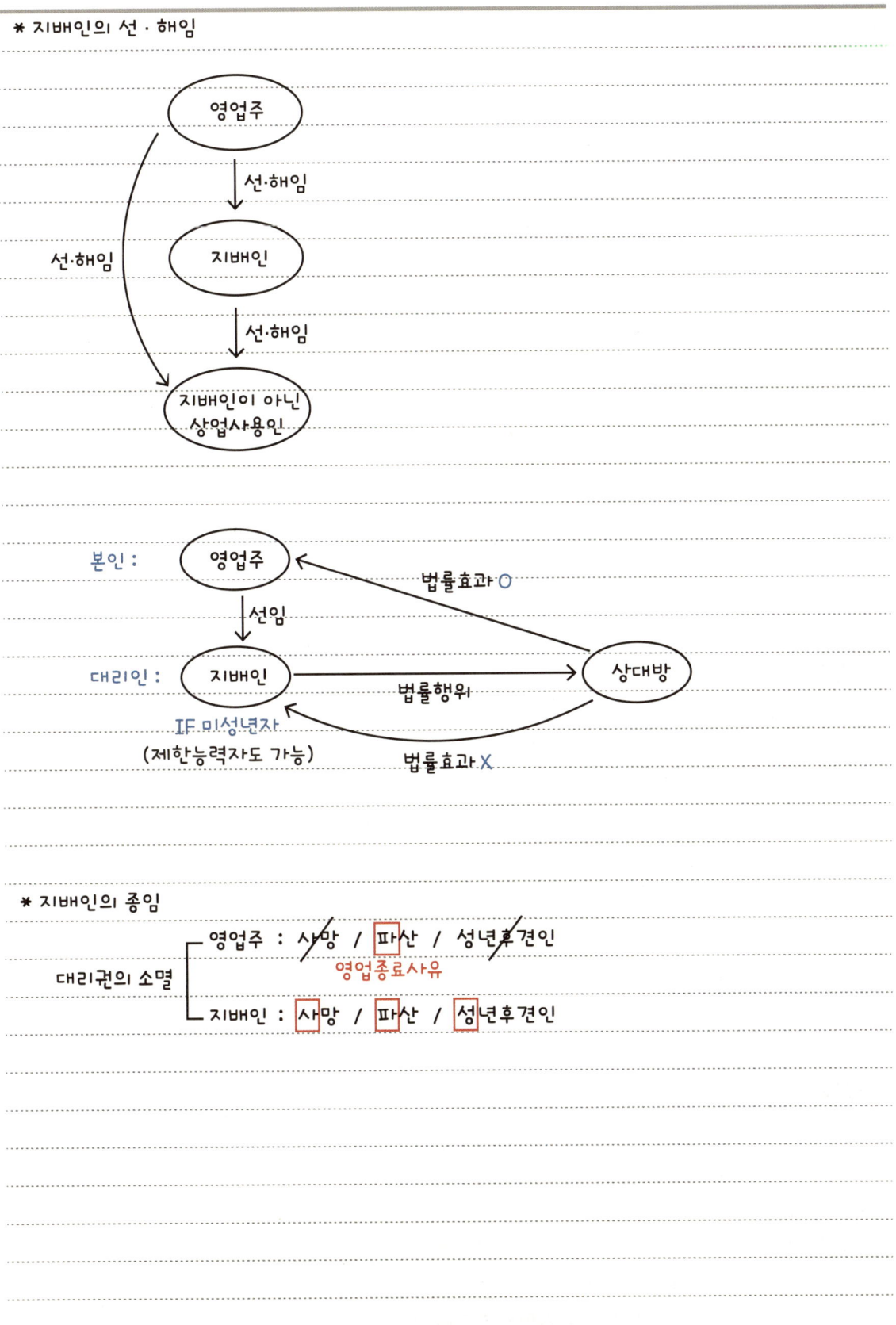

P.17

* 지배인 등기

ex) 복수의 영업소 — 5개 영업소
 　　　　　　　　 5명 지배인

영업주 — 개인 : 각 영업소마다 지배인 등기 (5개의 영업소마다 각각)
　　　　 회사 : 본점소재지에서 지배인 등기 (본점소재지에서 지배인 5명에 대하여)

* 지배권의 제한

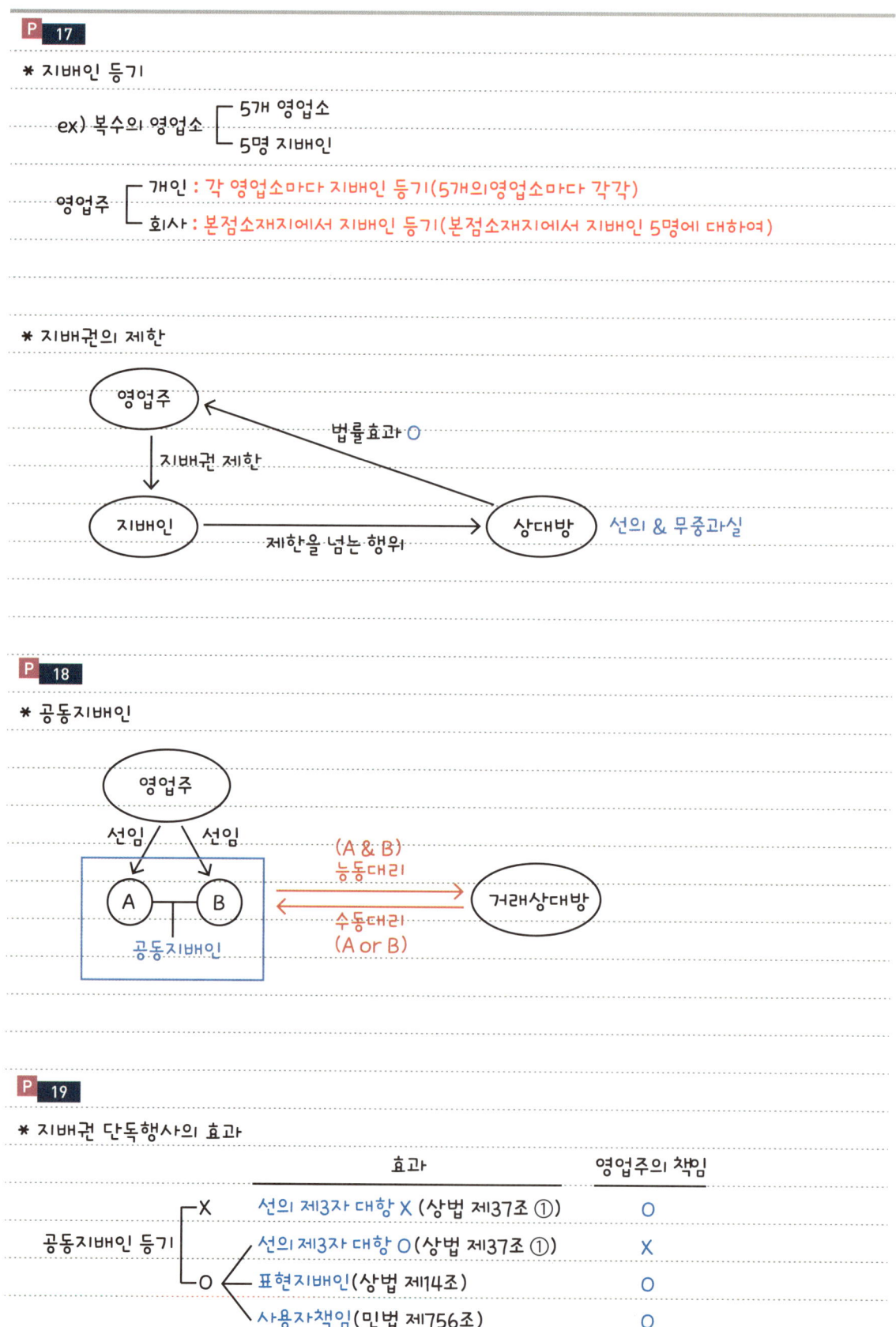

영업주 ← 법률효과 ○
　↓ 지배권 제한
지배인 → 상대방 : 선의 & 무중과실
　　　제한을 넘는 행위

P.18

* 공동지배인

영업주
선임 ↙ ↘ 선임
[A — B] ⇄ 거래상대방
공동지배인
능동대리 (A & B)
수동대리 (A or B)

P.19

* 지배권 단독행사의 효과

	효과	영업주의 책임
공동지배인 등기 X	선의 제3자 대항 X (상법 제37조 ①)	O
공동지배인 등기 O	선의 제3자 대항 O (상법 제37조 ①)	X
	표현지배인 (상법 제14조)	O
	사용자책임 (민법 제756조)	O

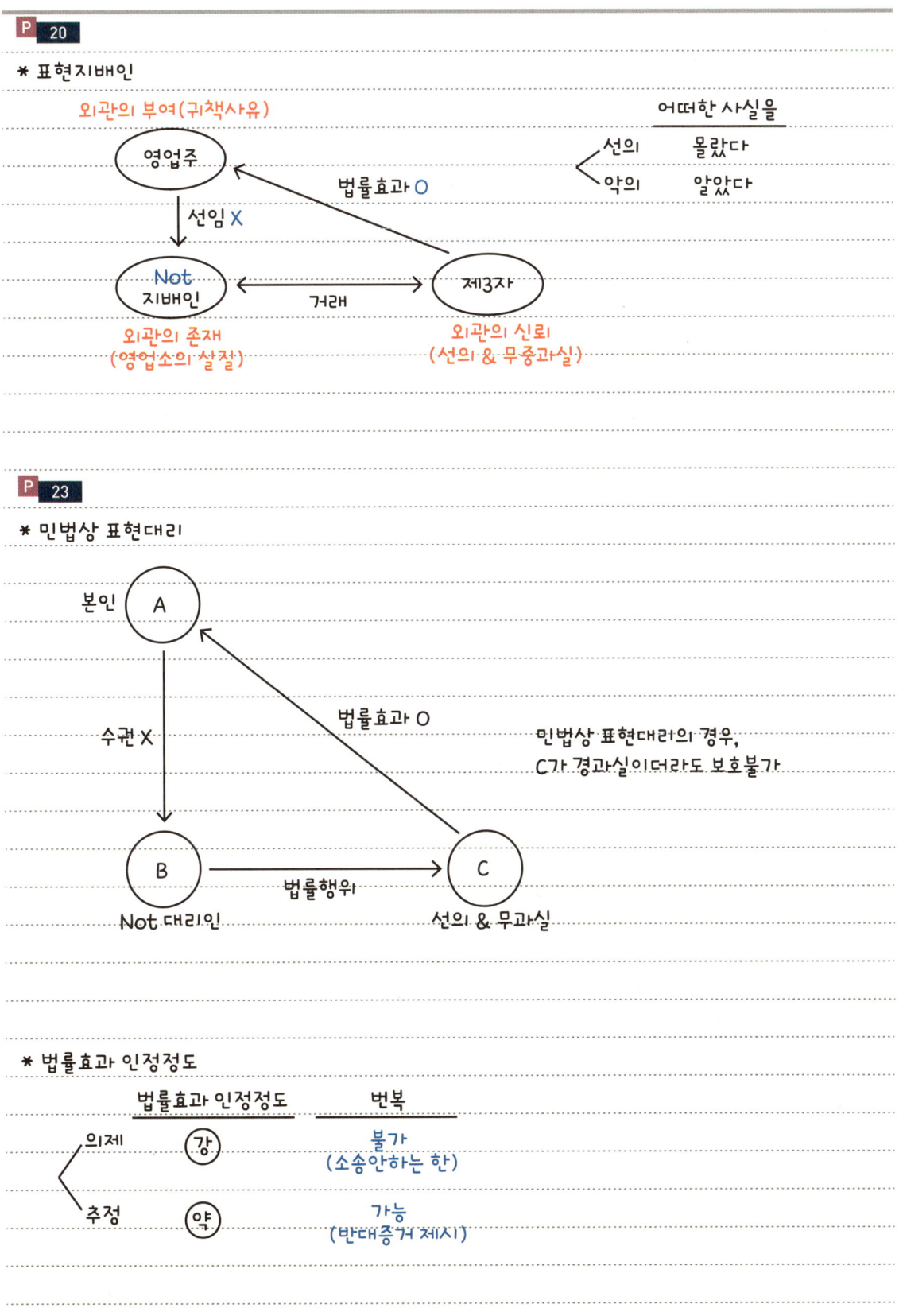

P 24

* 표현지배인의 재판상 행위의 효과는 영업주에게 미치지 않는다. (∵ 거래의 안전과 무관)

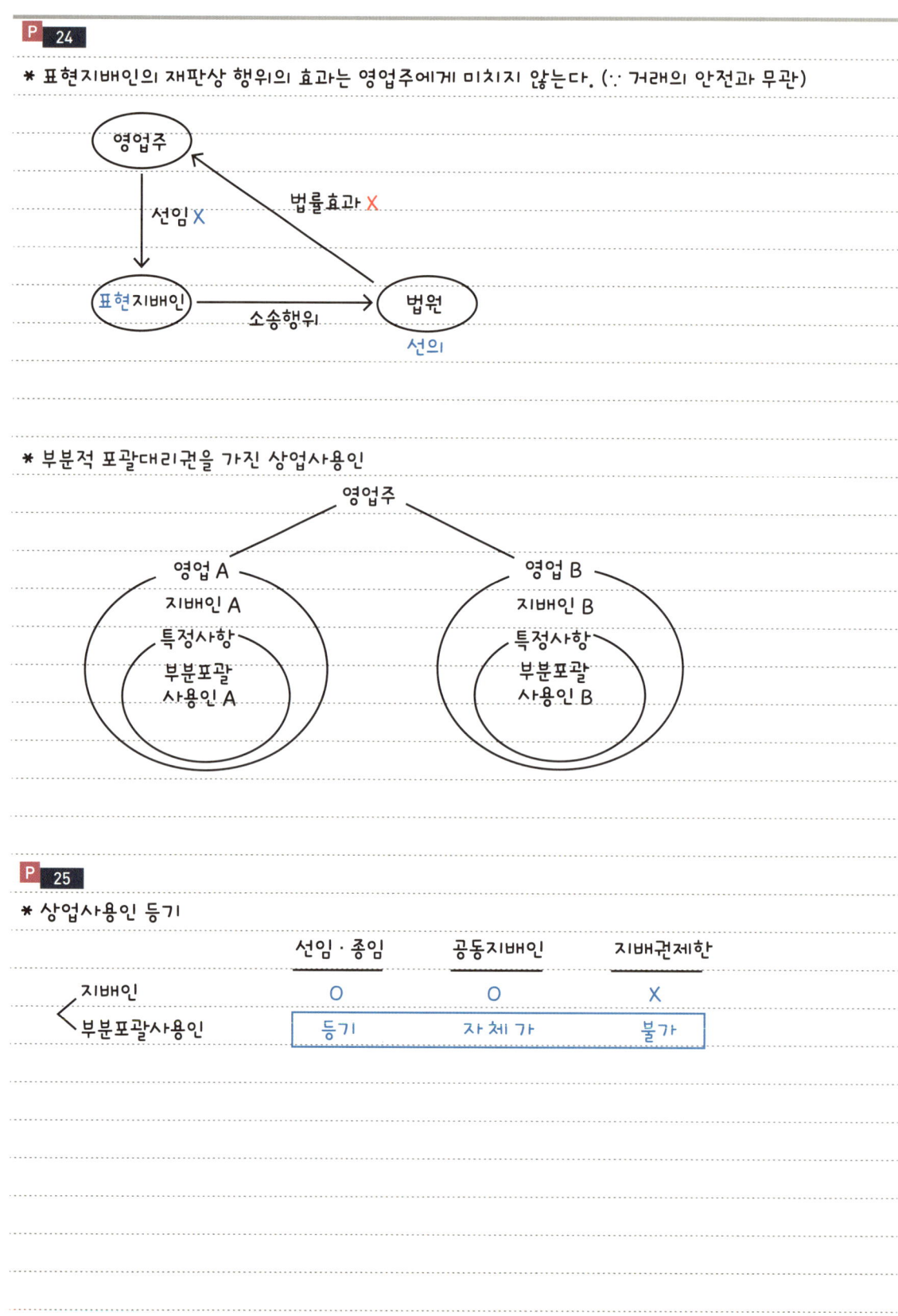

* 부분적 포괄대리권을 가진 상업사용인

P 25

* 상업사용인 등기

	선임·종임	공동지배인	지배권제한
지배인	O	O	X
부분포괄사용인	등기	자체 가	불가

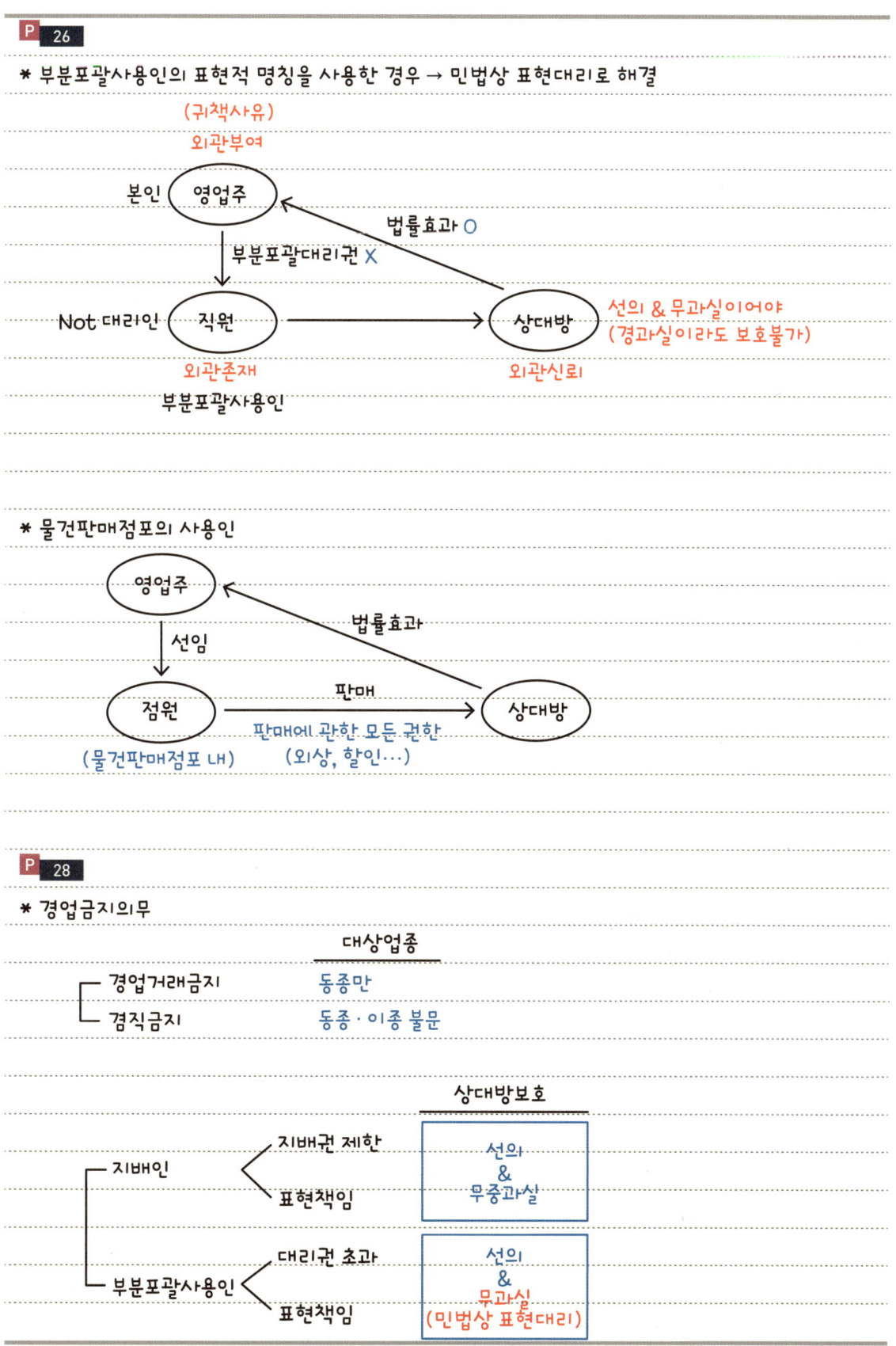

* 경업거래금지의무

	유형	인정여부
개입권	이득의 양도 → 실질적 개입권	O
	직접 거래당사자가 되는 것 → 전면적 개입권	X

```
         (동종영업)
    X  ←─경쟁관계─→  A  ──거래──  B
   영업주
    │              ↑
    │              │
    A ─────────────┘
   사용인
```

P 29

* 권리의 성격

　형성권 : 행사하면 곧바로 법률관계를 발생시키는 권리(상대방이 응하건, 응하지 않건)
　make

　청구권 : 상대방에게 일정한 행위를 요구할 수 있는 권리(상대방이 응할 것인지는 별개의 문제)

	공통점	차이점	사례
소멸시효	일정기간 내 권리를 행사안하면 권리 소멸	중단·정지 가능	청구권(약)
제척기간		중단·정지 불가능	형성권(강)

P 30

* 경업피지의무 위반의 효과

	손해배상청구권	(해임) 계약해지권	개입권
동종 경업 ⓘ래 금지의무	O	O	O (일회성)
겸직 금지의무	O	O	X (계속성)

동종·이종

제3절 | 기업의 물적설비

P 30

* 개인상인은 회사명칭 사용금지

```
              상호(금성 주식회사)
                    +
   회사  ──영업양도──▶  개인상인  ─┬─ 금성사 O
                              └─ 금성주식회사 X
```

* 상호단일주의(회사는 언제나 단일상호만 가능)

영업	상호
단일영업 ─○────○→	단일상호 예) 삼성
복수영업 ───✗───→	복수상호

P 31

※ 상호권

- 상호사용권
- 상호전용권 ─── 상호사용폐지청구
  오로지   ├── 상호등기말소청구
           └── 손해배상청구
- 선등기자의 등기배제청구권

	의미
상호사용권	내가 사용할 수 있는 권리
상호전용권	남을 못쓰게 하는 권리

P 32

※ 상호사용폐지 청구권자

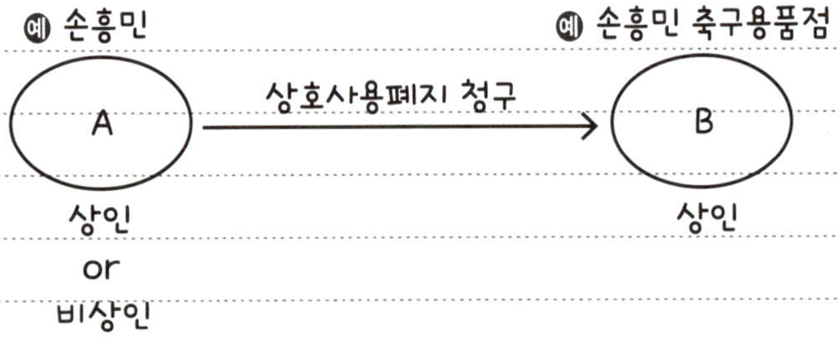

예) 손흥민   예) 손흥민 축구용품점

(A) ──상호사용폐지 청구──▶ (B)

상인   상인
or
비상인

* 상호전용권과 등기의 관계

A —— 상호사용폐지청구 → B

	등기 전	등기 후
요건 (상법 제23조 ②)	손해를 받을 염려	손해를 받을 염려가 없더라도
증명책임 (입증책임)	타인의 부정한 목적을 입증하여야 함 (원고가 입증) A	타인의 부정한 목적이 추정됨 (피고가 입증) ← 부정한 목적이 없음을 B

* 부정한 목적

고려당 —— 상호사용폐지청구 X → 서울고려당 마산분점   ∴ 부정한 목적이 인정 X
in 마산   (피고가 증명에 성공)
since 1959   1991년
선등기

P. 33

* 타인 영업으로 오인할 수 있는 상호

1. 현대증권 —— 상호사용폐지청구 O → 현대차증권 (동종)   HMC증권
   (유사한 상호)   (상호변경)

2. 롯데 —— 상호사용폐지청구 O → 롯데경영아카데미 (이종)
   (널리 알려져 있는)

3. 김영모과자점 —— 상호사용폐지청구 O → 김영모빵집
   (유사한 상호)

4. 김영모과자점 —— 상호사용폐지청구 O → 김영모제빵학원 (이종)
   (양자가 서로 관련있는)

김영모과자점 ————→ 김영모빵집
(미등기)   (등기)
         상호전용권 < 상호사용폐지청구
                      등기말소청구

제1편 상법총칙

* 상호전용권의 효력
- 상호사용폐지청구
- 상호등기말소청구 ← 타인이 먼저 등기한 경우에도
- 손해배상청구

P 34

* 상호전용권과 등기배제청구권

	상호전용권	(선등기자의) 등기배제청구권
근거	제23조	제22조
의미	오인상호 사용금지(오인가능성)	선후관계
권리자	먼저 사용한 자	먼저 (가)등기한 자
내용	상호사용폐지청구 상호등기말소청구 손해배상청구	등기배척권
대상	동일 or 유사상호	동일 상호만
판단기준	실질적	형식적(기계적)
대상지역	지역제한 X	동일시군

* 선등기자의 등기배제청구권(동/동/등)
- 동일시군 ↔ 다른시군
- 동일영업 ↔ 이종영업
- 등기상호 ↔ 미등기상호

* 등기소는 각 지역마다 존재
  법원소재지

P 36

* 상호가등기의 효과(회사만 인정, 개인상인은 X)

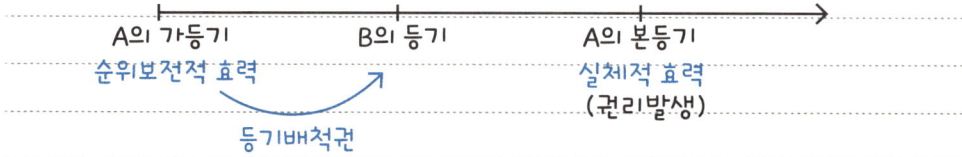

A의 가등기 — 순위보전적 효력
B의 등기
A의 본등기 — 실체적 효력 (권리발생)
등기배척권

* 상호의 가등기

대상회사	내용	이유	
모든 회사	상호, 목적, 본점 변경	정관 변경 필요	⎫ 시간이 오래걸림
주식회사 or 유한(유한책임)회사	설립 시	납입 완료 필요	⎭

P 37

* 상호의 양도

영업 → 상인 —(상호 ⊕ 영업양도)→ 상대방

영업(폐지) → 상인 —상호만→ 상대방

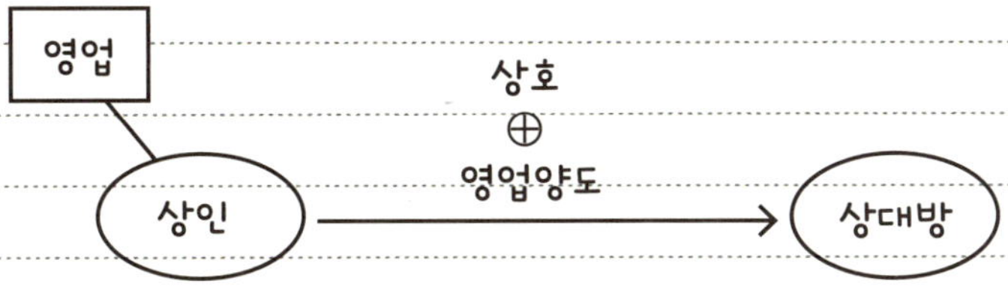

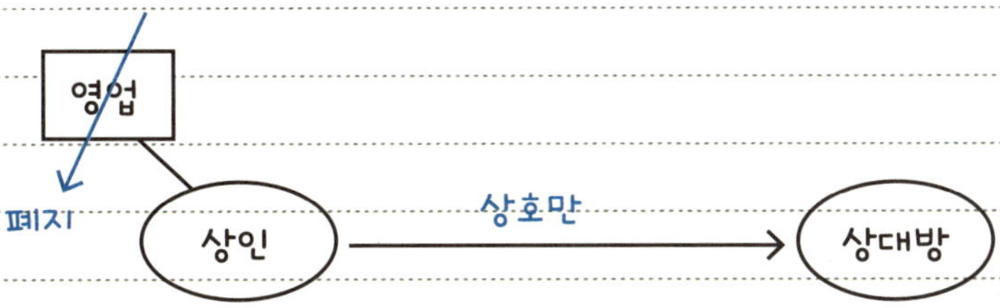

* 양도의 대항요건

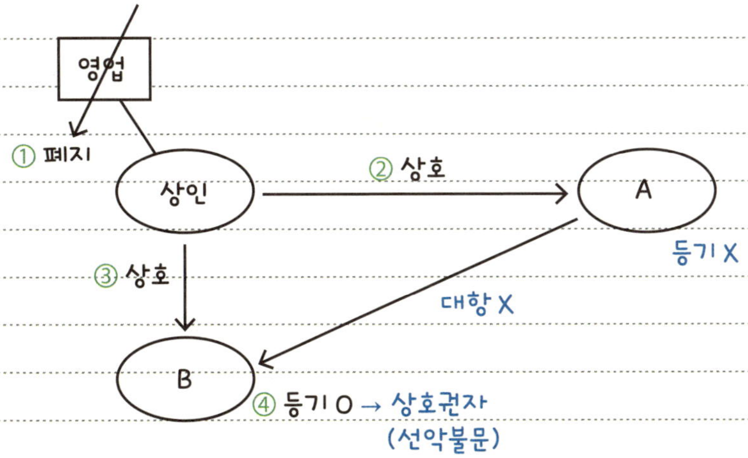

영업 → ① 폐지
상인 —② 상호→ A (등기 X)
상인 —③ 상호→ B (④ 등기 O → 상호권자 (선악불문))
A —대항 X→ B

※ 상호의 폐지
  ├ 이주말 : 제27조
  └ 이년폐 : 제26조

P 38

※ 명의대여자 책임(외관법리)

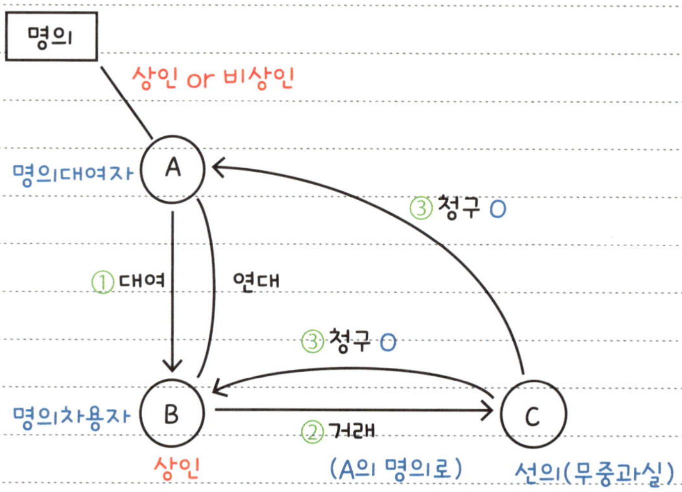

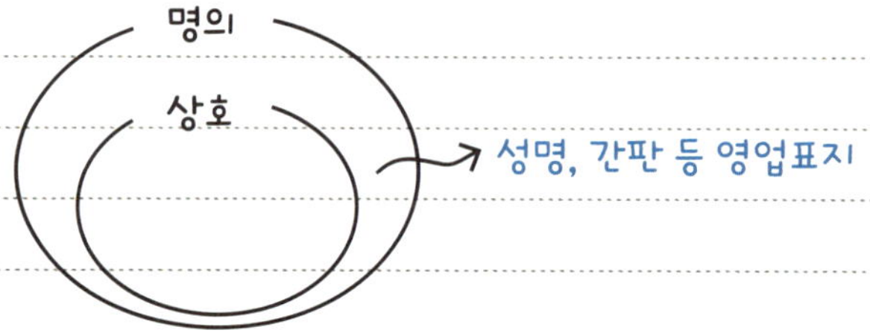

명의 — 상인 or 비상인

명의대여자 A
① 대여, 연대
명의차용자 B — ② 거래 (A의 명의로) → C 선의(무중과실)
③ 청구 O (B→C, C→A)

상인

명의 ⊃ 상호 → 성명, 간판 등 영업표지

제네시스 ← 상호
BBQ ← 치킨표지
        (명의)

* 영업의 동일성

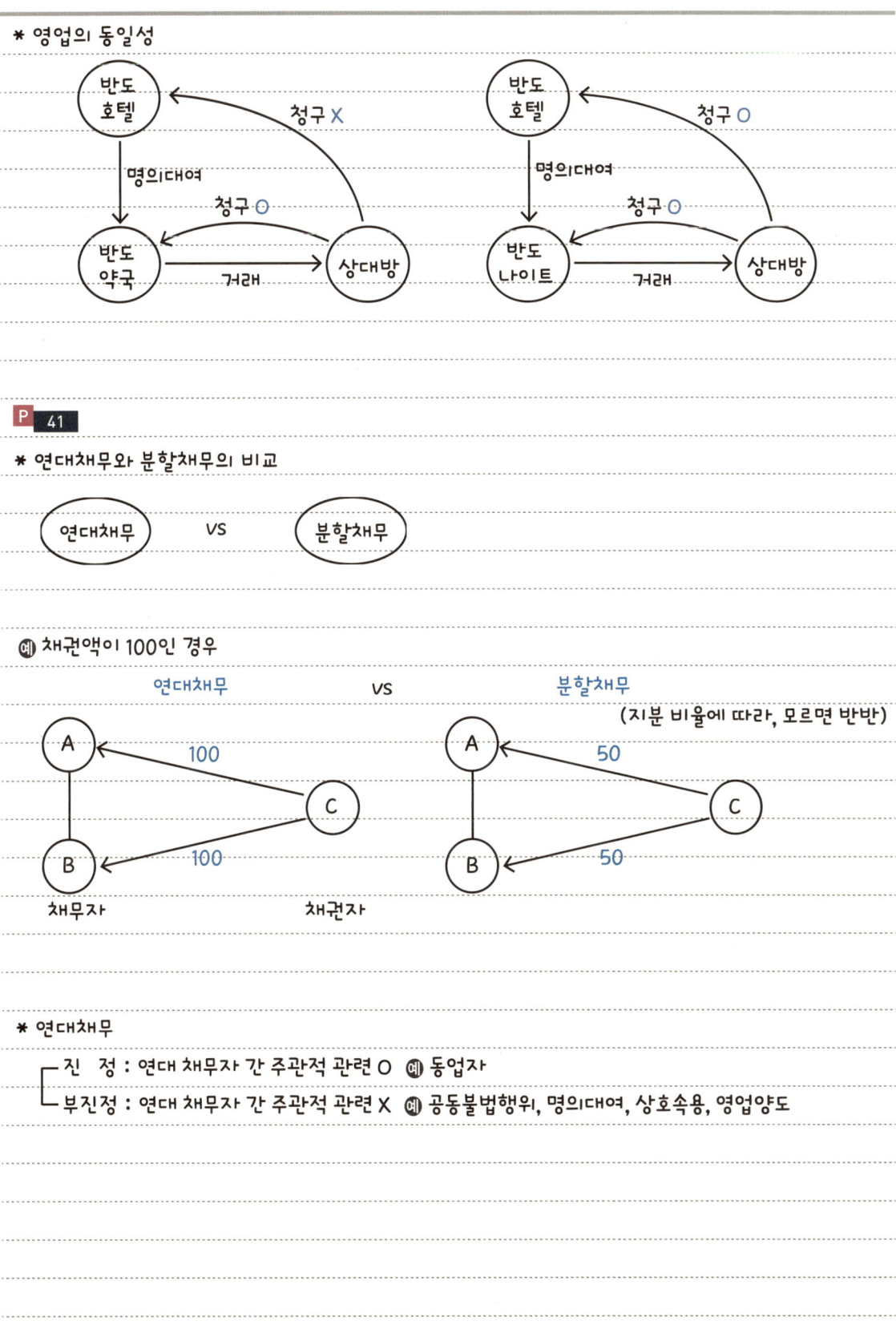

P 41

* 연대채무와 분할채무의 비교

* 연대채무
  ├ 진 정 : 연대 채무자 간 주관적 관련 O 예 동업자
  └ 부진정 : 연대 채무자 간 주관적 관련 X 예 공동불법행위, 명의대여, 상호속용, 영업양도

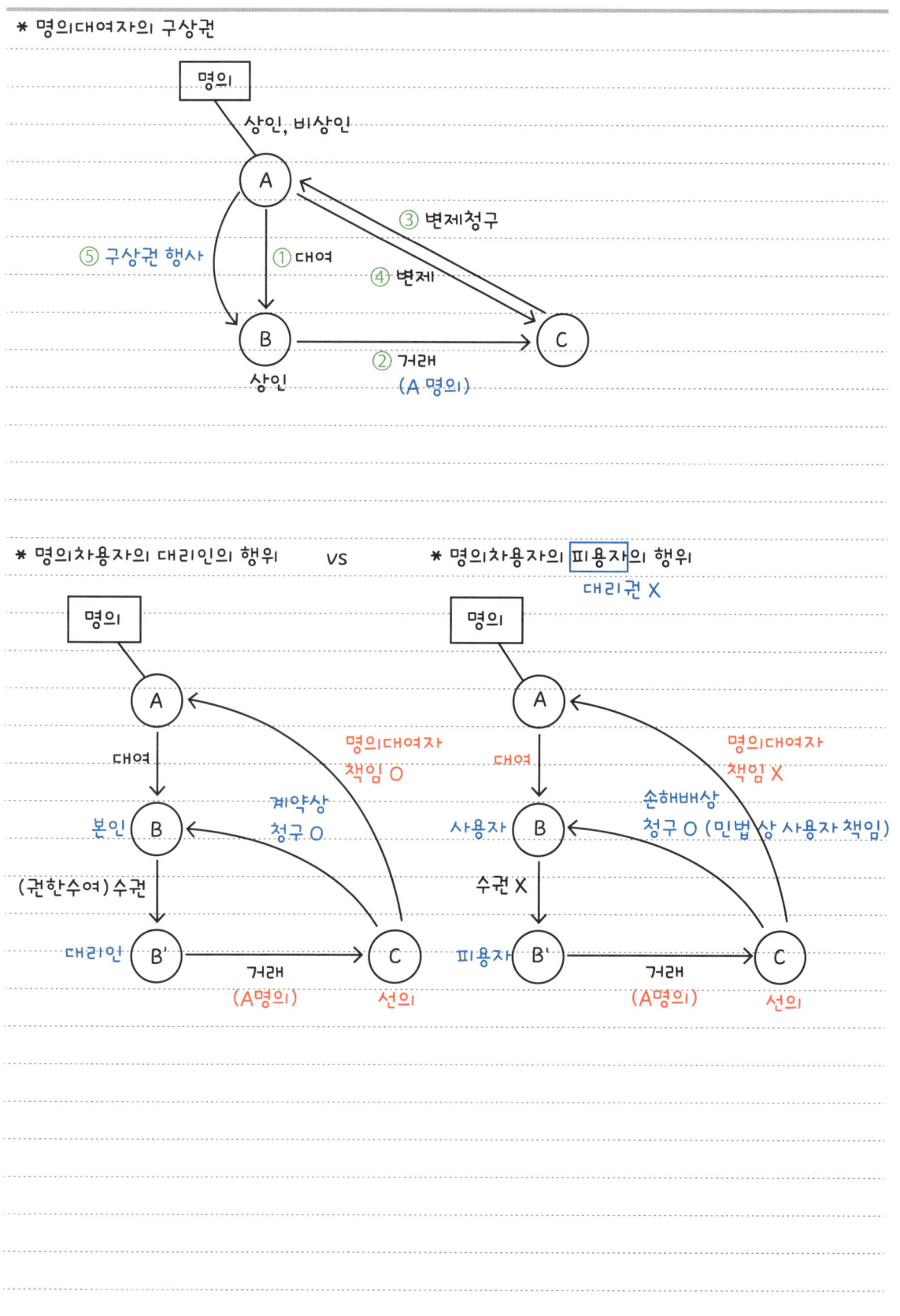

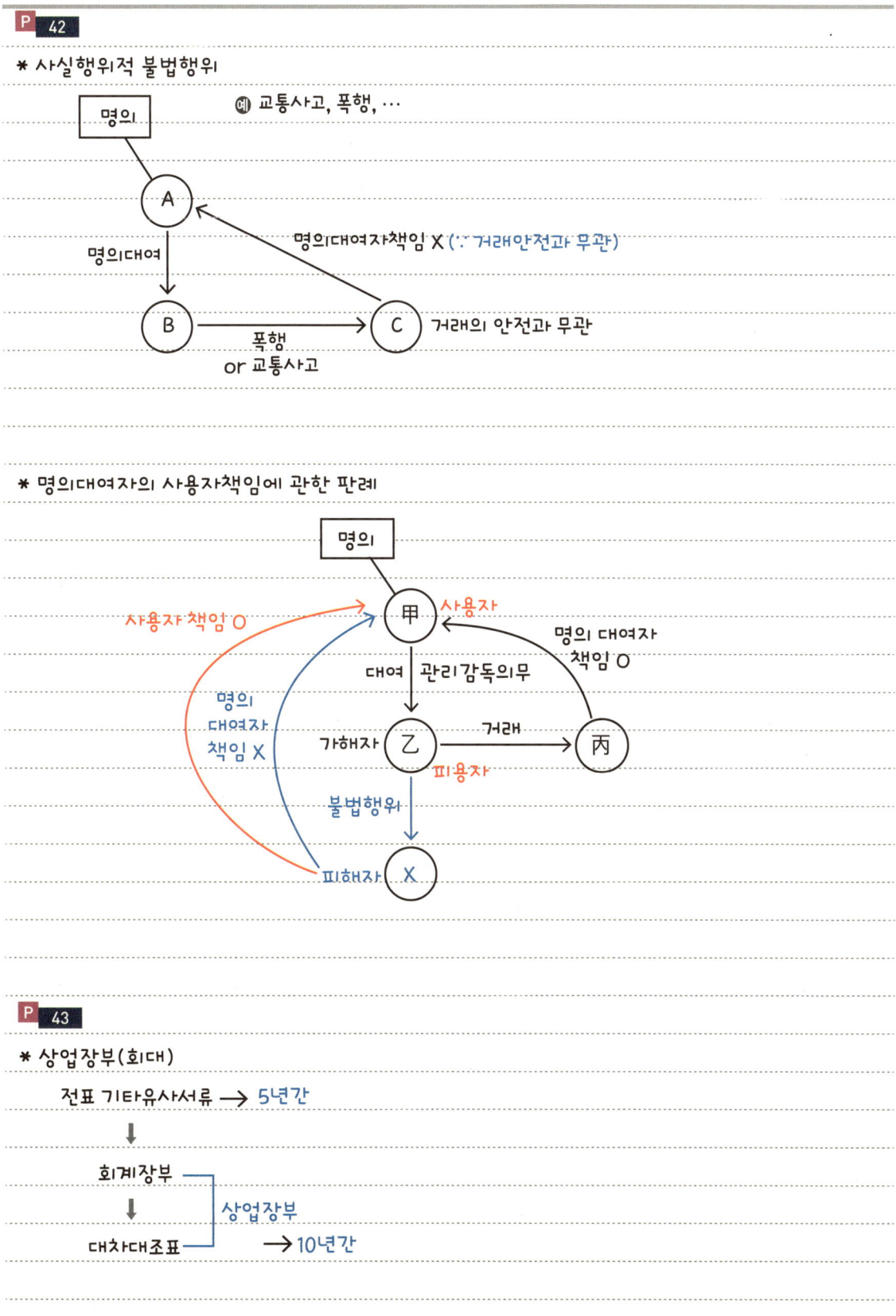

* (상법상) 재무제표
- 대차대조표 ┐
- 손익계산서 ┘ 상법에서 직접 규정
- 이익잉여금처분계산서 (결손금처리계산서) ┐
- 자본변동표 ┘ 상법시행령으로 정하는 서류

P 45

* 채무의 변제방식
- 추심채무 : 채권자가 채무자를 찾아가서
- 지참채무 : 채무자가 채권자를 찾아가서(원칙)

```
        외상공급
          or
         자금대여
    A ─────────────▶ B
 채권자 ◀───────────── 채무자
         변제
```

- 원칙 : B가 A를 찾아가서 → 지참채무
- 예외 : A가 B를 찾아가서 → 추심채무

Chapter 03 영업의 공시와 양도

제1절 | 상업등기

P 46

* 등기사항

	등기의무
절대적	O
상대적	X

* 등기소의 심사권

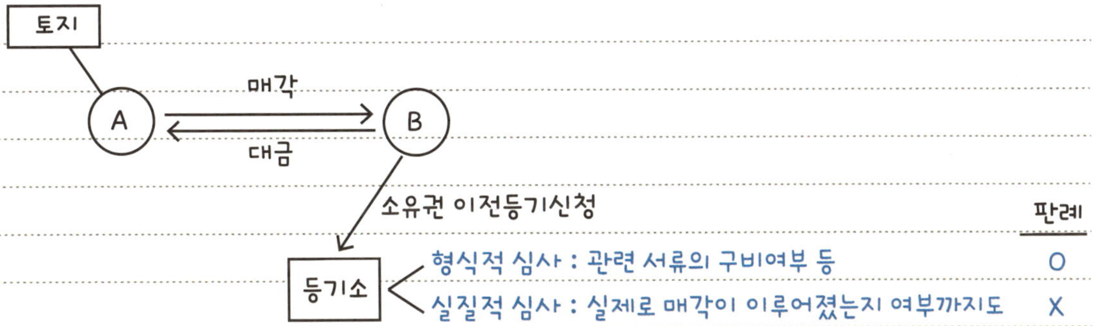

토지 — A ⇄ B (매각/대금)
B → 등기소 : 소유권 이전등기신청

	판례
형식적 심사 : 관련 서류의 구비여부 등	O
실질적 심사 : 실제로 매각이 이루어졌는지 여부까지도	X

P 47

* 등기의 효력

상황	등기 안한 경우에 문제	등기한 경우에 문제
근거규정	제37조	제39조
내용	등기할 사항	사실과 상위한 사항(부실등기)
사례	지배인 해임	지배인 아닌 사람을 지배인 등기
등기 전	선의의 제3자에 대항 X	
등기 후	─ 선의의 제3자에게 대항 O (상법 제37조①) └ But 정당한 사유 O → 대항 X (상법 제37조②) └ 객관적 사유 예) 대법원 서버 오류	선의의 제3자에 대항 X
등기공무원 과실	선의의 제3자에 대항 X	선의의 제3자에 대항 O (∵ 등기권자 귀책사유 X)

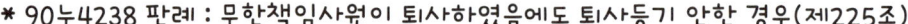

P 49

* 90누4238 판례 : 무한책임사원이 퇴사하였음에도 퇴사등기 안한 경우(제225조)

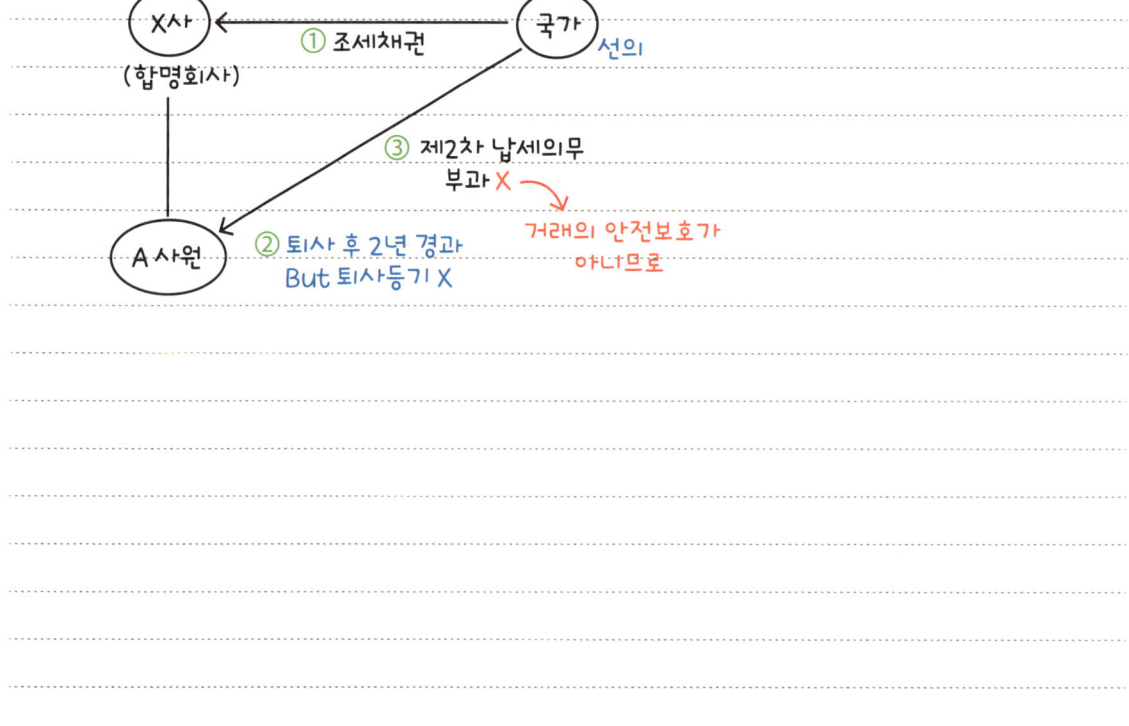

* 표현책임

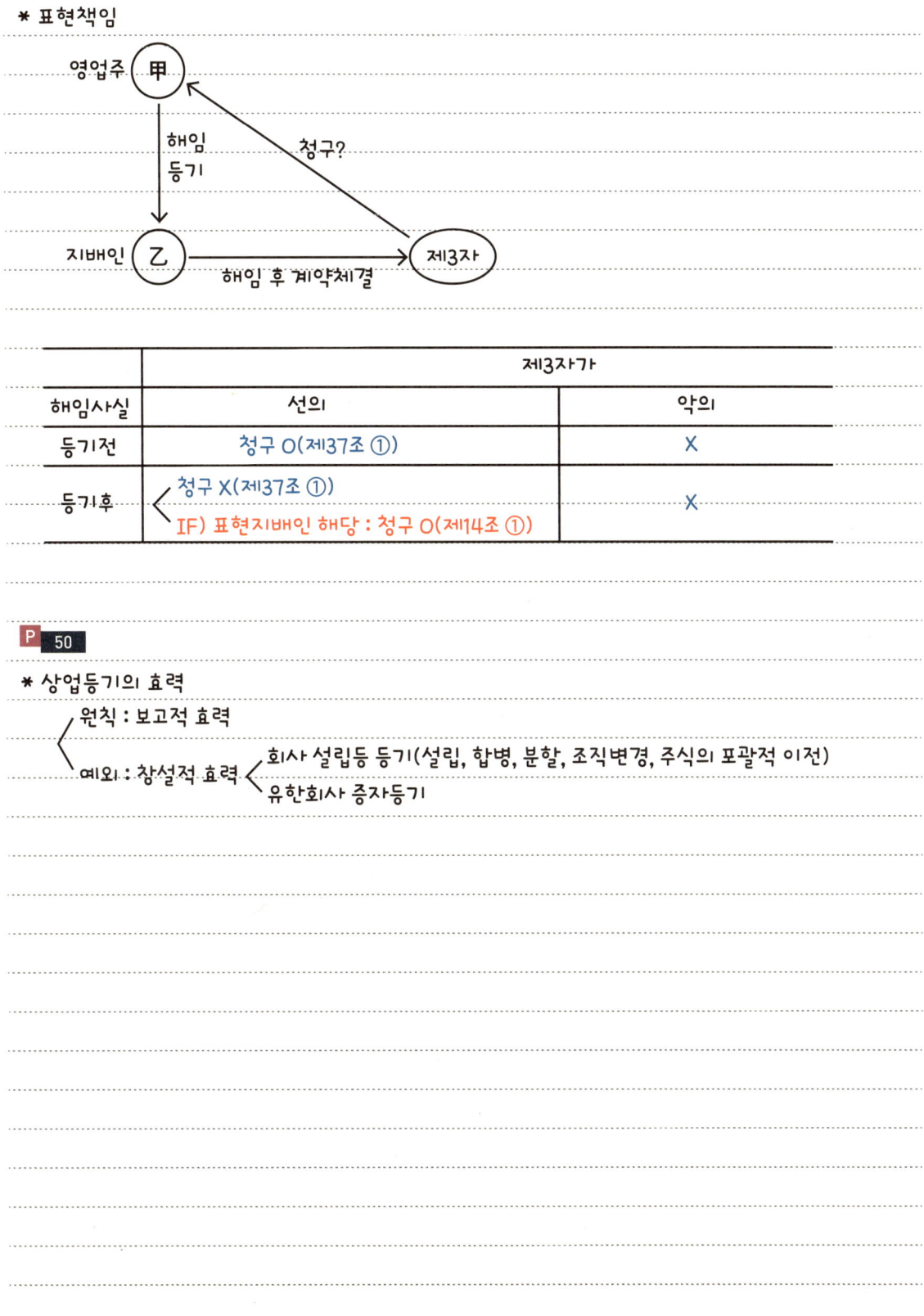

해임사실	제3자가	
	선의	악의
등기전	청구 O(제37조 ①)	X
등기후	청구 X(제37조 ①) IF) 표현지배인 해당 : 청구 O(제14조 ①)	X

P 50

* 상업등기의 효력
- 원칙 : 보고적 효력
- 예외 : 창설적 효력 — 회사 설립등 등기(설립, 합병, 분할, 조직변경, 주식의 포괄적 이전)
  - 유한회사 증자등기

P 51

* 부실등기의 효력

```
┌─────────────┐
│  등기의 공신력  │
└─────────────┘
       │ 인정 X (∵ 등기관의 형식적 심사권)
       ▼
┌─────────────┐
│ 선의의 제3자 피해 │
└─────────────┘
       │ 방치
       ▼
┌─────────────┐
│ 부실등기 책임 인정 │ ← 상법 제39조
└─────────────┘
```

P 52

* 부실등기에 따른 책임

		등기권자 →	책임
등기 By	등기권자	고의	O
		과실	O
	제3자	고의 : 알면서 방치	O
		과실 : 모르고 방치	X

* 부실등기에 대한 회사책임 (회사가 모르고 있었던 경우)
   By 제3자

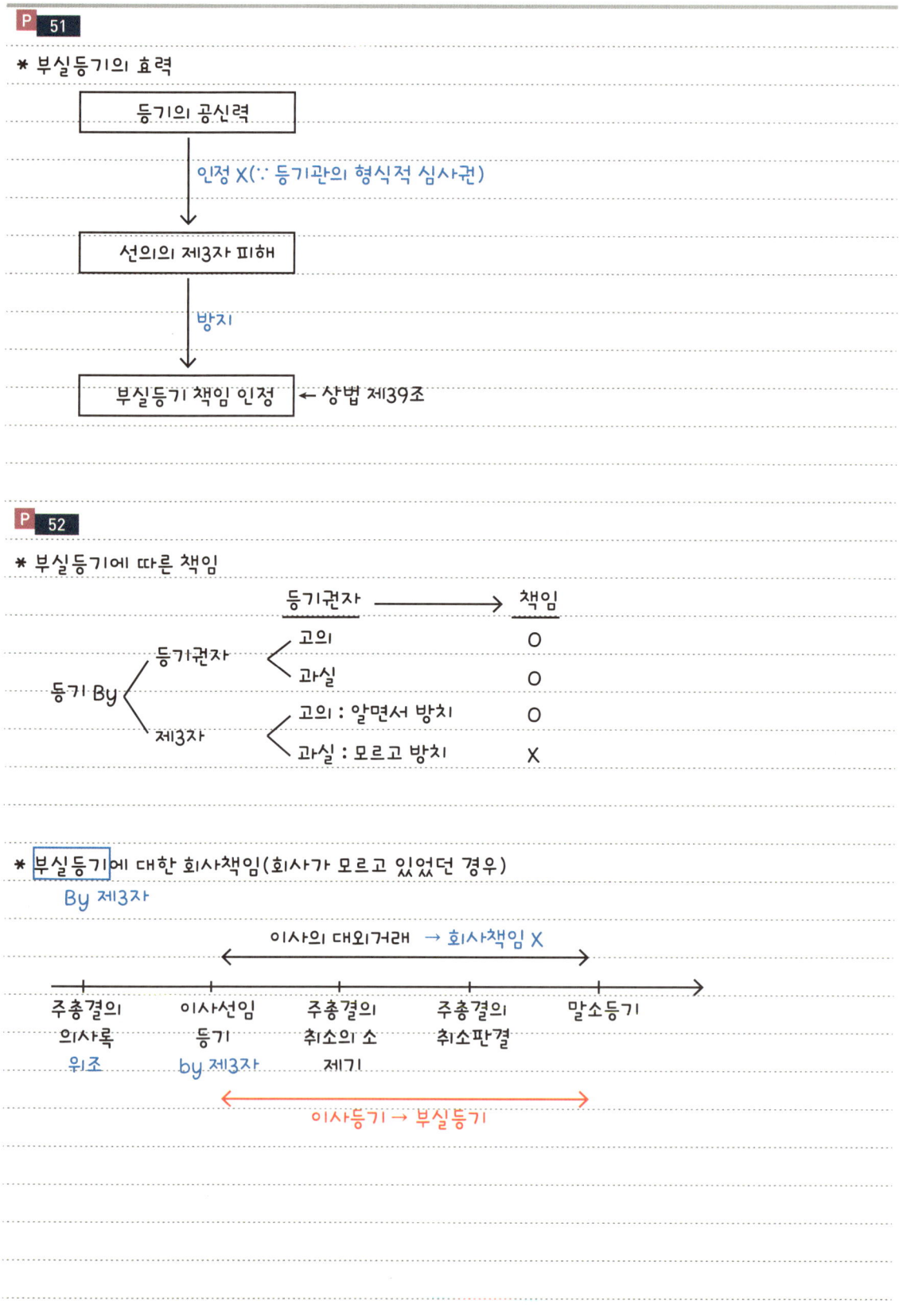

            ←———— 이사의 대외거래 → 회사책임 X ————→
━━━→
주총결의   이사선임   주총결의   주총결의   말소등기
의사록   등기   취소의 소   취소판결
 위조   by 제3자   제기
            ←————— 이사등기 → 부실등기 —————→

P 53

* 제3자가 등기와 달리 사실에 맞는 주장 가능

귀책
사유
○

A
① 지배인선임 X
  지배인 등기 O
  → 부실등기

B ② 계약체결 → C 선의 무중과실

③ 이행청구가능
But 계약무효 주장도 가능

제2절 | 영업양도

P 53

* 영업양도

영업 ─┬─ 물적요소 - 시설 ┐ 특정승계
      └─ 인적요소 - 종업원 ┘

예) 영업용 재산 ─┬─ 건 물 → 이전등기   ┐
               ├─ 자동차 → 명의이전등록 ├ 개별적인
               └─ 채권 → 양도통지   ┘ 이전절차

A ──영업양도──> B
양도인   양수인
(상인)   (상인 or 비상인)

P 54

* 합병과의 구별

	영업양도	합병
의의	영업의 동일성을 유지하면서 계약에 의하여 양도 (개인적 거래)	2개 이상의 회사가 법정 절차에 따라 하나의 회사로 합일 (단체법적 현상)
승계형식	특정승계 (개별적인 권리이전행위 필요)	포괄승계 (대항요건은 필요)
일부양도	일부양도 가능	일부합병은 불가
당사자	회사 또는 자연인	회사와 회사
하자의 주장	소송 또는 소송 이외의 방법	소송으로만 가능
회사의 해산사유 여부	해산사유 아님	청산절차 없이 해산

P 56

* 인접 시·군 (2가지)
  - 영업 양도인 경업금지 (제41조)
  - 주총 소집지 (본점 소재지 or 인접지) (제364조)
  ⋮
  cf) 정관 별도 규정 가능

* 영업양도인의 경업회피의무
  - 내용 ─ 경업거래금지의무 O
         └ 겸직금지의무 X
  - 기간 ─ 약정 : Max 20년
         └ 상법 : 10년
  - 장소 ─ 동일시군 : O
         └ 인접시군 : O

P. 58

✱ 영업상 채권자의 보호

```
              영업
               │
               ▼
  채무자  ⓐ ──② 영업양도──▶ ⓑ
         양도인  (채무인수 X)  양수인
           ▲                    ▲
 ① 영업상 채권                   │
           │          ③ 변제청구?
  채권자  ⓒ ─────────────────┘
         선의
```

	양수인(B)	양도인(A)
상호사용 O	O　　　　X (등기 or 통지) 상법 제42조 ②	2년간　　　O
상호사용 X	X　　　　O (광고 or 통지) 상법 제44조	O　　　　2년간

암기

┌─────────────────────────────────────┐
│ **사등통** — 사용해도 등기·통지 : 책임 X │
│ **불광통** — 불사용해도, 광고·통지 : 책임 O │
└─────────────────────────────────────┘

제1편 상법총칙 | 39

P 59

* 채무의 발생시기 (2019다270217)

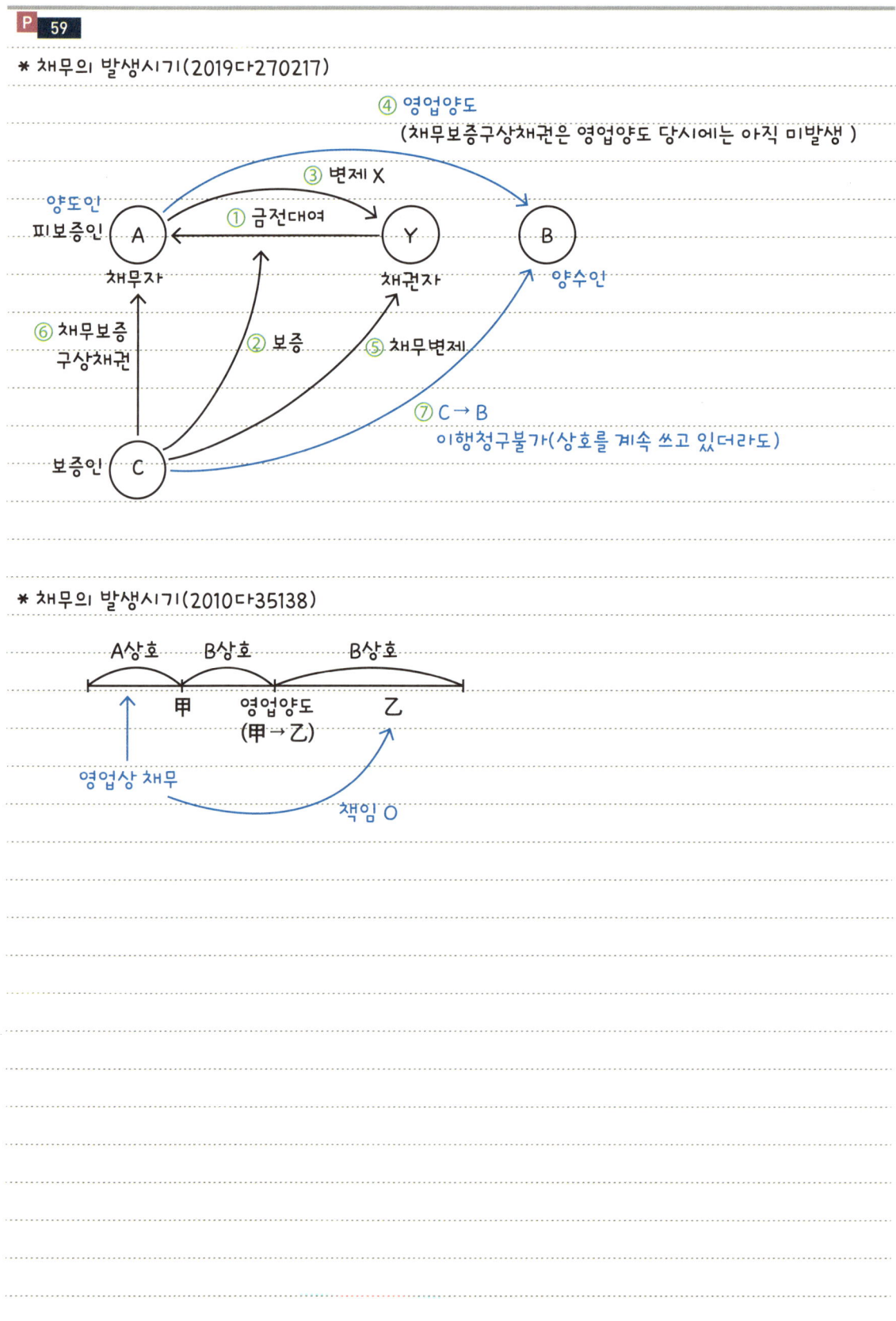

* 채무의 발생시기 (2010다35138)

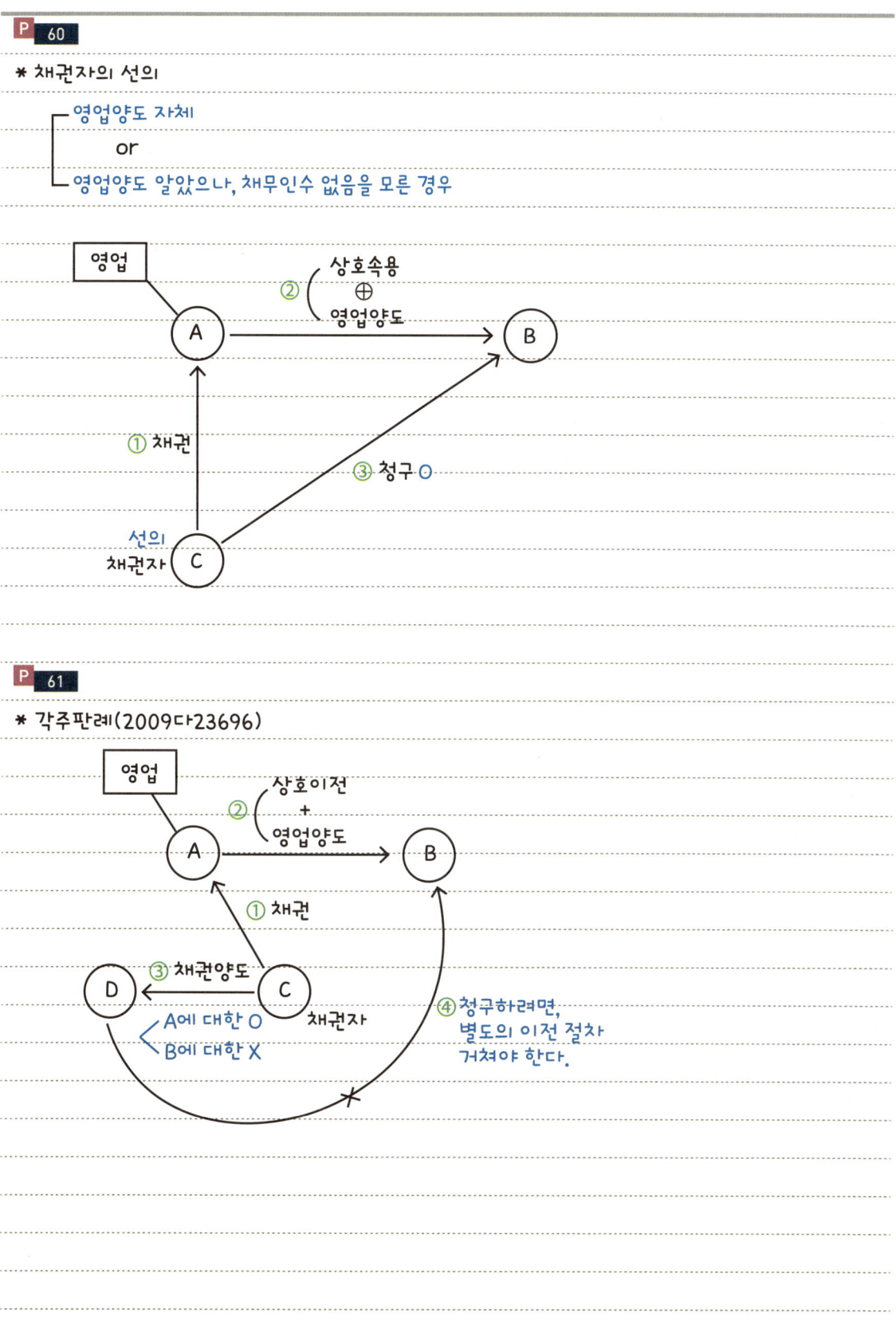

P 62

* 영업상 채무자의 보호

```
         영업
          │
          ▼                    (채권양도 X)
 채권자   A ──────②──────→  B
              상호이전
               +
              영업양도
   ① 영업상 채권 │              ↗
                 ▼         ③ 변제유효
 채무자   C ─────────────
         선의 & 무중과실
```

PART 2

상행위

Chapter 01 상행위 총론

제1절 | 상행위의 개념

P. 67

```
                   ┌ 기본적 상행위 ← 당연상인(상법 제4조)
      영업적 상행위 ┤   (상법 제46조)
         ↑       └ 준상행위 ← 의제상인(상법 제5조)
       (위하여)      (상법 제66조)
      보조적 상행위(상법 제47조)
```

P. 68

* 일방적 상행위와 쌍방적 상행위

```
  ┌건물┐              ┌ B  비상인
  │    │              │ C  상인     ──→ 상법 적용
  │ A  │ ─매각→       │ D  비상인      (∵ 매수인측에서 상행위)
  │비상인│  공동매수인  └ E  비상인           ↓
                                        일방적인 상행위
```

* 쌍방적 상행위에만 적용 (매일유 / 대중 / 맹채)
- 상사 **매**매
- **일**반상사 **유**치권
- **대**리상
- **중**개상
- 가**맹**상
- **채**권매입업

제2절 | 상행위의 특칙

P 69

* 특별법 우선의 원칙

일반법   vs   특별법 : 특별법이 우선 적용

예)
법정이율 ─ 민사이율 : 5%
          상사이율 : 6%

소멸시효 ─ 민사채권 : 10년
          상사채권 : 5년

P 70

* 상행위의 추정

상인의 행위 ──추정──→ 영업을 위하여 ──간주──→ 상행위
              §47-②   §47-①

상인의 행위 ──추정──→ 상행위 ──적용──→ 상사소멸시효(5년)

* 상행위성의 판단

A ──물건공급(상행위)──→ B
채권자   채무자

채권의 종류	원인	성격
대금지급청구권	물건공급	직접 발생
손해배상청구권	B의 수령거부	변형된 채권
원상회복청구권	물건반환청구	
부당이득반환청구권	물건을 제3자에 매각	

* 손해배상청구권

	원인	소멸시효
손해배상청구권	상사채무불이행	상사시효(5년)
	민사채무불이행	민사시효(10년)

P 71

* 민사유치권

1.

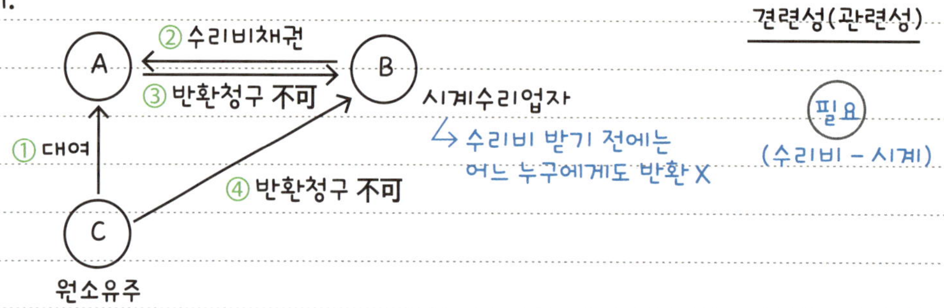

A ──② 수리비채권── B 시계수리업자
A ──③ 반환청구 不可──→ B
① 대여 (C→A)
C ──④ 반환청구 不可──→ B
C 원소유주

↳ 수리비 받기 전에는 어느 누구에게도 반환 X

견련성(관련성)
필요
(수리비 – 시계)

2.

건축주 A ──① 공사대금채권── B 건설업자
A ──② 반환청구 不可──→ B
③ 건물 양도 (A→C)
C ──④ 반환청구 不可──→ B
C 소유권자

↳ 공사대금 받기 전에는 어느 누구에게도 반환 X

필요
(공사대금 – 건물)

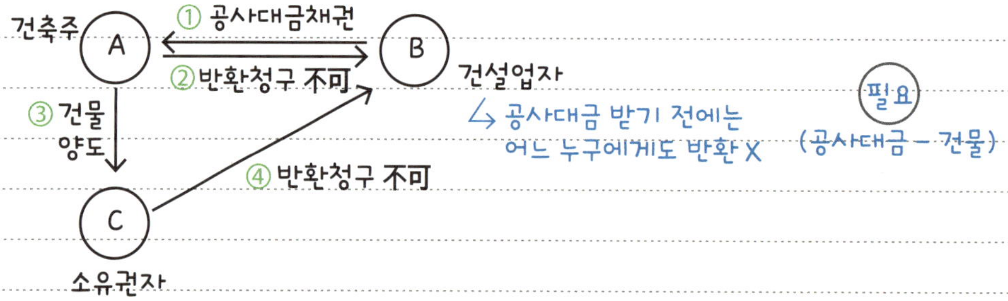

* 상사유치권

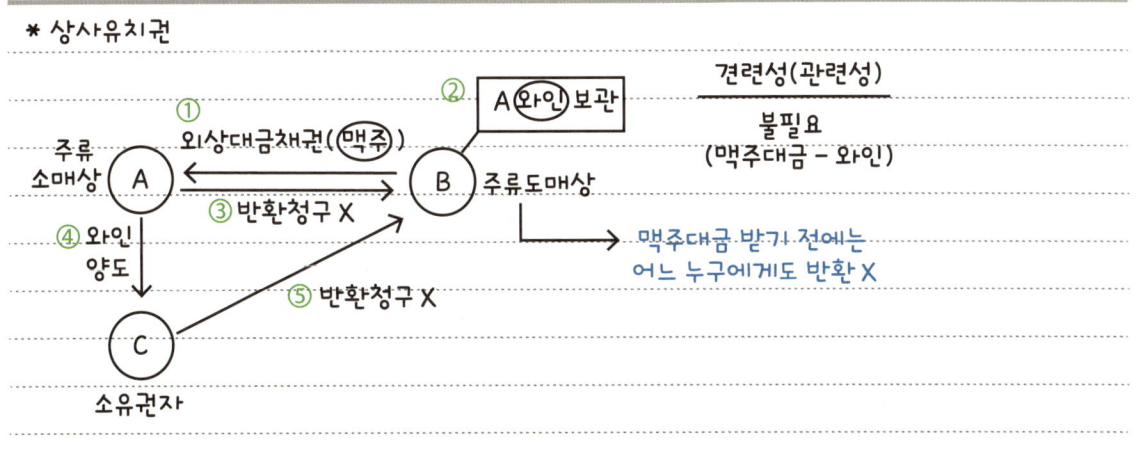

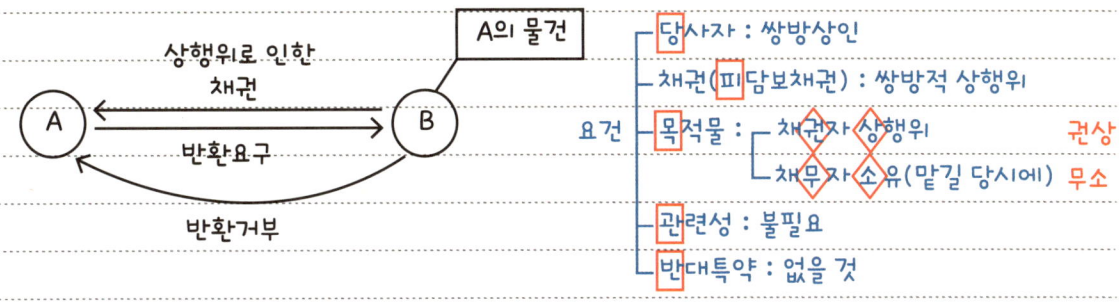

* 유치권의 비교 ← 권상무소
　　　　　　　관민송
　　　　　　　매일유대중맹채

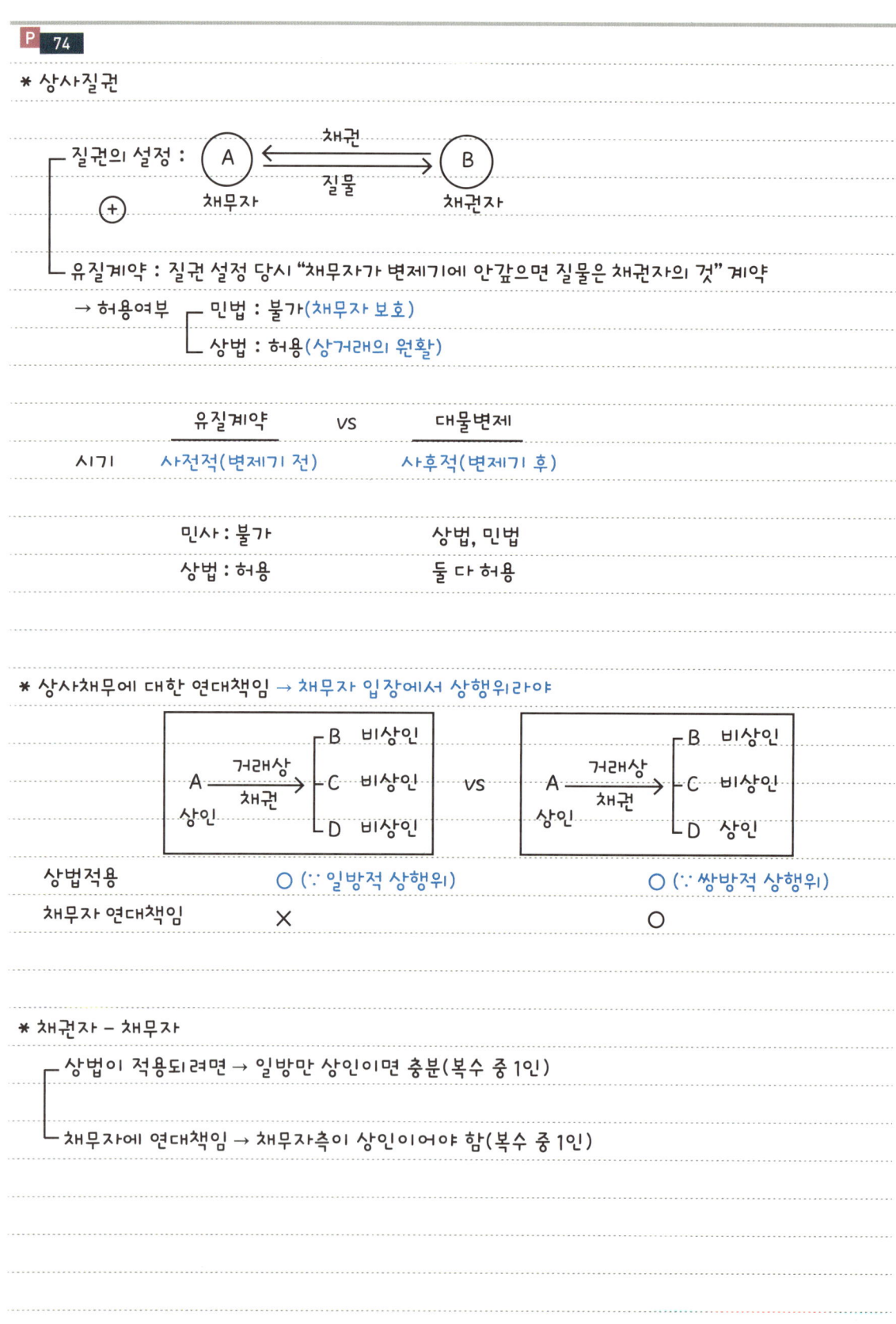

P 75

* 상사보증인의 연대책임

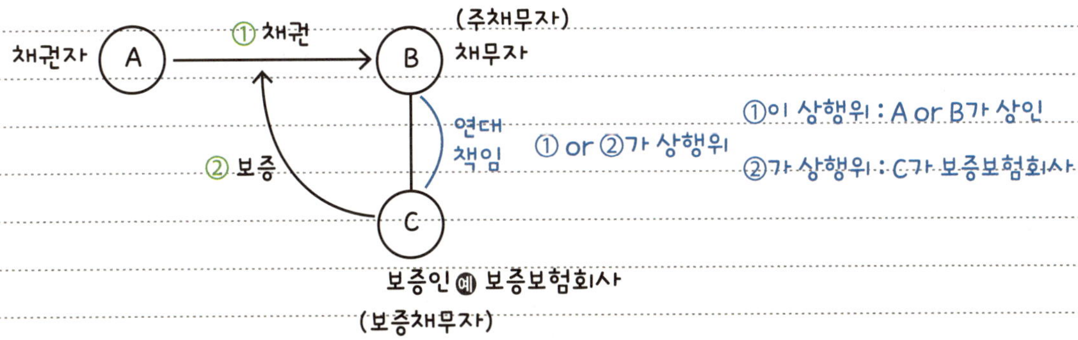

채권자 A → ① 채권 → B (주채무자) 채무자
② 보증 ← C 보증인 예) 보증보험회사 (보증채무자)

연대책임: ① or ②가 상행위

① 이 상행위: A or B가 상인
② 가 상행위: C가 보증보험회사

* 상인의 보수청구권

부동산 — A ─매매계약─ B
매도인   중개   매수인
      ↑ C ↑
      공인중개사

- 법률효과 O
- 보수 X

- 법률효과 O
- 보수 O

IF) 매수인의 이익만을 위한 경우
→ 매수인에게만 보수 청구 가능

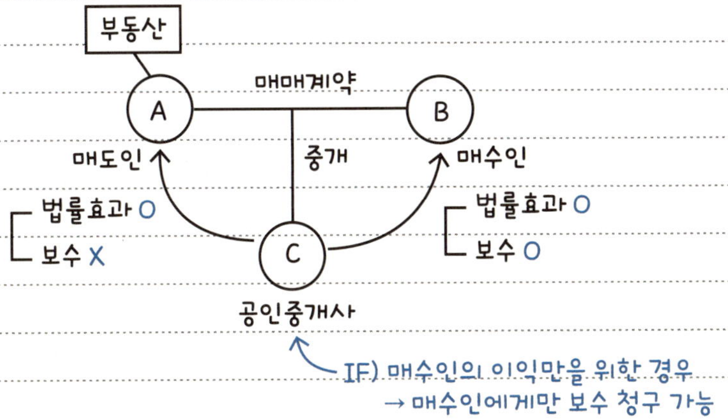

* 현명주의

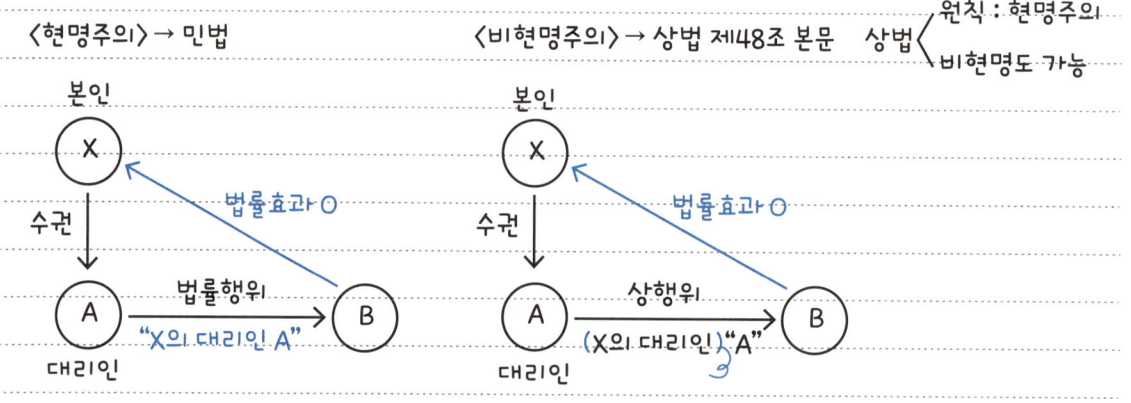

* 거래의 상대방이 본인을 위한 것임을 알지 못한 경우(상법 제48조 단서)

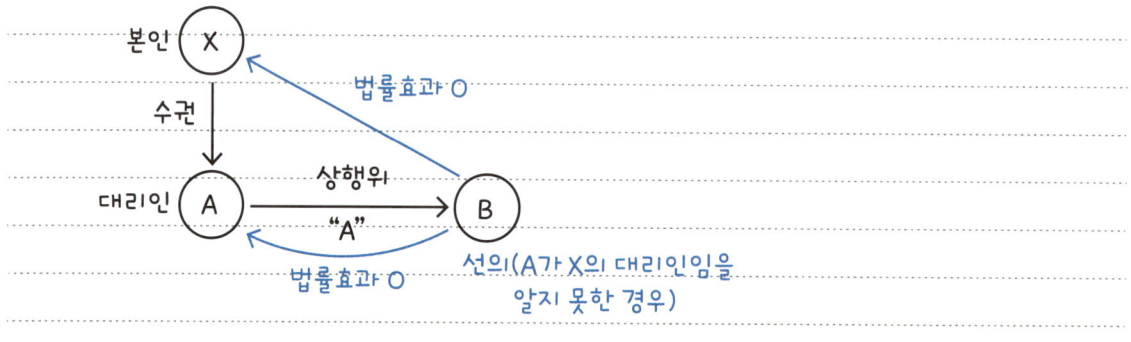

* 조합을 위한 대리행위

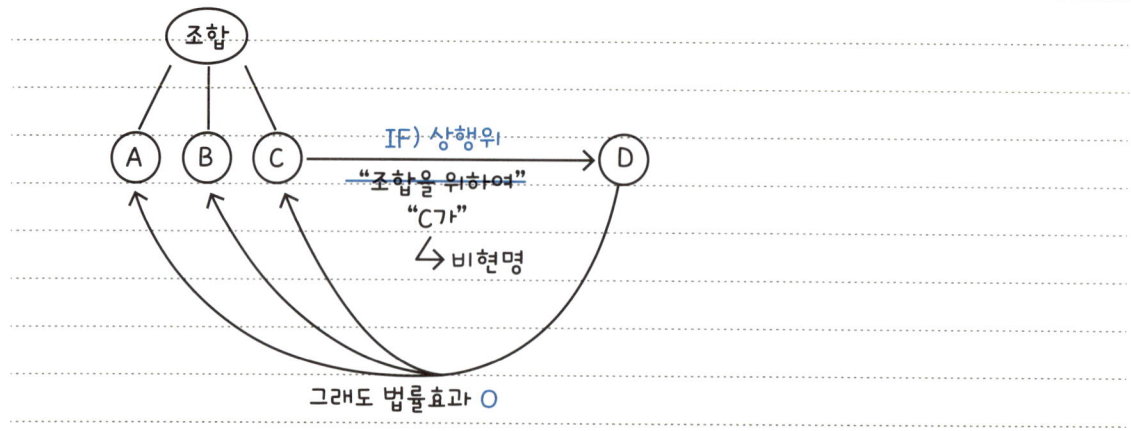

* 청약과 승낙

```
   자동차
     |            청약
     A  ① "1,000만원에 팔게"  →  B
        ←
        ② "1,000만원에 살게"
            승낙
```

* 계약의 성립

　　청약과 승낙의 일치

* 의사표시 효력발생

　　┌ 원칙 : 도달주의
　　└ 승낙의 경우 : 발신주의 (Mail box – rule)

* 격지자 간의 청약

	승낙기간	청약의 효력	
정한 경우	정한 기간 내	승낙이 도달하여야
정하지 않은 경우	상당한 기간 내	

```
   A  ←  청약  →  B
      ←  승낙
```

Case)

```
   자동차              (승낙기한은 6/30까지)
                        청약
   in 서울           "1,000만원에 팔게"
        A  ←──────────────────→  B  in 부산
                  "1,000만원에 살게"
                        승낙
        도착                      발송
        6/30                     6/25  → 6/25에 계약성립
                                         (승낙은 발신주의)

        7/1                      6/27  → 6/27에 계약성립. But 효력 상실
                                         ①          ②
```

* 낙부통지의무 (∵ 상시 거래관계에 있는 자)

ex) 과일주스 제조회사 　　ex) 사과 100박스 사라
A ←――― 청약 ――― B　ex) 과수원 주인
　　―― 낙부통지의무 ―→
상인　　　　　　　상시거래관계가 있는 비상인
　　　↓ 불이행
　　승낙간주
　　　↓
　　계약성립

* 상시 거래관계(쌍방 상인일 필요 X)
  - 청약에 대한 낙부통지의무
  - 상호계산

* 물건보관의무(영업부류에 속하는 계약의 청약)

사과샘플(견품)
⊕
상인　　　청약 : 사과 100박스 1억원에 사라　　청약자
A ←――――――――――――――― B
과일주스 제조회사　　　　　　　　　　　　　　과수원
(청약거절해도 물건보관의무 有
 다만 청약자의 비용으로)

P 79

* 상인(영리성 보장)

	범위	근거	
법정이자청구권	영업범위 내	상법 제55조	예) 대여금, 체당금
보수청구권	영업범위 내	상법 제61조	

* 주의의무의 정도(자기재산과 동일한 주의 < 선량한 관리자의 주의)

	보수 받은 경우	보수 안받은 경우
민법	선량한 관리자의 주의	자기재산과 동일한 주의
상사임치	선량한 관리자의 주의	

제3절 ┃ 상사매매

P 80

* 특칙(상사매매)

공검보 / 확	취지	
	신속한 종결	매도인보호
1. 매도인 목적물 공탁경매권	O	O
2. 매수인 목적물 검사·하자 통지 의무	O	O
3. 계약해제시 매수인 목적물 보관·공탁·경매의무	O	O
4. 확정기 매매의 해제	O	X

* 매도인의 공탁·경매권

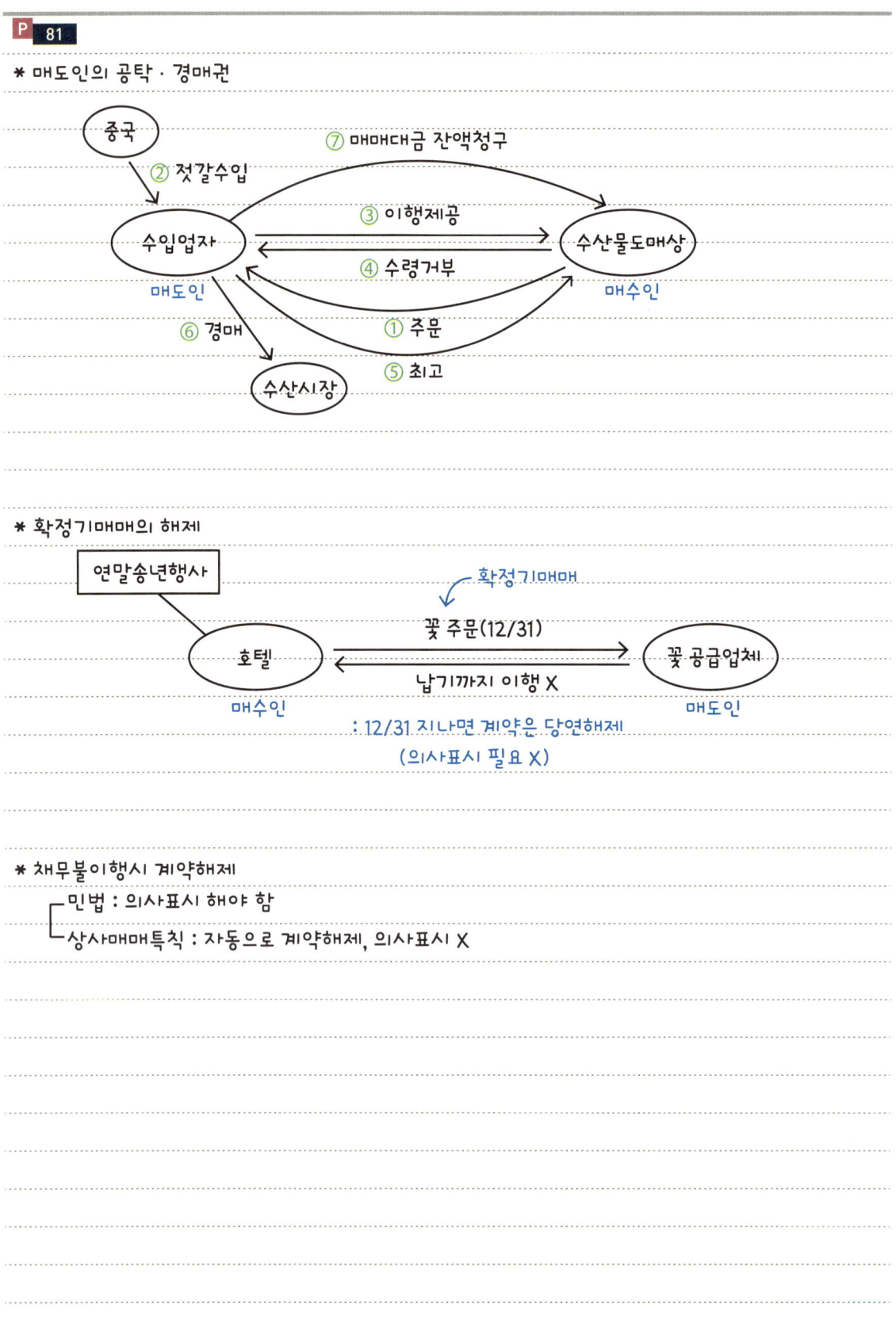

* 확정기매매의 해제

* 채무불이행시 계약해제
  - 민법 : 의사표시 해야 함
  - 상사매매특칙 : 자동으로 계약해제, 의사표시 X

P 82

✽ 매수인의 목적물 검사·하자 통지의무(∵ 매도인의 보호)
　　　　　　　　　　　　　　　↳ 매도인의 전매기회 보장

- 원칙 : 지체없이
- 예외 : 즉시 발견할 수 없는 하자 → 6개월 내
　　　(예 기계 시운전, 불임송아지)

```
        제철소
          │
          │①강판 주문
  선의매도인  ────────────────→  B  매수인
    A  ←──────────────────
  포스코   ②녹슨 강판 제공        미국자동차회사
        ←──────────────────
          ③검사·하자 통지(지체없이)
                              IF, ③ 안하면 ④ 못한다
        ←──────────────────
          ④(하자)담보책임 ─ 계약해제
                        ─ 대금감액청구
                        ─ 손해배상청구
```

P 85

✽ 계약해제시 매수인의 보관·공탁·경매의무

```
        제철소
          │
          │①강판 주문
          A ────────────────→ B
        포스코  ②녹슨 강판      미국자동차회사
        ←──────────────────
          ③지체없이 검사·하자 통지
                                  ┌──────┐
                                  │녹슨강판│
        ←──────────────────        └──────┘
          ④계약해제
                              ⑤┌ 보관/공탁 ┐의무
                               └ 경매     ┘
```

* 경매시 법원허가

		법원허가
공	매도인 경매시	불필요
보	매수인 경매시	필요

제4절 | 상법상의 특수한 계약

P 86

* 상호계산

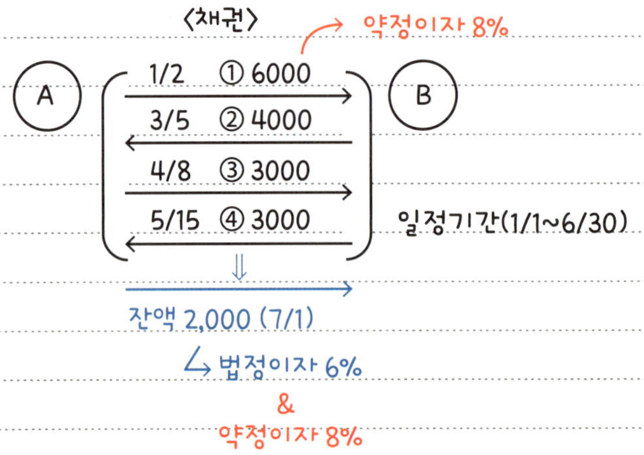

〈채권〉

약정이자 8%

A ─ 1/2 ① 6000 → B
　　3/5 ② 4000 →
　　4/8 ③ 3000 ←
　　5/15 ④ 3000 ←

일정기간 (1/1~6/30)

잔액 2,000 (7/1)

법정이자 6%
&
약정이자 8%

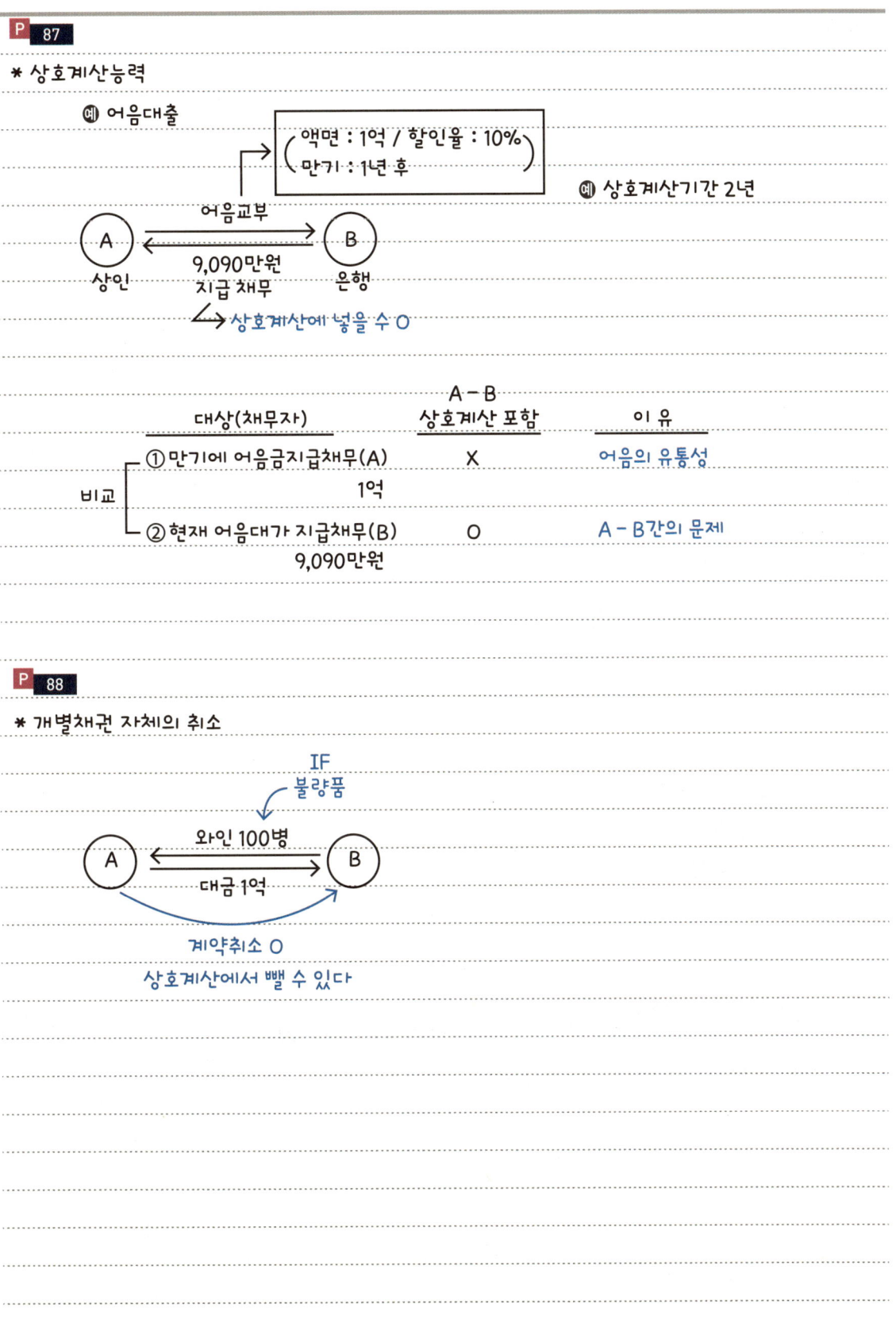

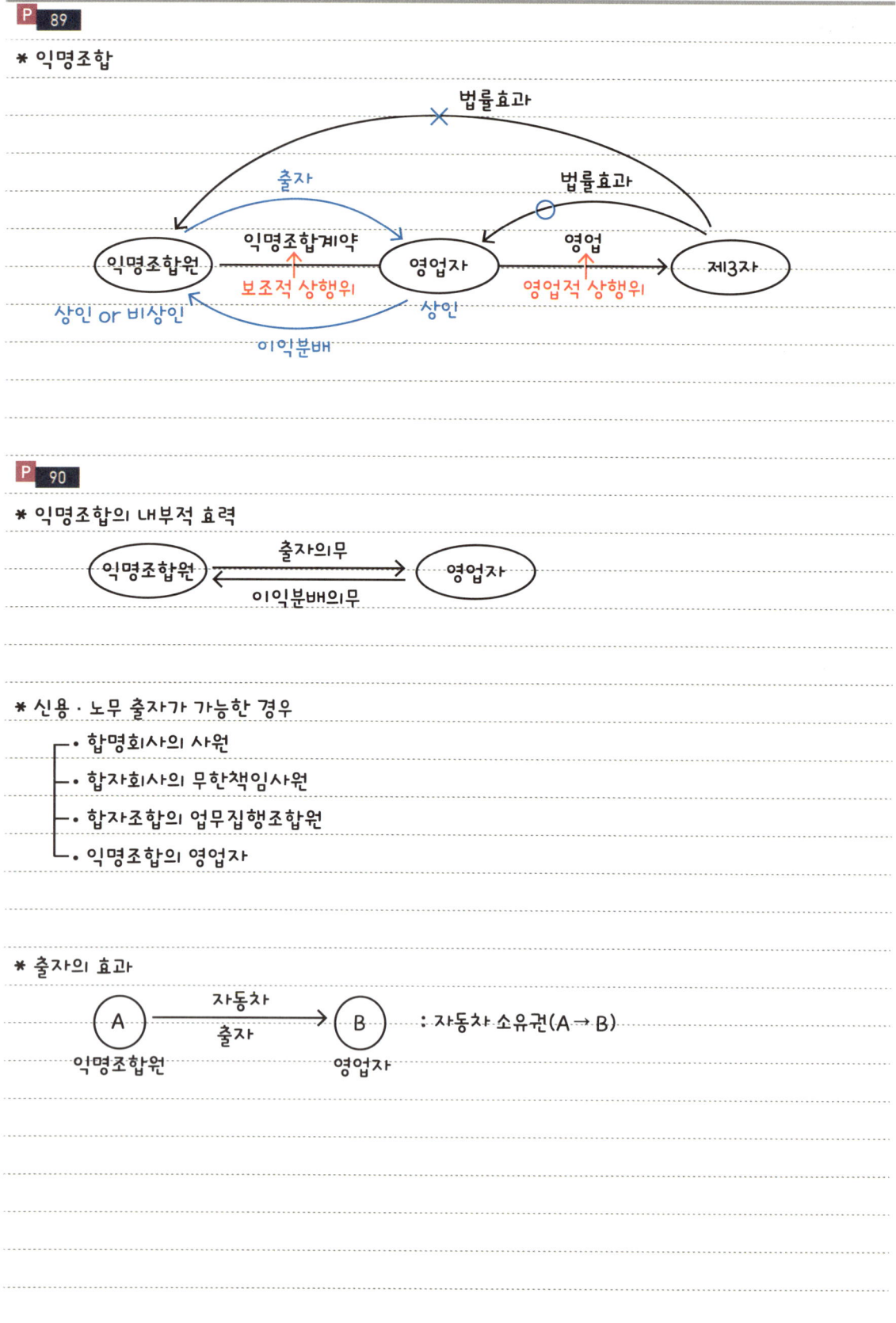

P 91

* 이익분배비율

```
   A ──출자 200──┐
  익명조합원      │
                 → C
                   영업자
   B ──출자 100──┘
  익명조합원
```

약정 ──IF) 약정 X──→ 출자비율
A : B = 1 : 1   A : B = 2 : 1
→ 가능

* 손실의 분담

B/S	손실	B/S	이익	B/S
A = 200	(150)	A = 100	90	A = 160
B = 100		B = 50		B = 80

→ 이익분배 불가
(다만, 달리 정할 수 있다.)

A = 200 ⎫
B = 100 ⎬ 될 때까지

A : B ┌ 이익 → 3 : 2 ┐ 가능
      └ 손실 → 2 : 1 ┘

P 92

* 익명조합의 외부적 효력

* 익명조합의 종료

	업무집행자	비업무집행자
	사 파 성	~~사~~ 파 성
합자회사	무한책임사원	유한책임사원
합자조합	업무집행조합원	유한책임조합원
익명조합	영업자	익명조합원

P 93

* 익명조합 VS 합자조합

	공통점	차이점	
		업무집행	법률효과
익명조합원	유한책임	不可	×
합자조합의 유한책임조합원		可	○ 직접책임

영업에 따른 법률효과

합자조합	업무집행조합원 / 유한책임조합원
익명조합	영업자 / 익명조합원

Chapter 02 상행위 각론

제1절 | 대리상

P 94

* 인수 : 권리 · 의무 떠안는 것
    Ex) 주식인수 : 주주로서 권리와 의무를 떠안는 것
                                    └→ 납입

* 대리상

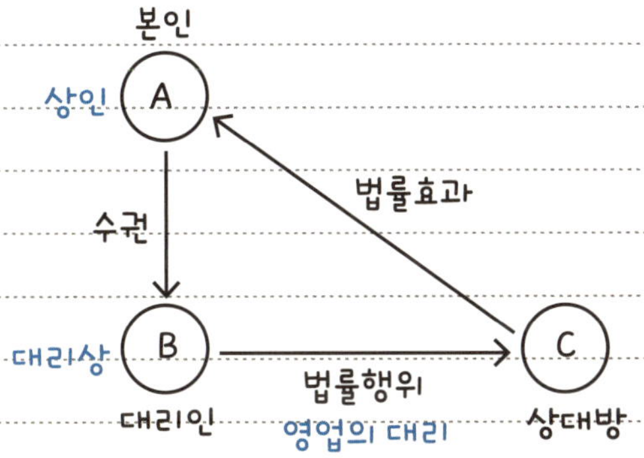

```
            본인
    상인    A
            │ ↖
        수권│   ╲ 법률효과
            ↓      ╲
    대리상   B ──────→ C   상대방
           대리인  법률행위
                 영업의 대리
```

	공통점	차이점
상업사용인	특정상인의 영업보조	종속성
대리상		독립성

* 대리상의 유형

		능동대리권	수동대리권
대리상	체약대리상 : 영업의 대리 (계약을 대신 체결)	O	O
	중개대리상 : 영업의 중개	X	O

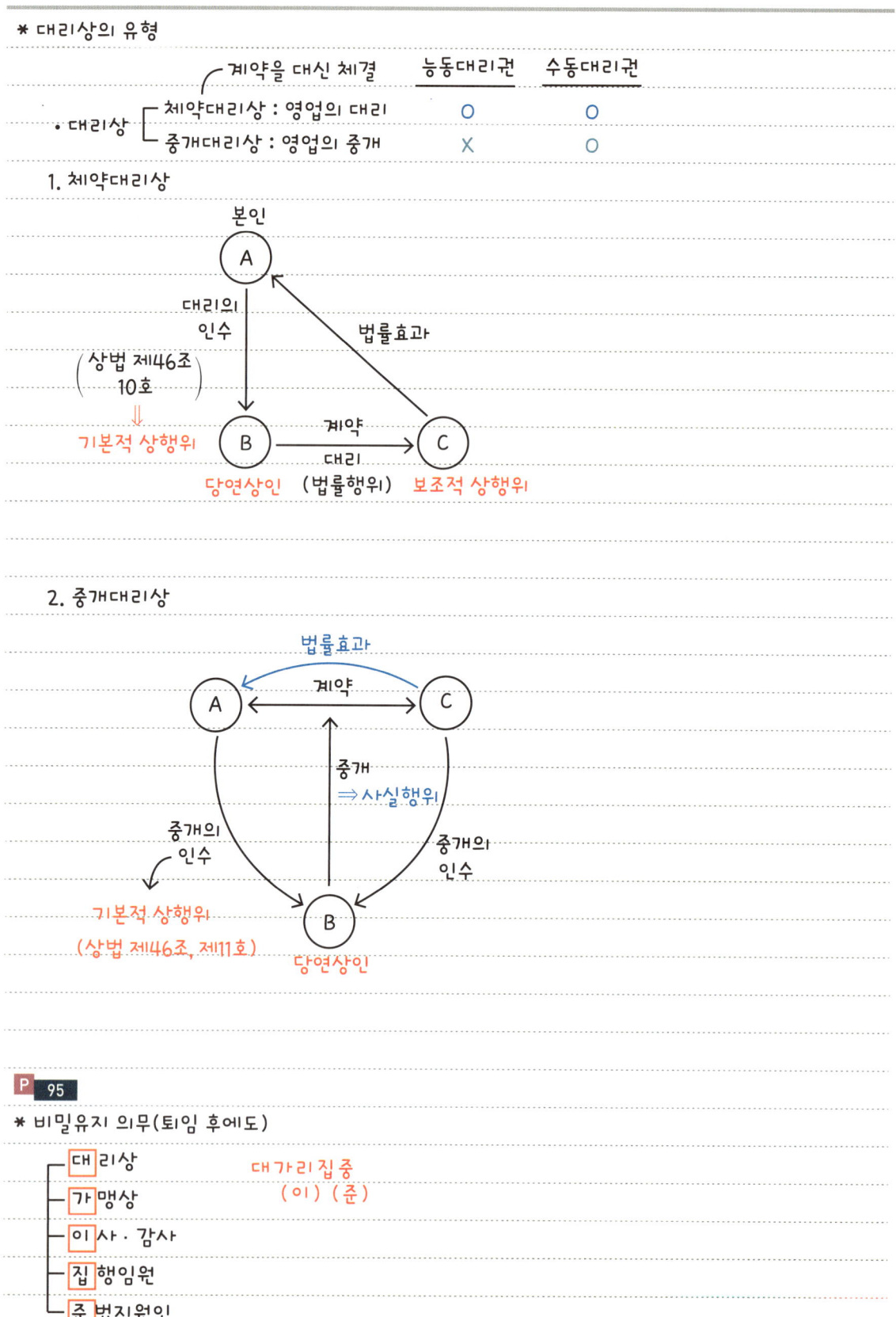

1. 체약대리상

  - 본인 A
  - 대리의 인수 (상법 제46조 10호) ⇒ 기본적 상행위
  - B 당연상인 — 계약 대리 (법률행위) → C 보조적 상행위
  - 법률효과 → A

2. 중개대리상

  - A ↔ C 계약, 법률효과
  - 중개 ⇒ 사실행위
  - 중개의 인수 → B 당연상인
  - 기본적 상행위 (상법 제46조, 제11호)

P 95

* 비밀유지 의무(퇴임 후에도)

  - **대**리상
  - **가**맹상
  - **이**사·감사
  - **집**행임원
  - **준**법지원인

대가리집중
(이) (준)

P. 96

* 대리상
  - 보수 청구권 : 계약기간 중
  - 보상 청구권 : 계약기간 종료 후

* 준용 vs 유추적용

	근거규정
준용	존재
유추적용	부존재

다른 법조문을 빌려쓴다

P. 97

* 통지를 받을 권한

매도인 (상인) A
대리상 B
매수인 (상인) C

② 담보책임
① 매매관련통지
예) 목적물 하자검사 통지

제2절 | 중개업

P 98

* 중개업

쌍방적 or 일방적 상행위
사실 행위

부산 — 계약 — 서울
Ⓐ ←――――→ Ⓒ } 축산물 시장
(상인 or 비상인) (상인)
축산업자   소고기 가공업체

중개외 인수 ↘ ↑ 중개 ↙ 중개의 인수
         Ⓑ
      (당연상인)
       중개상

중개대리상은 영업주 본인을 위해 지속적으로 대리
중개업은 일시적으로 연결해줌(브로커)

기본적 상행위
(제46조 제11호)

---

* 중개인

	상사유치권
상사중개인	O
민사중개인	X

중개인 ⟨ 상사중개인 / 민사중개인

중개인
　민사중개인
　예) 결혼정보업체 ――→ 비상인간의 거래중개
　상사중개인
　(중개상)
　　　　　　　　――→ 상행위의 중개
　　　　　　　　　　　(일방, 쌍방)

중개대상
공인중개사 ⟨ 상가 → 상사중개인
           주택 → 민사중개인

* 중개대리상과의 비교

		중개대리상	중개상
대리권	능동	X	X
	수동	O	X
성격		계속적 For 특정 / 상인	일시적 For 불특정 / 상인·비상인
경업피지의무		O	X

* 견품 보관의무
  - Not 계약체결시까지 (③)
  - But 행위완료시까지 (④)

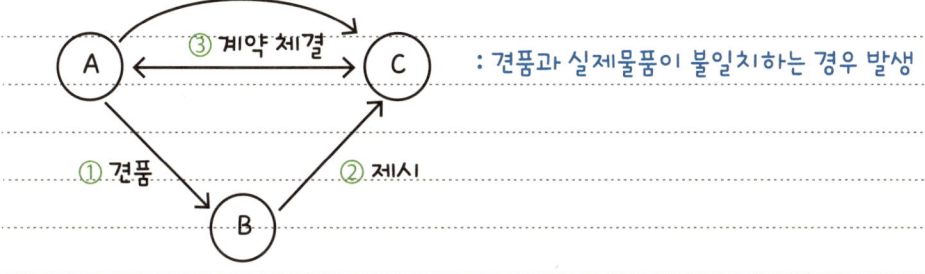

: 견품과 실제물품이 불일치하는 경우 발생

* 결약서 교부의무

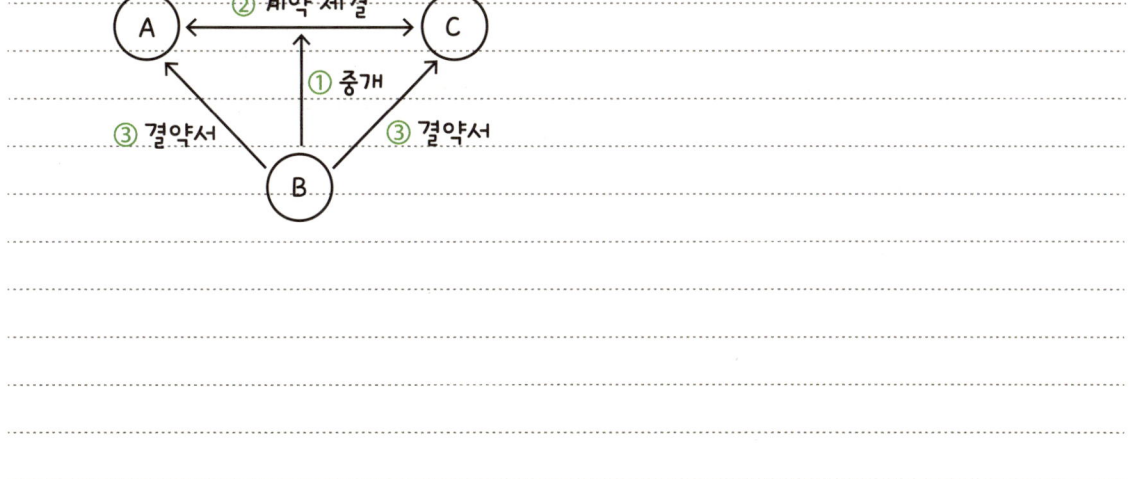

* 결약서의 구성요소

　　┌ 중개인의 기명·날인 : 필요
　　└ 당사자의 기명·날인 ┬ 원칙 : 필요
　　　　　　　　　　　　└ 즉시 이행하는 계약 : 생략 가능

　　┌ 중개인의 기명·날인 : 필요
　　└ 당사자의 기명·날인

P 99

* 중개상의 개입의무 (이행담보책임)

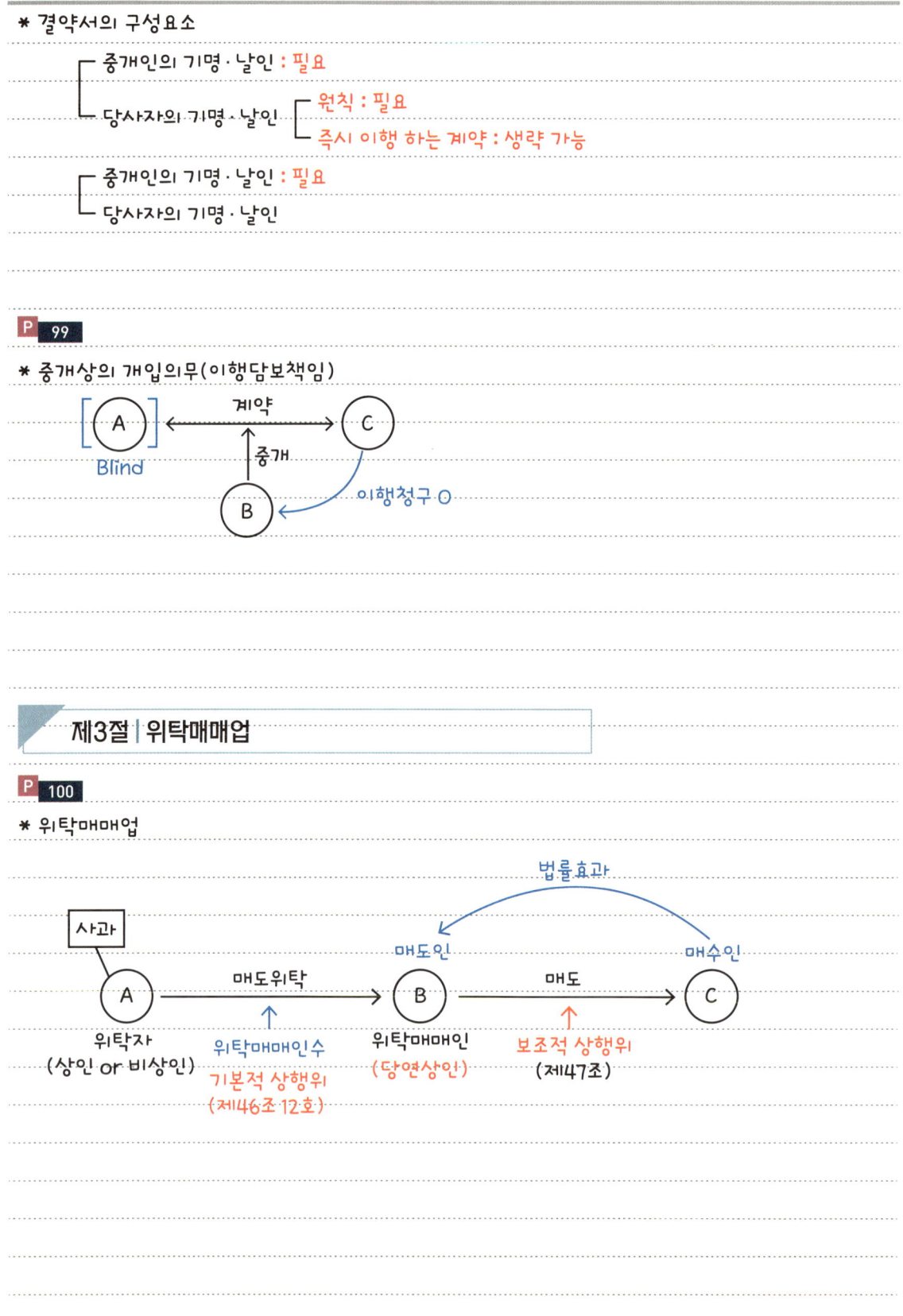

제3절 | 위탁매매업

P 100

* 위탁매매업

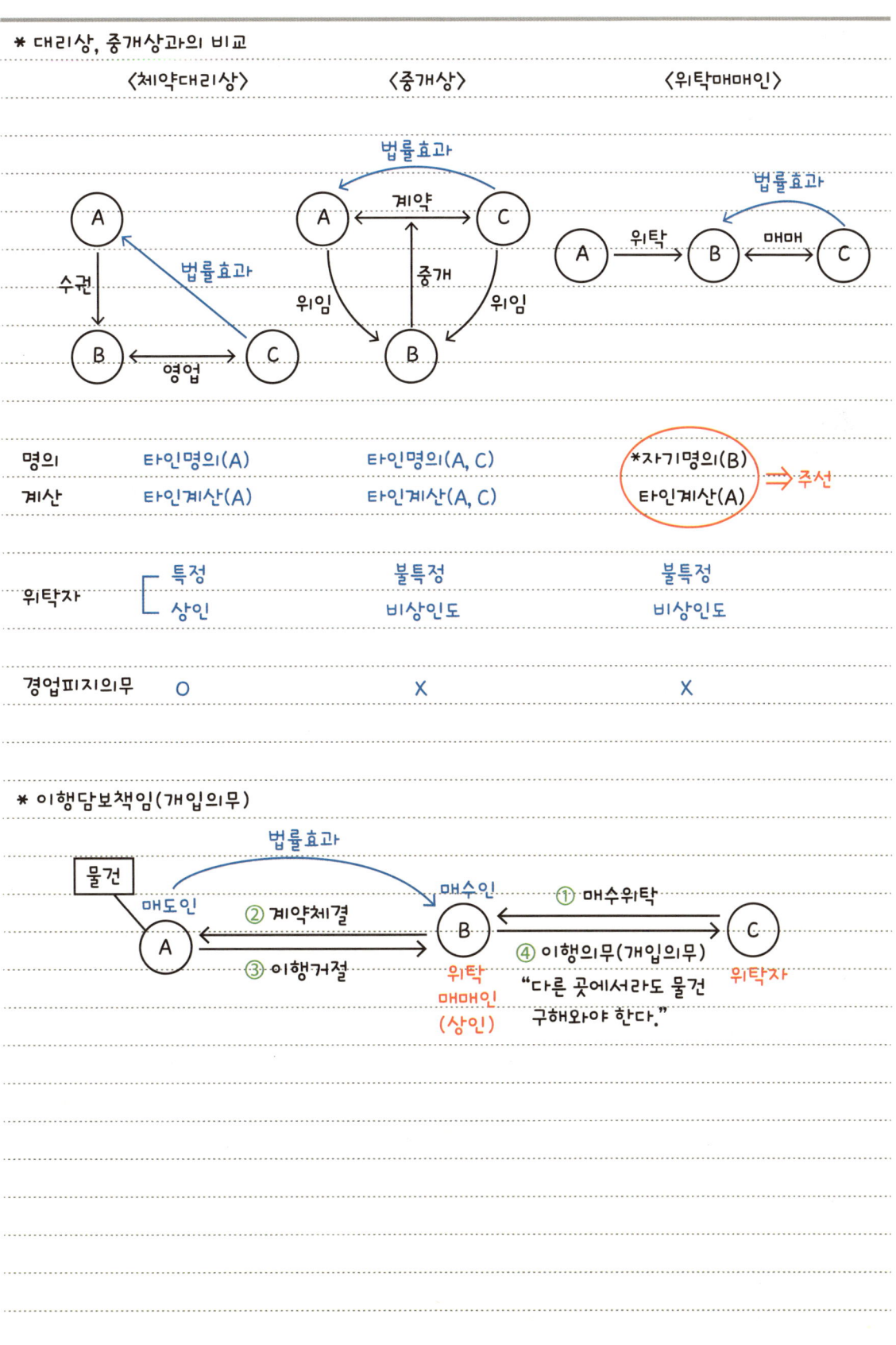

P 101

* 지정가액 준수의무

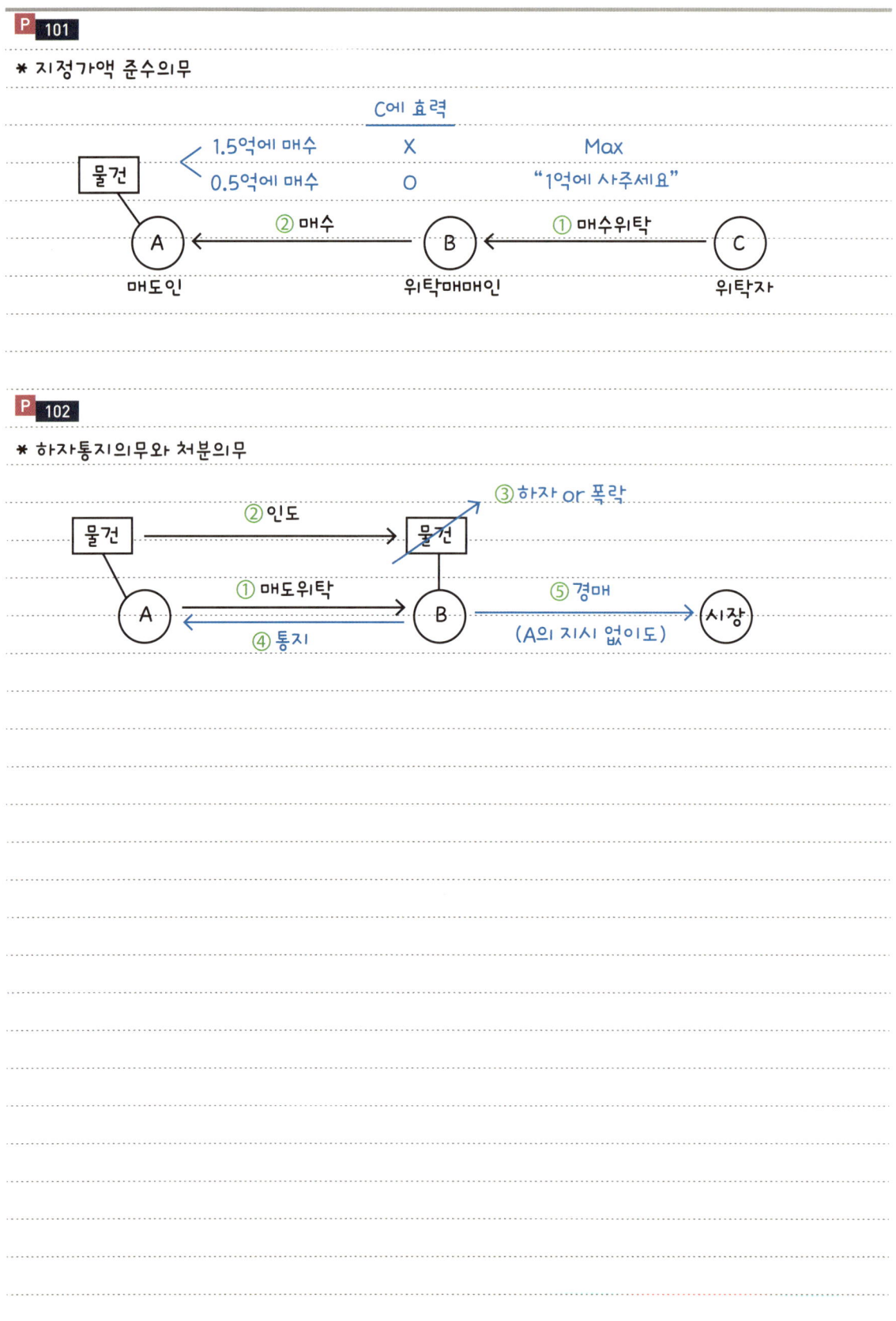

P 102

* 하자통지의무와 처분의무

* 개입권 : 위탁매매인이 직접 거래상대방

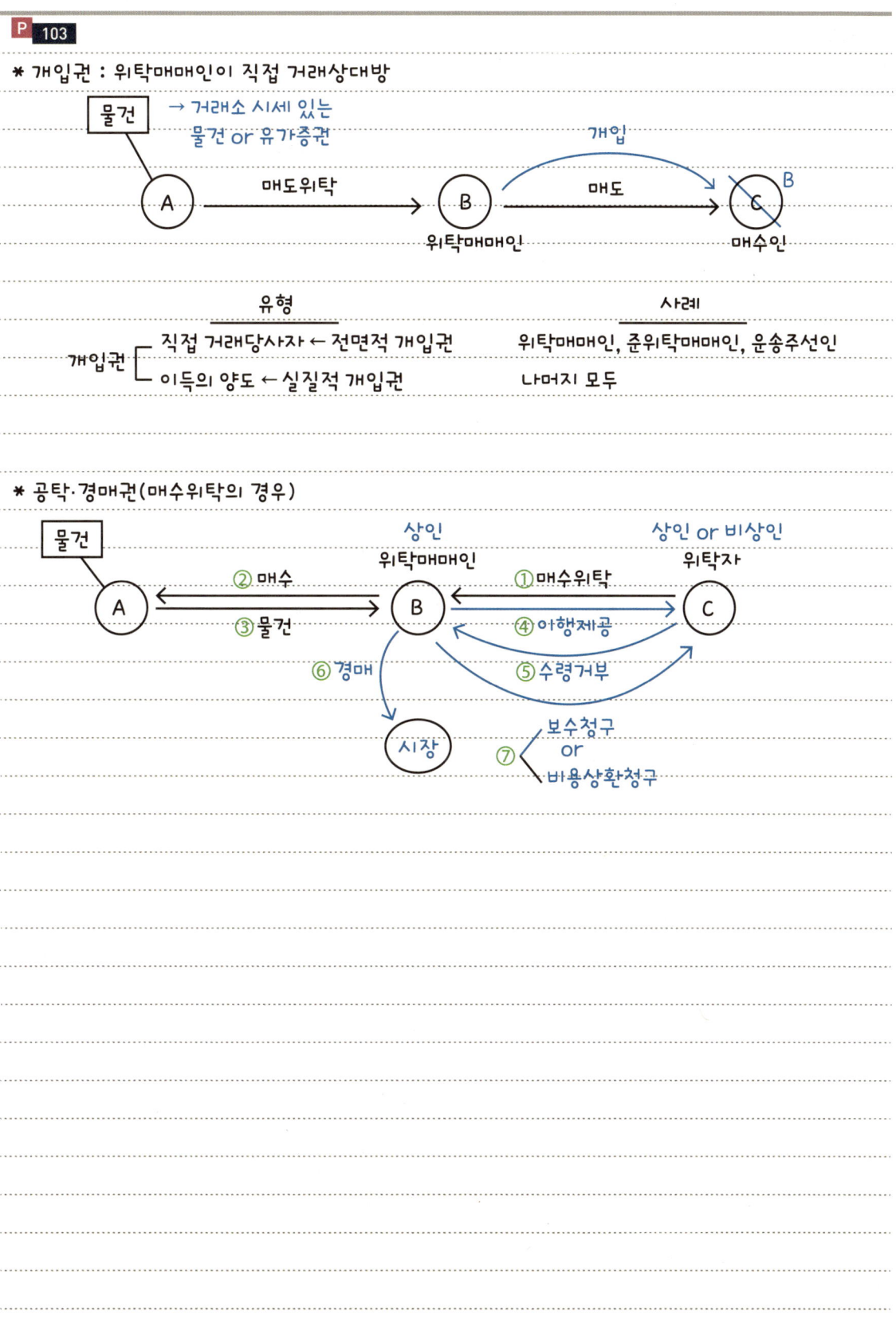

* 공탁·경매권(매수위탁의 경우)

* 매수위탁자가 상인인 경우 특칙 (공 / 검보확)

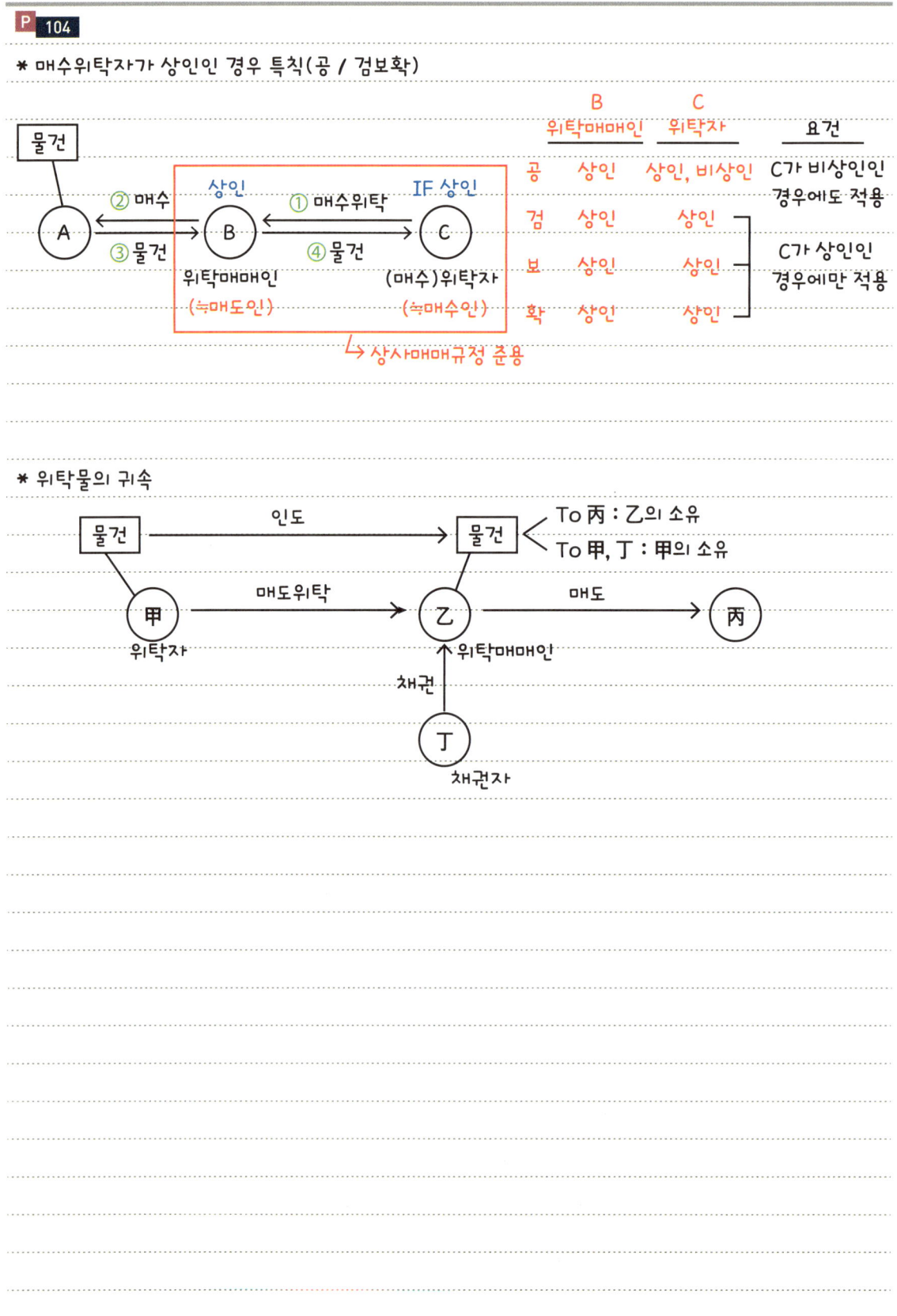

* 위탁물의 귀속

제4절 | 운송업

P 106

※ 상법상 운송

- 육상 ─ 물건 / 여객) 상행위 편
- 해상
- 항공

※ 운송계약

```
      (운송의 인수)
       운송계약              운송
  (A) ←──────────→ (B) ──────────→ (C)
  송하인                  운송인              수하인
         ↑              (당연상인)    ↑
    기본적 상행위                    사실행위
    (상법 제46조 13호)
```

※ 물건운송인의 의무

```
  물건
   |
  (A) ←── 운송계약 ──→ (B) ── 운송 ──→ (C)
  송하인                  운송인              수하인
         ↑                        ↑
   화물상환증교부의무         운송물 ─ 인도의무
     (B → A)                          처분의무
```

P 107

※ 운임청구권(수하인의 운임지급의무)

```
         ① 운송계약              ② 목적물 인도의무
  (A) ←──────────→ (B) ──────────────────→ (C)
  송하인              운송인    ③ 운임지급의무    수하인
                            ←──────────────
```

* 운송물이 멸실한 경우의 운임청구권

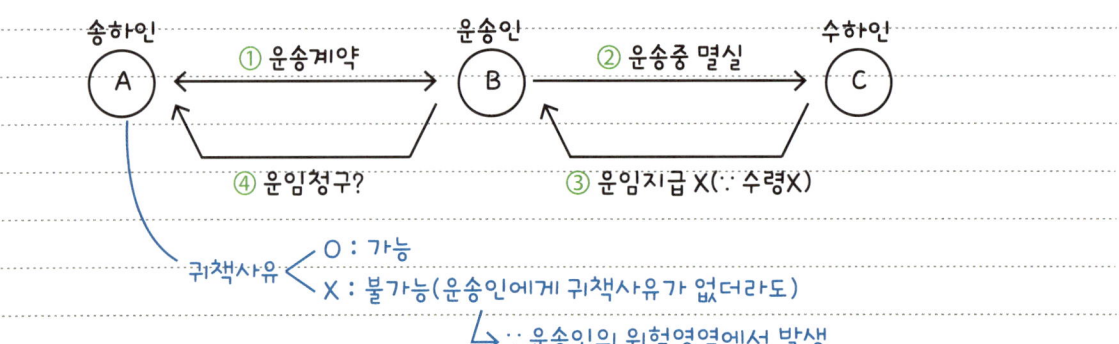

P 108

* 운송물의 공탁·경매시 최고

	최고
공탁	불필요
경매	필요

* 운송물 경매권

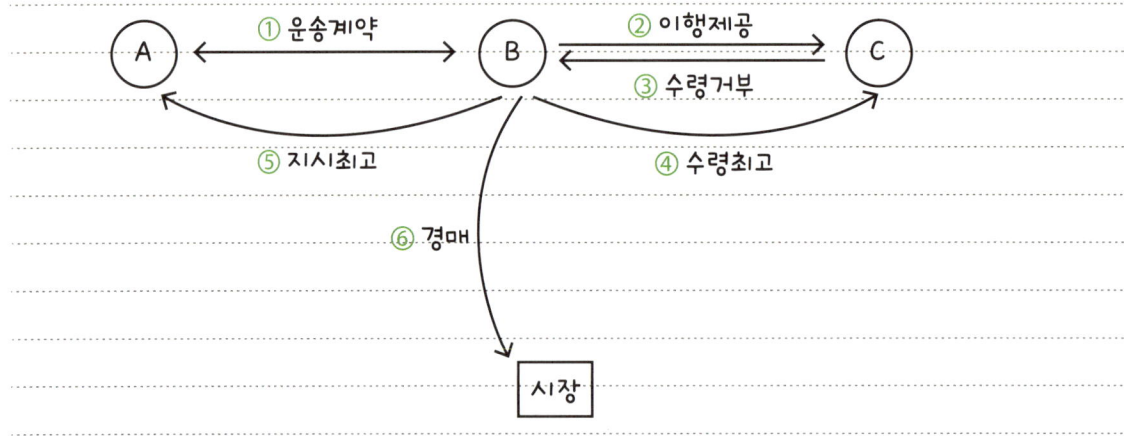

* 운송물 경매권

사유	경매전 최고의 대상
수하인불명(제142조)	송하인 – 지시최고
수하인 수령거부 등(제143조)	1차 : 수하인 – 수령최고 2차 : 송하인 – 지시최고

* 화물명세서 교부청구권

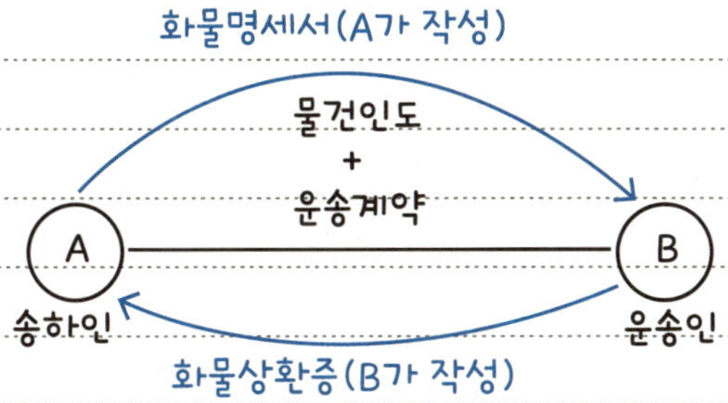

화물명세서(A가 작성)

A (송하인) — 물건인도 + 운송계약 → B (운송인)

화물상환증(B가 작성)

P 109

* 정액배상주의

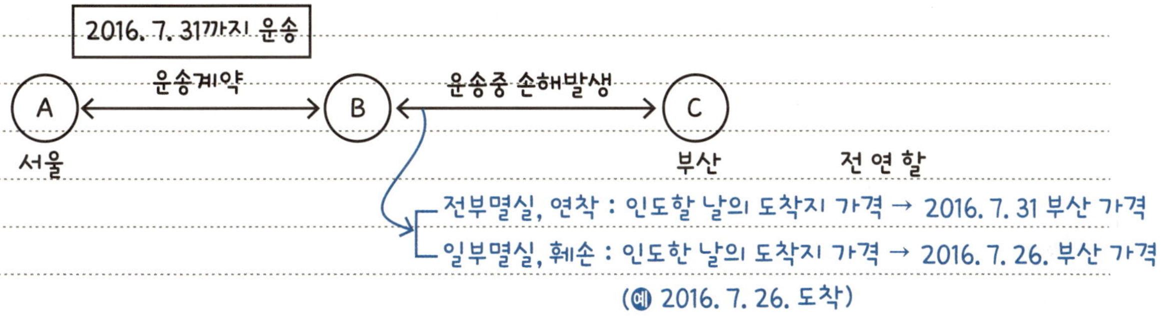

2016. 7. 31까지 운송

A (서울) ←운송계약→ B ←운송중 손해발생→ C (부산)   전 연 할

┌ 전부멸실, 연착 : 인도할 날의 도착지 가격 → 2016. 7. 31 부산 가격
└ 일부멸실, 훼손 : 인도한 날의 도착지 가격 → 2016. 7. 26. 부산 가격
  (예 2016. 7. 26. 도착)

P 110

* 고가물의 특칙

	운송인의 주의의무	IF 주의의무 위반 손해발생시 운송인의 책임
고가물 ─ 명시 : O	고가물의 주의	고가물 책임
└ 명시 : X	보통물의 주의	─ 아무런 책임X (원칙) (보통물로서의 책임도 안진다) └ 고가물 책임 (운송인이 고가물임을 안 경우)
↕		
보통물		

P 112

* 고가물 명시의 효과

　─ 명시한 가격한도 내에서　　　Min [명시한 가격, 실제 손해액]
　└ 실제 손해액만큼

* 책임의 소멸 (특별소멸사유)

　Ⓐ ──① 운송계약──→ Ⓑ ──② 인도──→ Ⓒ
　송하인　　　　　　　운송인 ←③ 유보없이 수령 & 운임지급── 수하인

P 113

* 운송인이 운송 중 운송물이 멸실된 사실을

		소멸시효
─ 알리고 인도	→ 악의 X	1년
└ 알리지 않고 인도	→ 악의 O	5년

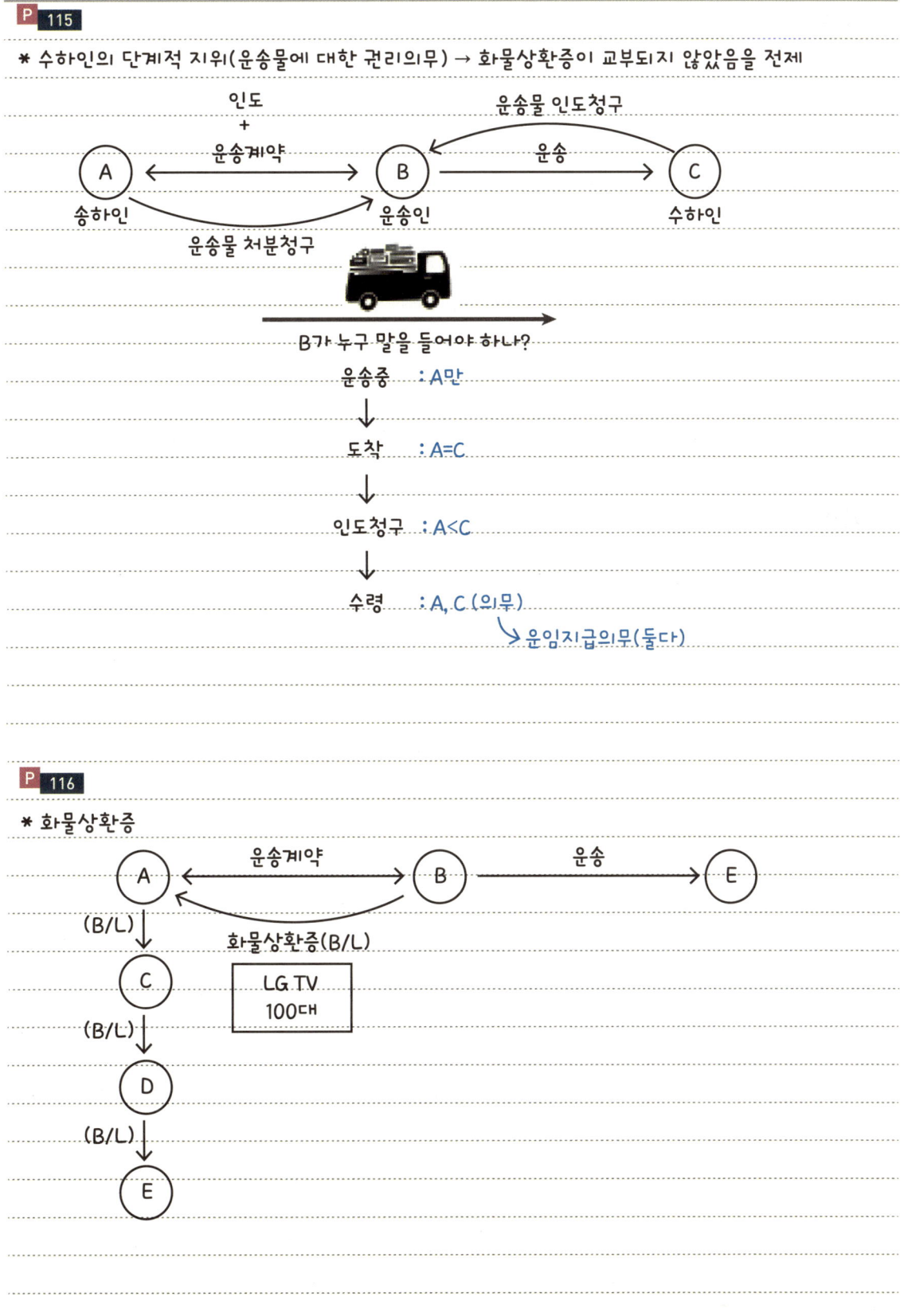

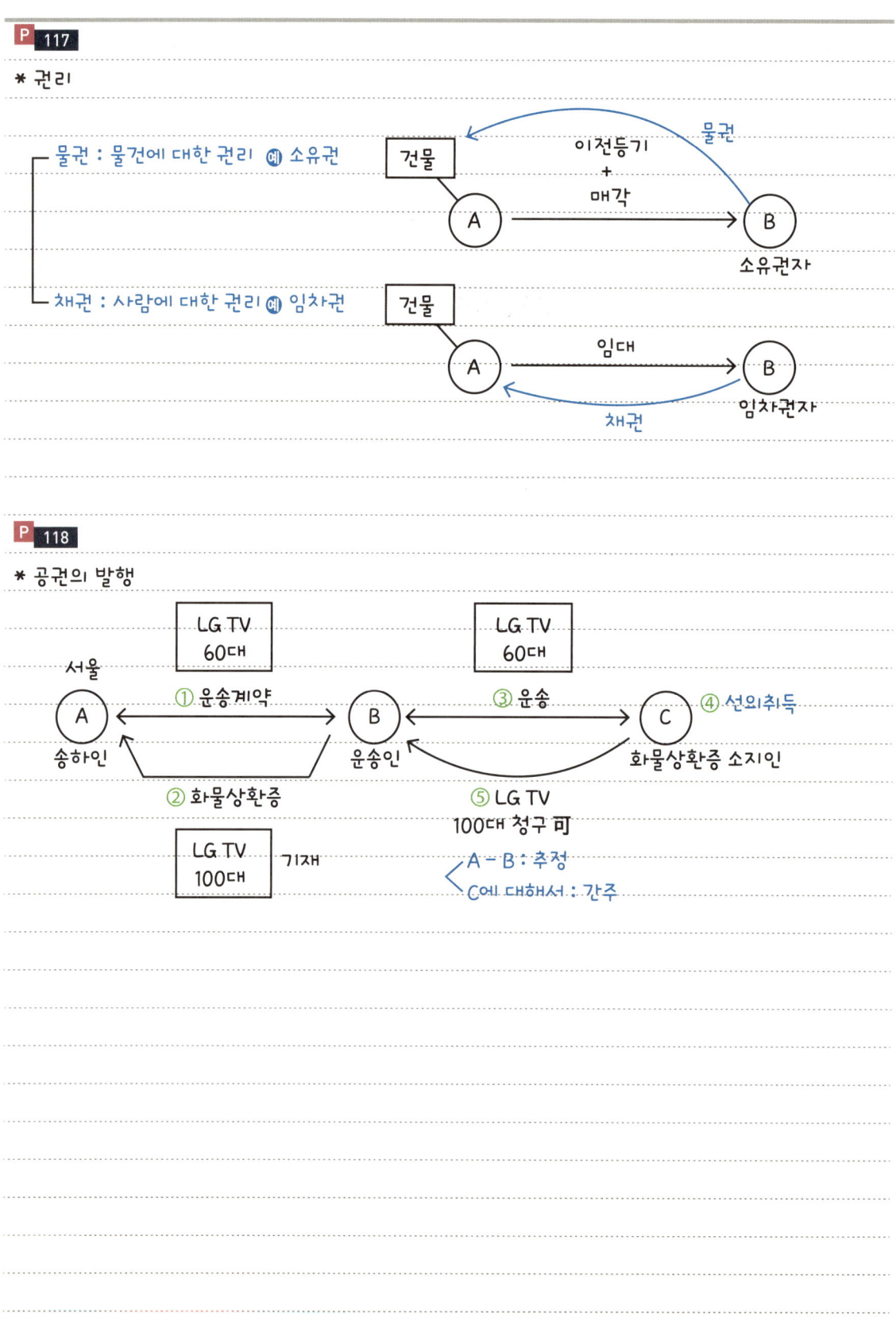

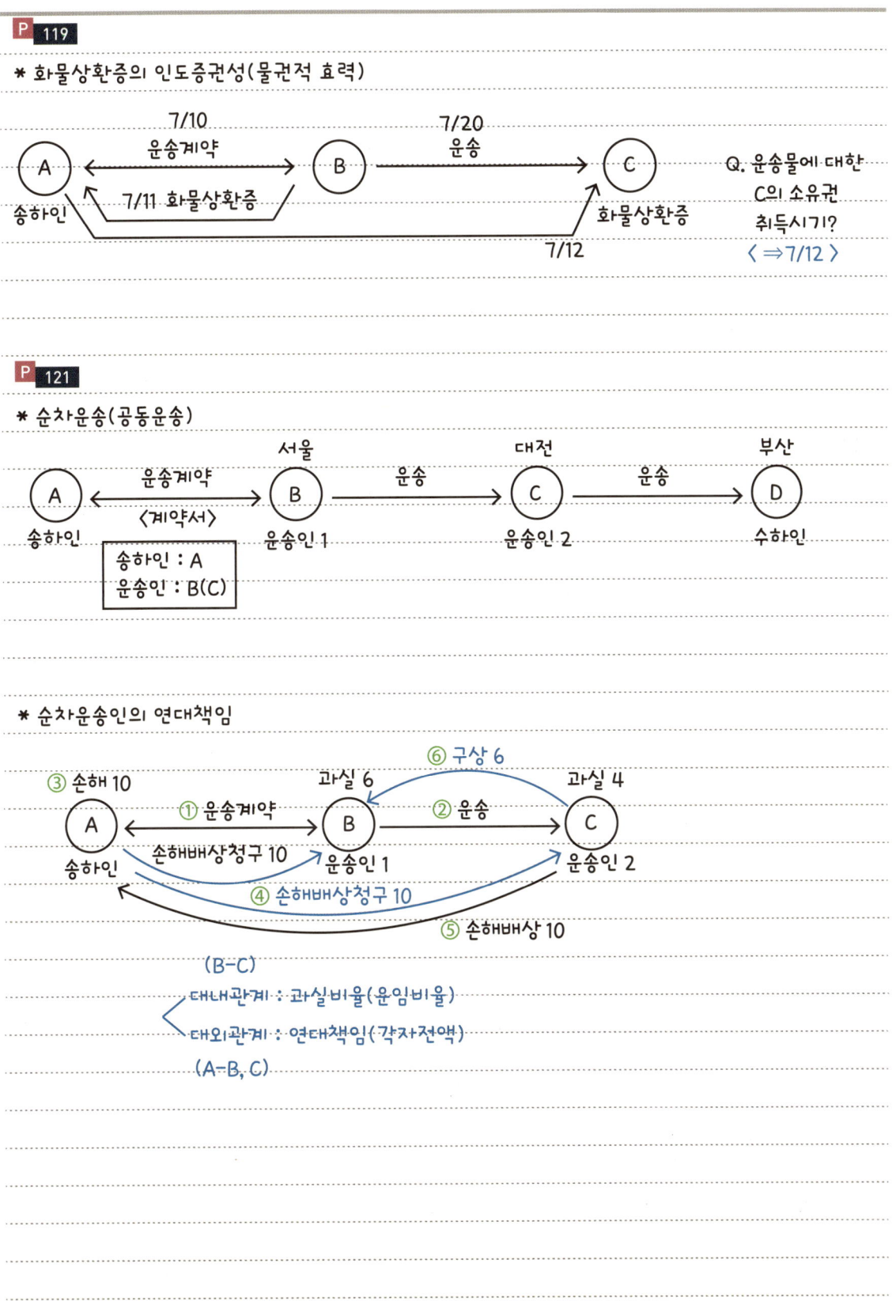

* 순차운송인의 대위

```
   A  ──① 운송계약──▶  B  ──② 운송1──▶  C  ──운송 2──▶  D
 송하인                  운송인 1           운송인 2              수하인
        ◀③ 아직 운임 X                       or
              ④ 운임청구(C뿐만 아니라 B의 것도)
```

* 증명책임 : 자신에게 유리한 사정을 주장하는 자에게 증명책임이 있다.

P 122

* 여객운송인의 책임

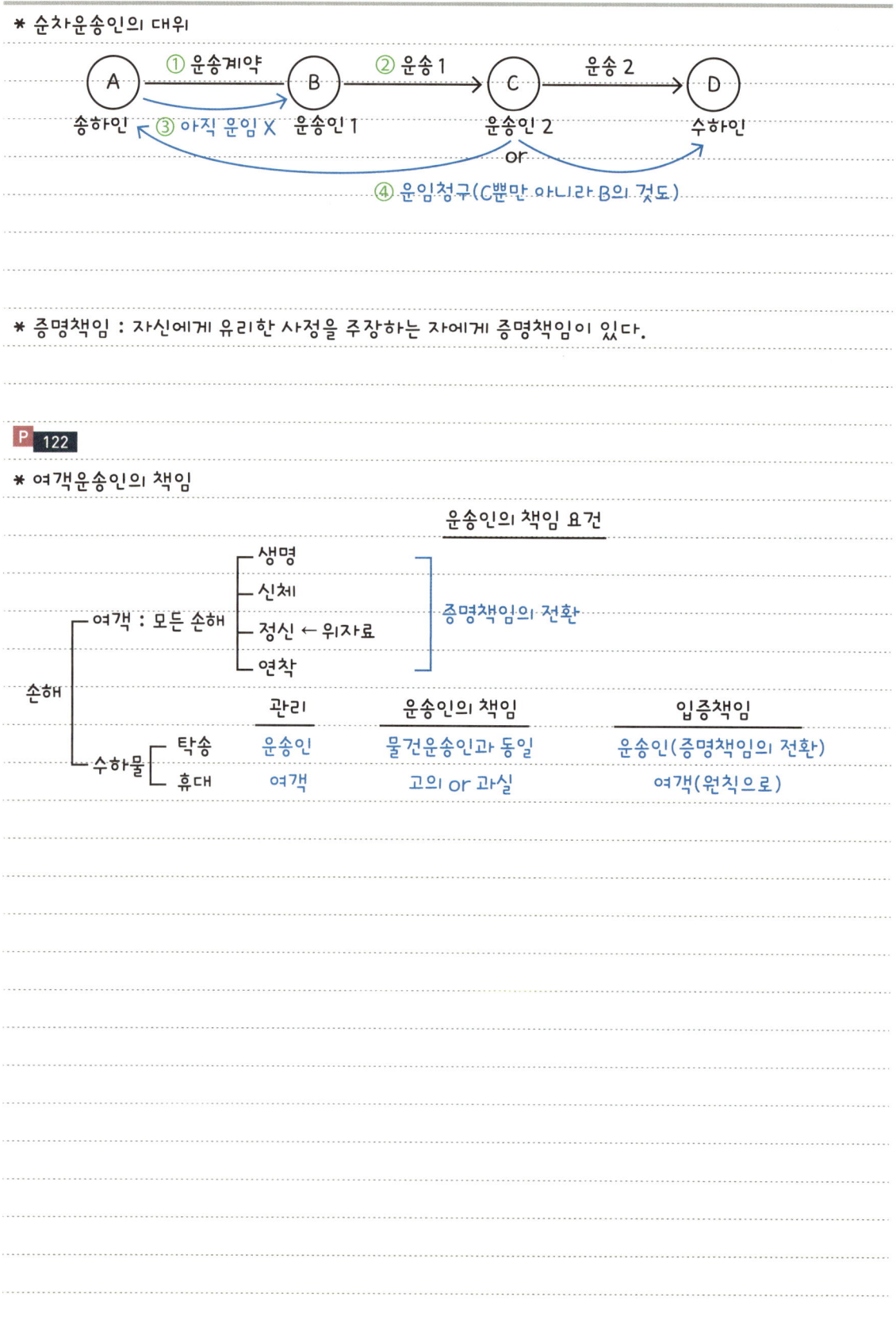

제5절 | 운송주선업

P 123

* 운송주선업

```
물건
 │
 ↓
 A ──인도 + 운송주선계약──→ B ──인도 + 운송계약──→ C ──운송──→ D
위탁자      운송주선의 인수      운송주선인       운송주선        운송인       수하인
         ↑                  (송하인)          ↑
      기본적 상행위          │              보조적 상행위
     (상법 제46조 12호)      당연상인
```

* 주선

```
                     대상
              ┌ 물건·유가증권 매매 : 위탁매매
(자기명의   ─┼ 물건운송          : 운송주선
 타인계산)   └ 그 이외           : 준위탁매매  예) 여객운송주선
```

* 상법상의 주선제도

```
 甲 ──위탁──→ 乙 ──영화상영계약──→ 丙
영화사        배급사              극장
(위탁자)     (주선인)
              │
           준위탁매매인
```

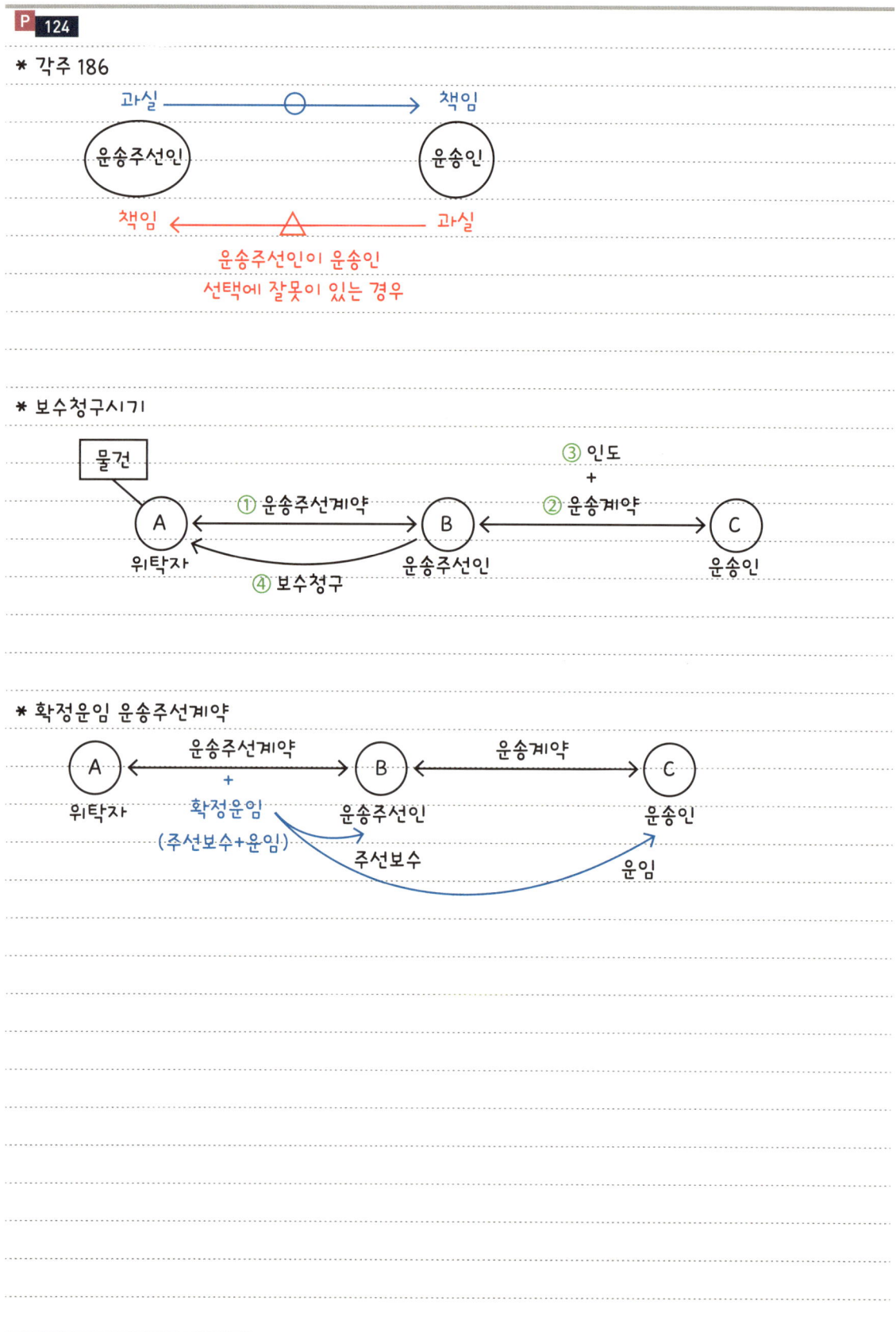

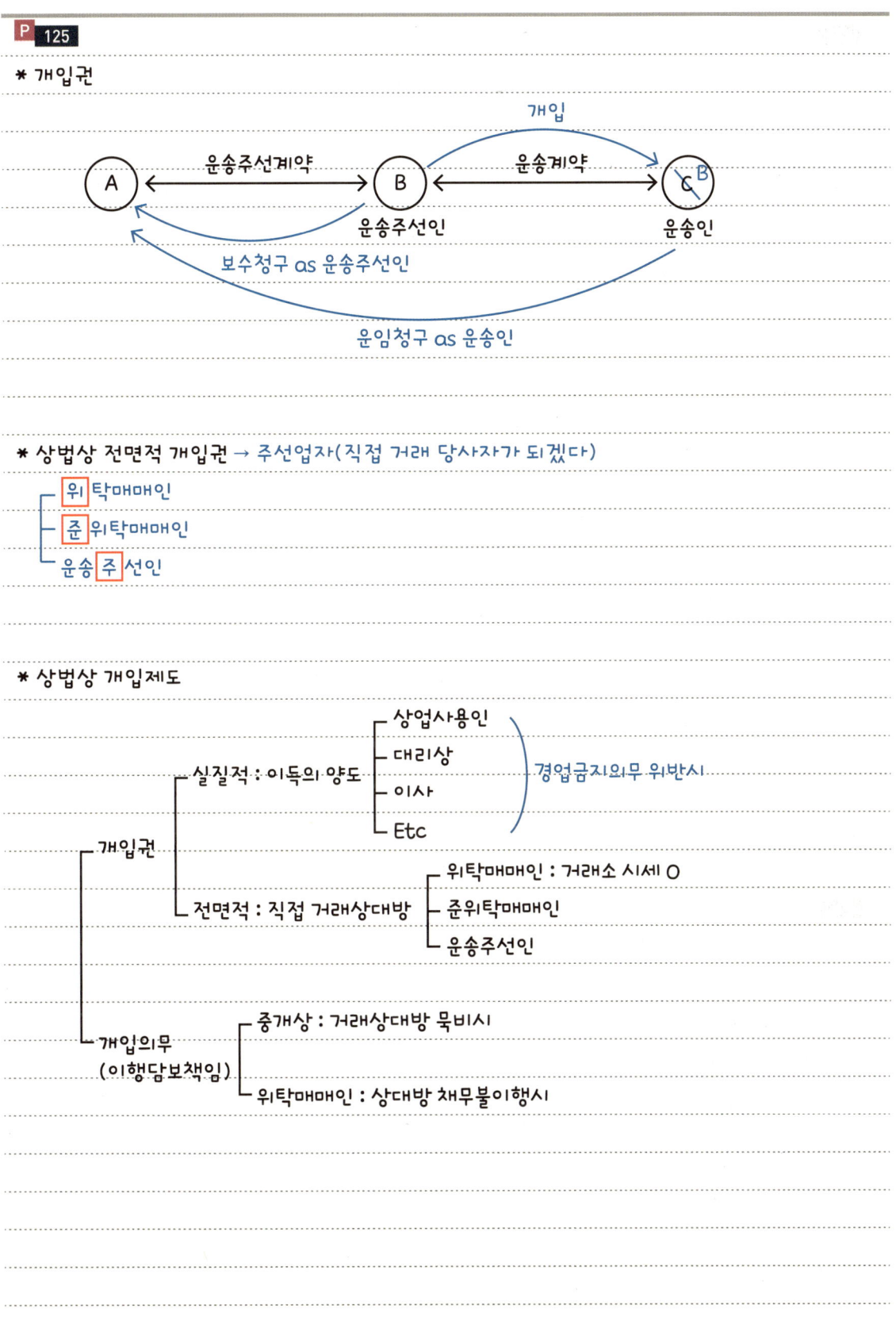

P 126

* 순차운송주선

```
    (A-B)              (B-C)                  인도
A ─①운송주선계약→ B ─②운송주선계약→ C ─③운송계약→ D
위탁자            운송주선인 1        운송주선인 2    (C-D)      운송인
```
④ 보수·비용 청구 의무(B의 것도)

* 운송인에 대한 변제(제118조)

```
A ──①──→ B ──②──→ C ──③──→ D
위탁자    운송주선인 1  운송주선인 2    운송인
                         ④ 운임지급
```
⑤ 운임 및 비용청구
(D의 것)
&
보수(B, C의 것)

제6절 | 공중접객업

P 127

* 공중접객업자의 책임(면책특약)

	효력
일방적인 면책게시	X
개별적인 면책특약	O

✱ 여관 주차장에 주차한 차량에 문제 발생

여관 측의 관리 여부	법적 의미	증명책임
시정장치, 관리인 배치	임치를 받은 물건	공중접객업자(증명책임의 전환)
통제 X, 관리 X	임치받지 아니한 물건	고객

제7절 | 창고업

P 128

✱ 창고업

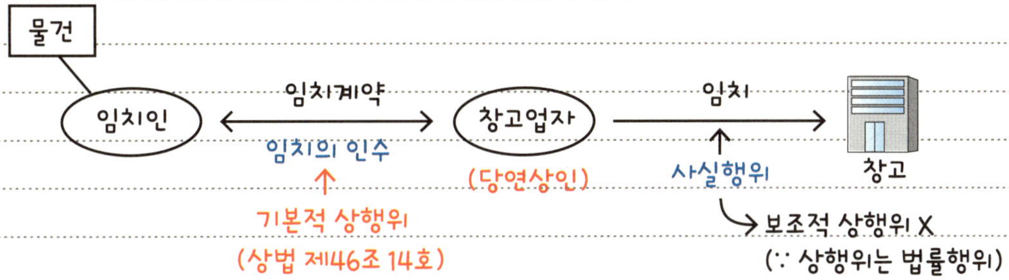

물건 → 임치인 ←임치계약→ 창고업자 —임치→ 창고

- 임치의 인수 ↑ 기본적 상행위 (상법 제46조 14호)
- (당연상인)
- 사실행위 → 보조적 상행위 X (∵ 상행위는 법률행위)

P 129

✱ 보관료 등 청구

　　　　　　　행사 가능시기

- 보관기간 내 — 물건 출고할 때
- 보관기간 경과 — 물건 출고 전이라도

* 상인의 보수청구시기
- 원칙 : 타인을 위하여 / 영업 범위 내에서 / 행위한 때
- 상행위 각칙의 개별규정
  - 중개인 : 결약서 교부 후
  - 운송인 : 운송물 인도시
  - 운송주선인 : 운송인에게 물건인도시
    (확정운임 운송주선계약시 불가)
  - 창고업자 : 물건출고시
    (보관기간 경과 후라면 출고 전도 가능)

P 130

* 창고증권

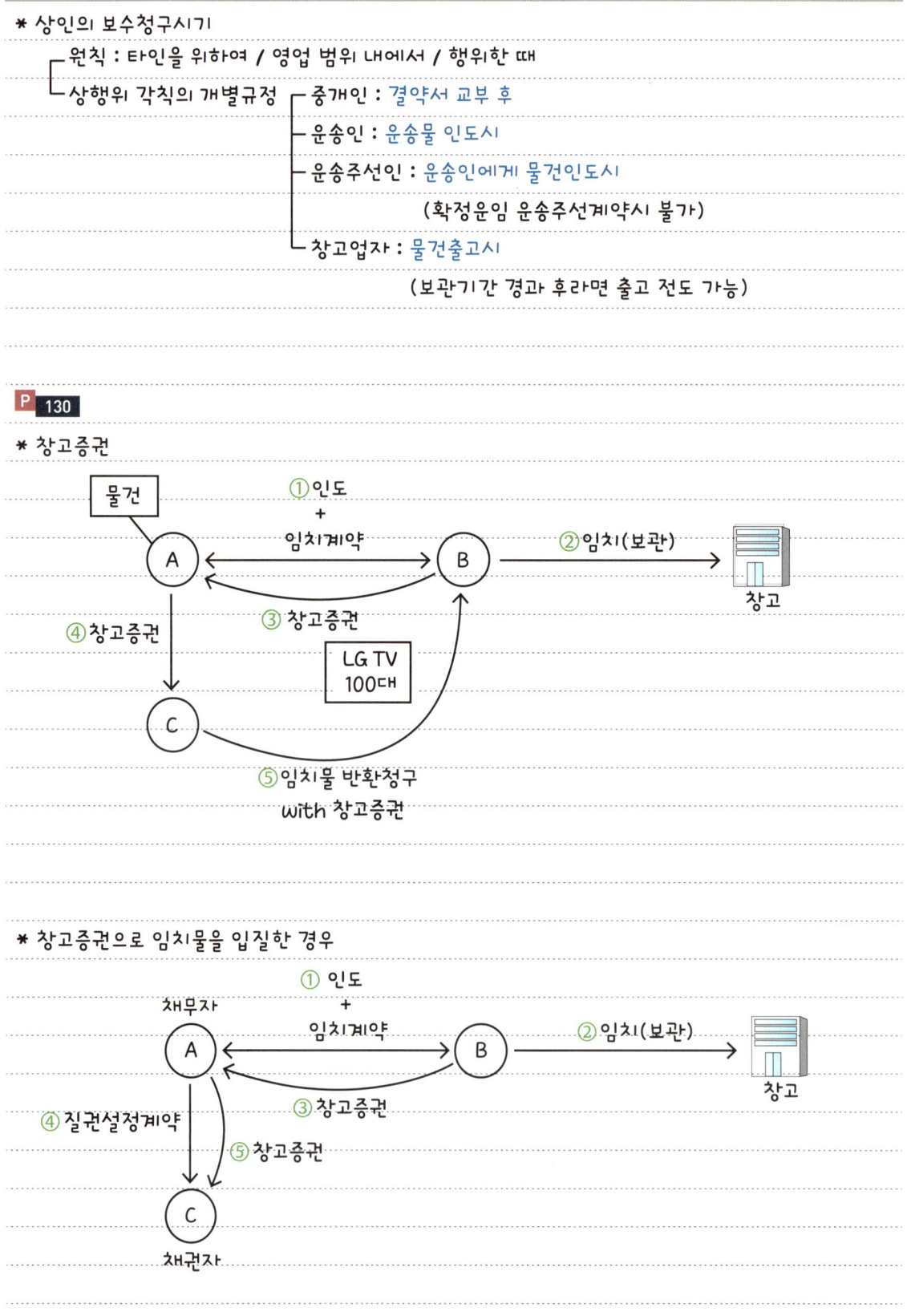

* 창고증권으로 임치물을 입질한 경우

* 손해배상청구시 증명책임

	누가	내용	사례
원칙	손해배상을 청구하는 자	상대방의 고의과실 증명	여객휴대수하물 공중접객업자 : 임치받지 않은 물건
증명책임 전환 (고의·과실이 추정)	상대방이	고의·과실 없음을 증명	운송(주선)인 여객탁송수하물 공중접객업자의 임치 창고업자	(∵ 해당 상인의 위험영역)

* 손해배상책임의 특칙 < 운주창공
　　　　　　　　　　　정고특단

	운송인	운송주선인	창고업자	공중접객업자
정액배상주의(운송과 관련)	O	X	X	X
고가물 특칙	O	O	X	O
특별소멸사유(유보없이 수령한 경우)	O	X	O	X
단기소멸시효(원칙 : 1년)	O	O	O	O (6개월)

제8절 | 새로운 상행위

P 131

* 금융리스업

기본적 상행위(상법 제46조 19호)
↓

A ←①리스계약(A-B)→ B ②물건구입 ← 보조적·상행위
                    (B-C)
                            B ←→ C
금융리스이용자   금융리스업자   공급자
              (당연상인)

A ←③물건공급── C

P 133

* 공급계약관계

④청구 O
(∵계약당사자)

A ←①리스계약→ B ←②공급계약(B-C)→ C

A ←③물건공급상 의무불이행── C

④청구 O (∵상법규정)

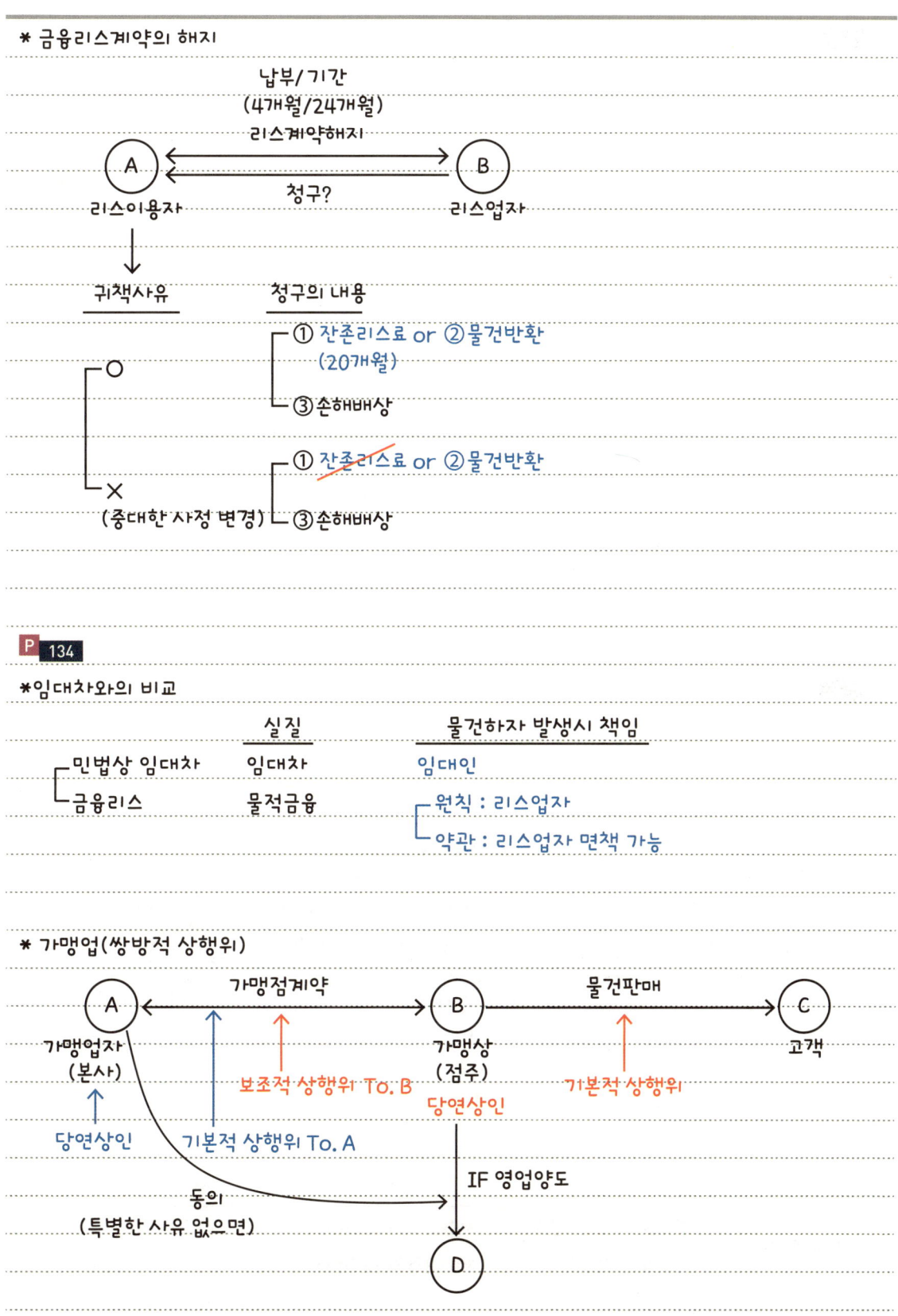

P 135

★ 해지시 예고기간

	근거
상호계산 : 언제든지(제77조)	제77조
창고업자 : 2주(부득이 즉시)	제163조
대리상 : 2월(부득이 즉시)	제92조
리스계약 : 3월	제168조의 5
익명조합 : 6월(부득이 즉시)	제83조
가맹점계약 : 상당한 기간(부득이 불문)	제168조의 10

상호계산	창고업자	대리상	리스계약	익명조합	가맹업
↓	↓	↓	↓	↓	↓
언제든지	2주	2월	3월	6월	상당한 기간

• 부득이 즉시(예고기간 X) 해지 가능 : 익대창

P 136

★ 채권매입업(팩토링) : 쌍방적 상행위

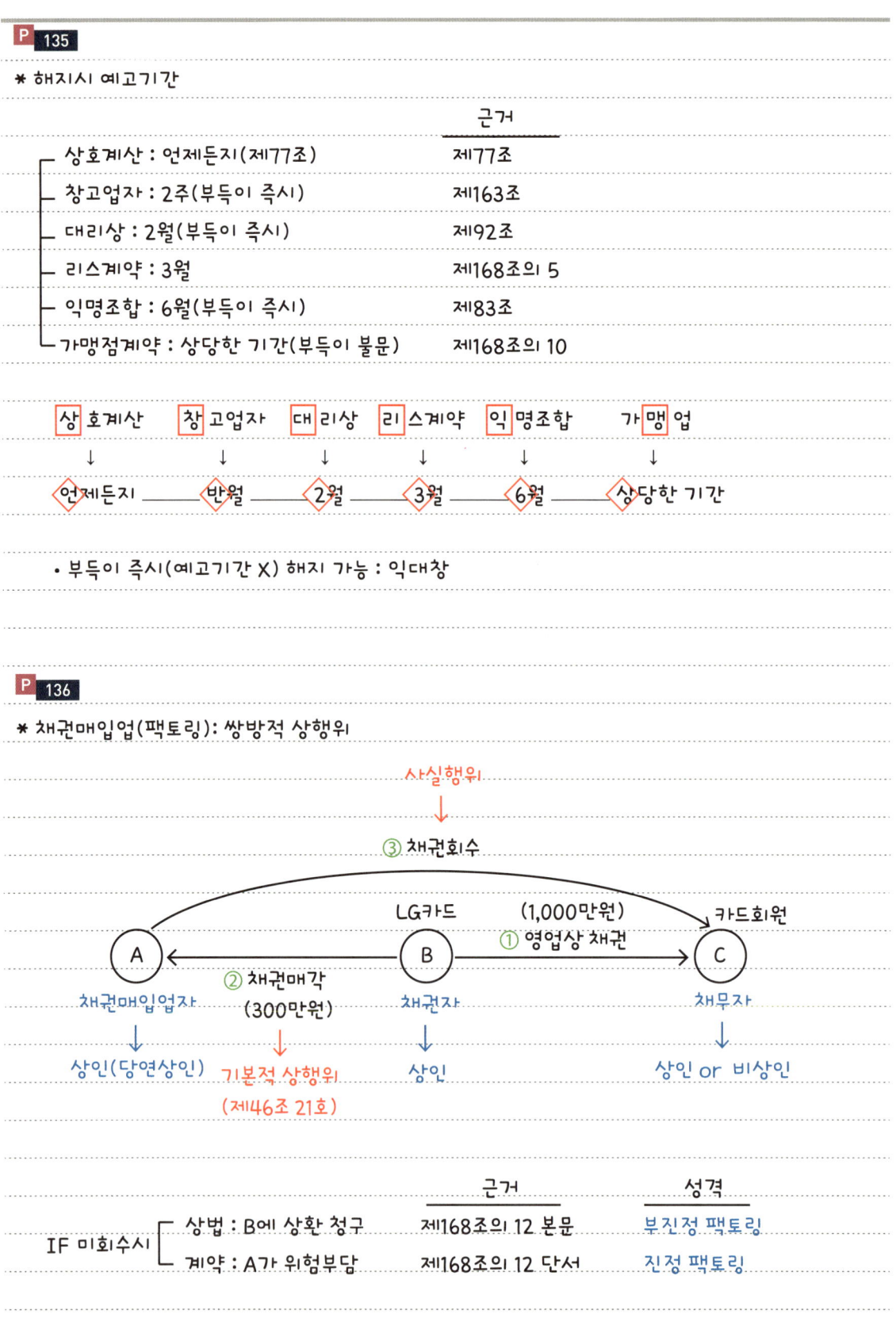

		근거	성격
IF 미회수시	상법 : B에 상환 청구	제168조의 12 본문	부진정 팩토링
	계약 : A가 위험부담	제168조의 12 단서	진정 팩토링

PART 3

회사법

Chapter 01 회사법 통칙

제1절 | 회사의 개념

P 141

*영리성
(제169조)
- 이익추구
- &
- 이익분배

	회사의 영리성	상인의 영리성
이익추구	○	○
이익분배	○	×

예) 연세우유, 건국우유
→ 상인이기는 하지만 회사는 아니다.

예) 남양유업, 매일우유
→ 상인이자 회사

人(인)
⇩

*법인성: 권리·의무의 주체 ─ 자연인
(제169조)   └ 법인

P 142

*1인 회사: ~~사원~~(→회사의 구성원(예 주식회사의 주주))이 1명뿐인 경우
(제178조)

                    2인 이상   1인회사
- 인적회사(합명, 합자) : 해산사유, 설립도 불가
- 물적회사, LLC : 존속, 설립도 가능

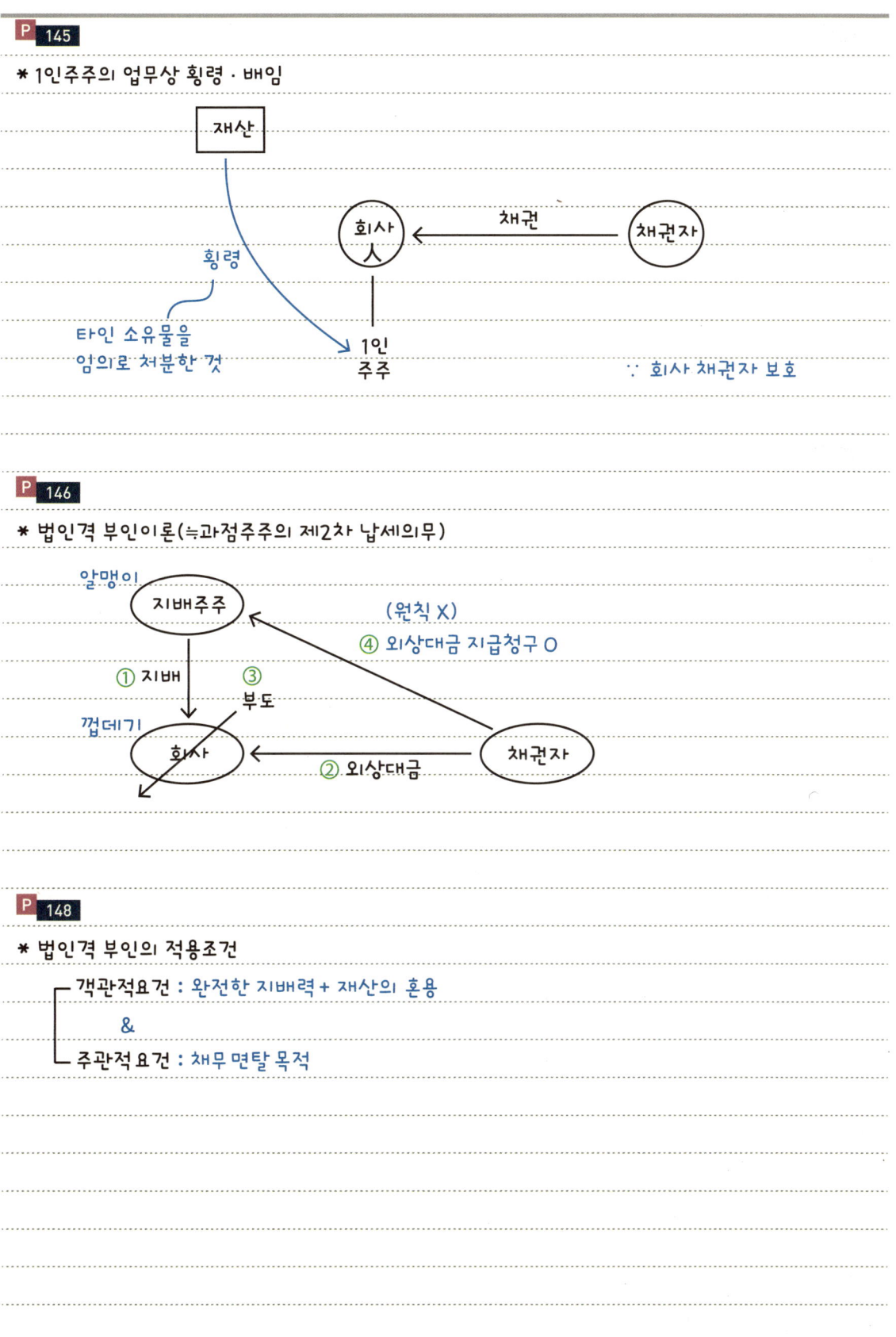

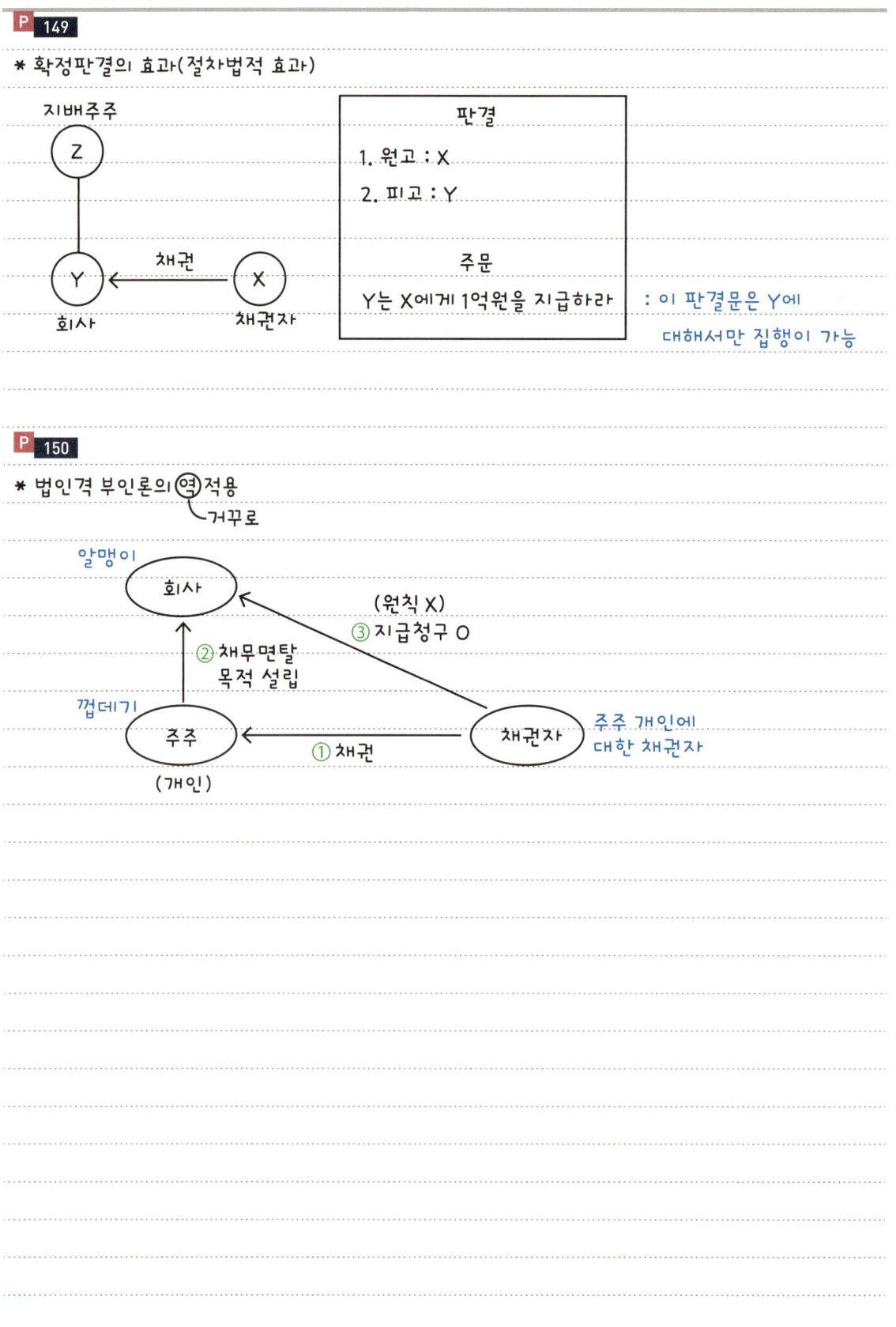

제2절 | 회사의 종류

P 152

```
                  채권
   회사  ←────────────  채권자  ┬─ 변제를 요구하는 방식
    │                            │  직접 : 회사 채권자가 사원을 찾아가서
    │                            └─ 무한 : 사원의 개인재산으로도 책임
    │                           └─ 금액
    │         청구?
    ↓  ←─────────
   사원
   (주주)
```

- 인적회사 ┬ 합명 : 직접, 무한
          │ 합자 : 직접, 무한 or 유한 → 유한책임사원도 회사 채권자에 대하여
          │   연대, 직접 책임을 지지만,
          │   출자가액을 한도로 하는 유한책임을
          │ 유한책임 : 간접, 유한   진다는 점에서 무한책임사원과 구별
          │
- 물적회사 ┬ 유한 : 간접, 유한 ← 소규모
          └ 주식 : 간접, 유한 ← 대규모

　(인적)요소　　　　　　　　　　(물적)요소

　합명　　합자　　유한책임　　유한　　주식
　　　　　　　　　(LLC)

154

* 합자회사 유한책임사원의 책임

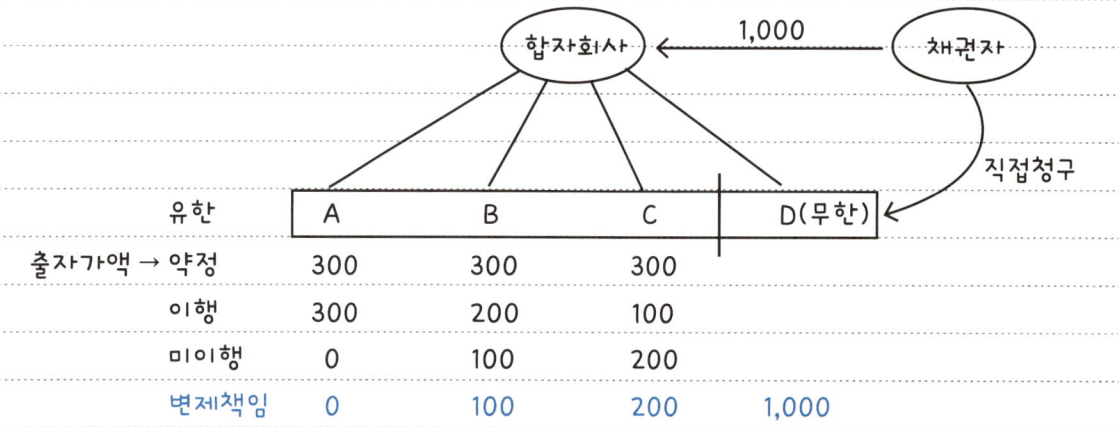

 156

* 유한책임회사(LLC)
  - 대내관계 : 동업관계(인적회사)
  - 대외관계 : 유한책임(물적회사)
    예) 회계법인, 법무법인, 의료법인 등 전문가집단

 157

* 합자조합

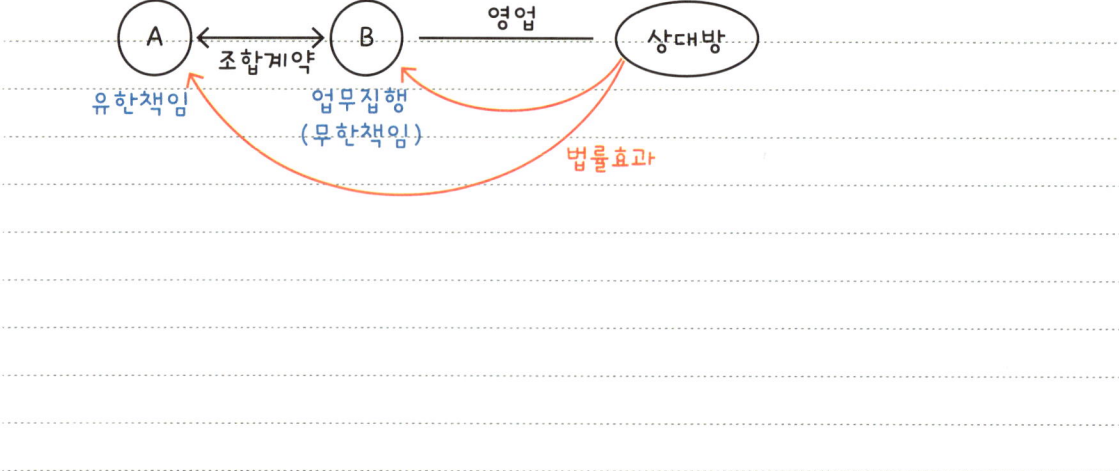

P 159

* 업무집행권과 이의권

업무집행조합원 (각자) ——— IF) 이의제기 ———> (과반수 결의)
                          업무중지
                                                    업무집행조합원간

P 160

* 조합원의 의무

	합명회사 사원	합자회사 무한사원	합자회사 유한사원	합자조합 업무집행조합원	합자조합 유한책임조합원	주식회사 이사	주식회사 감사
경업피지의무	○	○	×	○	×	○	×
자기거래금지 의무	○	○	×	○	○ (예외)	○	×

└ 업무집행권을 전제로 함

* 유한책임조합원의 책임범위

(조합) <——— 10억 채권 ——— (채권자)
  │   │
1억 약정   직접청구
7천 이행   10억
  │   │
 (A)   (B)   │
유한책임 업무집행   │
  ↑←——————————————————————————————┘
        3천

P 161

* 조합원의 (탈퇴)사유

  ─ 업무집행조합원 : 사망 / 파산 / 피성년후견

  ─ 유한책임조합원 : ~~사망~~ / ~~파산~~ / ~~피성년후견~~

제3절 | 회사의 능력

P 162

* 성질에 의한 제한 여부

  침해되는 사례

  ─ 명예권 : "악덕기업 물러가라"는 표현 ┐ 회사의 경우에도

  ─ 상호권 : 현대차증권 ──상호권침해──> 현대증권 ┘ 명예권, 상호권은 인정된다.

  　　　　　　↓
  　　　HMC 증권으로 상호 변경

* 법률에 의한 제한

  ③ 부도 ← Z 합명회사
  　　　　↑ ② 무한책임사원
  ④ 부도 ← Y 합명회사
  　　　　↑ ① 무한책임사원
  ⑤ 부도 ← X 사원　사원 X가 졸지에 Z의 채무까지
  　　　　　　　　갚아야 하는 상황(⇒ 다같이 망한다)
  　　　　　　　∴ 회사는 다른 회사의 무한책임사원이 되지 못한다.

P 163

* 목적에 의한 제한
  * (예) 정관에 사업목적이 IT로 기재된 회사가 유전개발사업 투자 가능여부
    → 정관에 정한 사업목적에 제한되는가?

  - 제한 긍정설 : 회사의 효력 X, 판례(정관에 정한 사업목적을 넓게 파악)
  - 제한 부정설 : 회사에 효력 O ← 결과적으로 동일

* 회사의 불법행위능력(행위능력과 같다)

	사례	→ 효과	규정
(대표)기관의 행위 (예) 대표이사	분식회계, 탈세	회사자신의 불법행위	상법 제210조 : 자기행위 책임 (회사를 대표하는 사원)
종업원의 행위 (예) 운전기사	업무중 교통사고	종업원의 관리감독 책임	민법 제756조 : 타인행위 책임 (사용자 책임)

제4절 | 회사의 설립

P 166

* 회사설립의 하자

	사유	사례	대상회사	제소권자
설립무효	객관적 하자	법률, 정관위반	5종 모두	사원, 업무집행자
설립취소	사원의 주관적 하자	사기, 착오, 강박, 제한능력	주식회사 제외	취소권있는 자

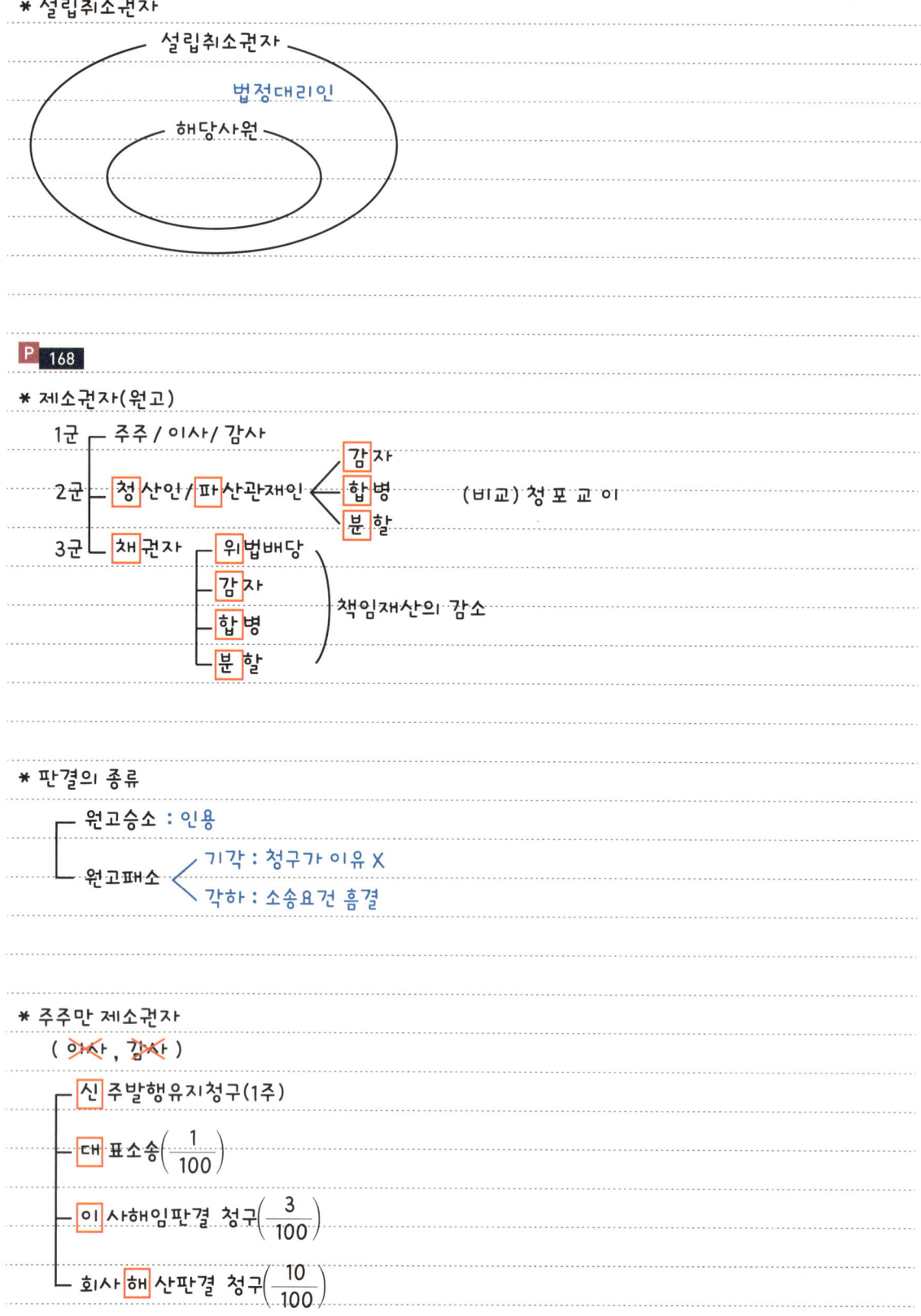

★ 제소기간

	기산점
무제한 : 주주총회결의 무효 / 부존재	주총결의일
2년 : 설립관련 소송	설립등기일
6개월 : 일반적(원칙)	사유발생일
2개월 : 주주총회결의 취소 / 부당결의 취소·변경	주총결의일
1개월 : 이사 해임판결 청구	주총결의일

★ 재량기각

회사설립 ┬ 하자존재
         └ 유지(청구기각)

∴ 다수의 이해관계자 보호

★ 소송으로만 주장 가능
- 설립하자
- 주총결의하자
- 감자무효
- 신주발행무효
- 합병·분할무효
- 주식교환·이전무효

P 169

★ 판결의 종류

	상황
원고승소(인용)	원고청구 이유 O
원고패소 ┬ 기각	원고청구 이유 X
└ 각하	소송요건 흠결

* **대세효** : 이 세상 모두에 대하여(제3자효)

	대세효	취지
원고 ┌ 승소 (인용판결)	O	다른주주나 채권자들이 또다시 수고할 필요없다.
└ 패소	X	다른주주나 채권자들이 또다시 소송제기할수 있다.

패소
┌ 기각판결
└ 각하판결

* **소급효** : 행위 당시로 거슬러 올라가서

```
        소급효                    불소급효(장래효)
  ←─────────────┐         ┌──────→
  ┼─────────────┼─────────┼
문제되는 행위    소제기    인용판결
                          (원고승소)
```

예) 거래계약, 직원급여지급

```
     기존의 법률관계는 유효      불소급효
  ←─────────────────→         ┌──→
  ┼─────────────┼─────────────┼
설립상 하자    설립무효         설립무효
               소제기           판결
```


* **사실상의 회사**

```
        사실상 회사                VS        설립중 회사
  ←─────────────────→                    ←──────→
  ┼──────┼──────────┼      장래효        ┼──────┼
설립등기  설립무효의  설립무효판결(불소급효)  실체형성  설립등기
          제기        → 회사소멸
```

제5절 | 회사의 기구변경(구조조정)

P 170

* 회사의 조직변경

  인적회사 ⇄(X)⇄ 물적회사

  주식회사 ⇄(O)⇄ 유한회사

  주식회사 ⇄(O)⇄ 유한책임회사(LLC)

  유한회사 ⇄(X)⇄ 유한책임회사(LLC)

P 171

* 외부적 절차

  주식 →(사채상환완료 + 채권자 보호절차)→ 유한

  주식 ←(채권자 보호절차 + 법원의 인가)← 유한

  순재산액 주식 →(상법 제604조② ≥)→ 유한 자본금

  발행가액총액 / 주식발행총액 주식 ←(상법 제607조② ≤)← 유한 순재산액 (자본금+잉여금)

* 채권자 보호절차가 요구되는 경우

  인적회사 / 임의청산 / 물적회사 / 조직변경 / 분할시 / 책임분리 결의 / 감자 / 합병

* 조직변경절차
  - 원칙 : 회사종류불문 총사원(주주전원) 동의
  - 유한회사 : 정관규정시 사원총회 특별결의로 가능

P 172

* 인수·합병(M&A)

  - 인수(Acquisition) : A $\xrightarrow{\text{지분인수 (취득)}}$ B   예) A 모회사   하나금융지주
                                                          ↓ 50% 초과
                                                          B 자회사   구 외환은행

  - 합병(Merger) : A + B ──→ A   하나은행 + 외환은행 → KEB 하나은행

  인적회사 + 물적회사 → 물적회사 (O)
                        인적회사 (X)

  (주식 + 유한 → 주식 : 법원의 인가
    주식 + 유한 → 유한 : 사채상환완료)

  존립중 ←
  A + B → A̶
         → Ⓑ
  청산중 ↗

  - 흡수합병 : A + B → A
  - 신설합병 : A + B → C

P 173

* 간 이합병   간소이

```
   존속회사          B의 총주주 동의            소멸회사
                        or
     (A)  ──── 이미 주식 90%↑ 소유 ────▶  (B)
      │                                    │
    주총특결                          ~~주총특결~~  이사회 결의
```

* 소 규모 합병   소존이

```
           존속회사              소멸회사
             (A)  ──── 합병 ────▶  (B)
            ╱ │                       │
           ╱  │                     주총특결
     ~~주총특결~~                         │
     이사회 결의      합병대가             │
                          ╲            ╱
                           ▶  (주주) ◀
```

(합병교부주식)
┌ A의 주식 : 발행주식 총수 10% 이하
└ 금전 : 순자산 5% 이하
(합병교부금)

⟨간이합병 / 소규모합병⟩ 주식회사에서 흡수합병의 경우에만 가능

* 합병의 절차 (계대결채보등)

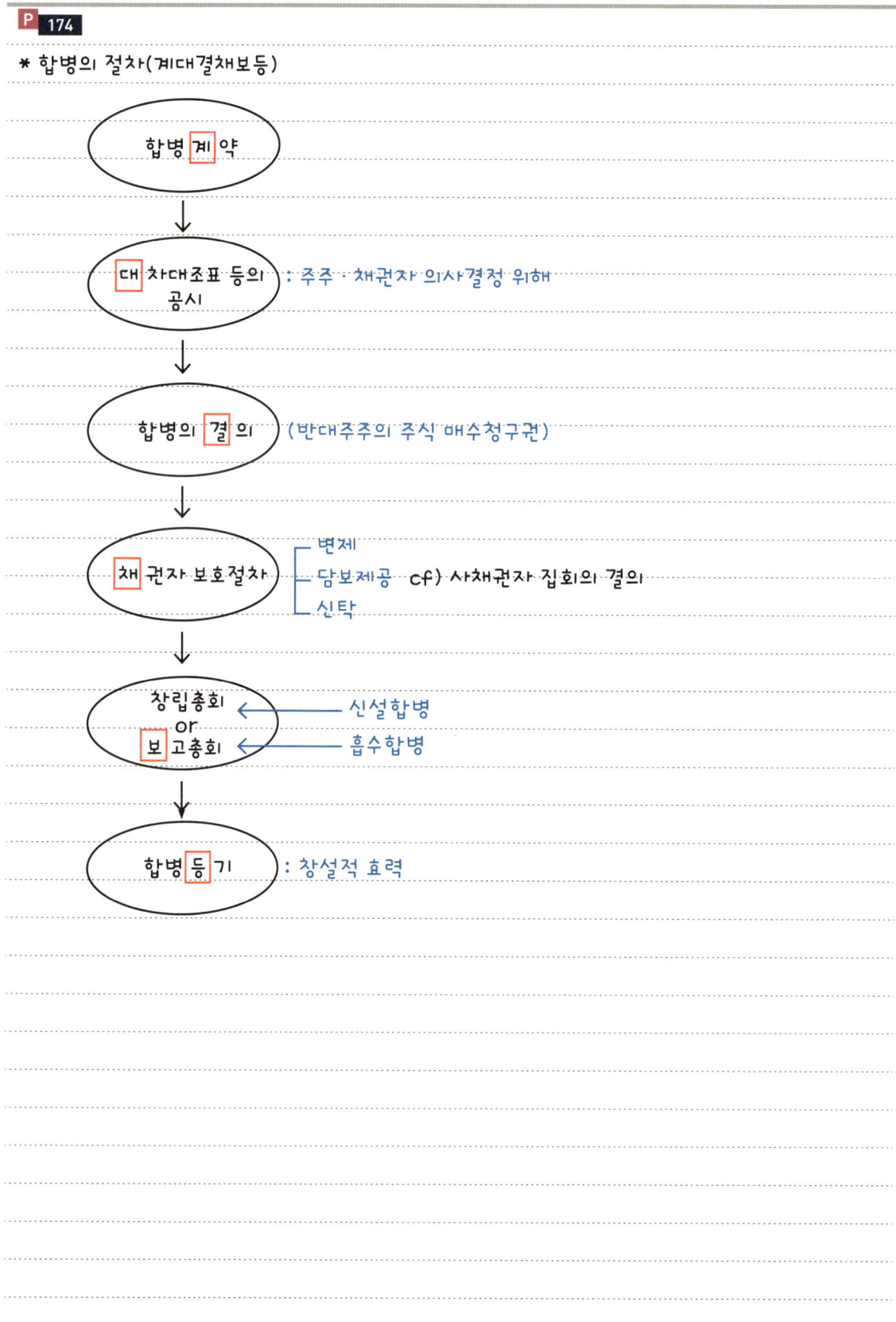

P 175

* 결의 반대주주의 주식매수청구권

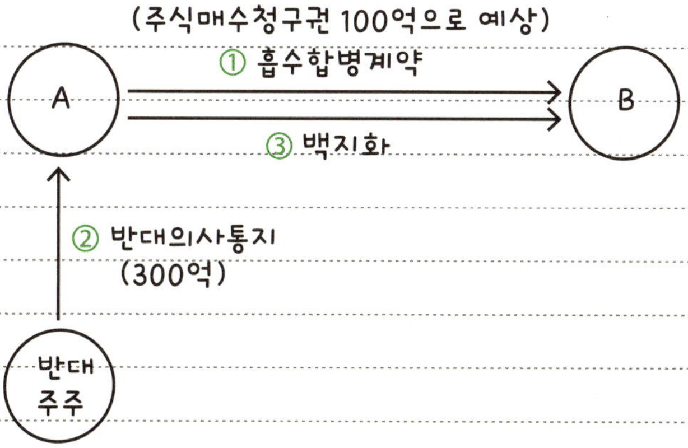

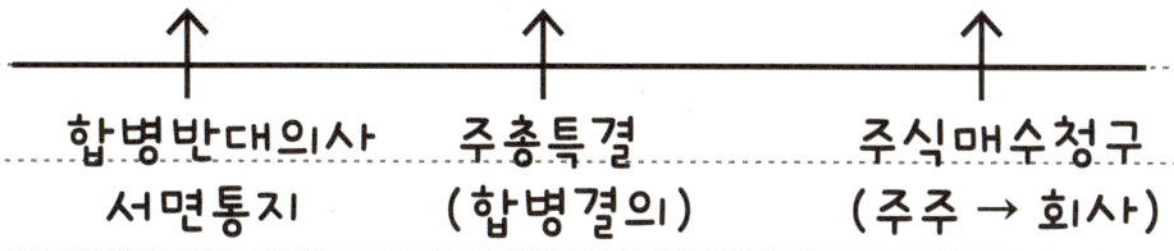

(주식매수청구권 100억으로 예상)

① 흡수합병계약
A → B
③ 백지화

② 반대의사통지
(300억)
반대주주 → A

↑ 합병반대의사 서면통지
↑ 주총특결 (합병결의)
↑ 주식매수청구 (주주 → 회사)

: 주총결의에 참석할 필요는 X

P 176

* 회사채권자의 보호

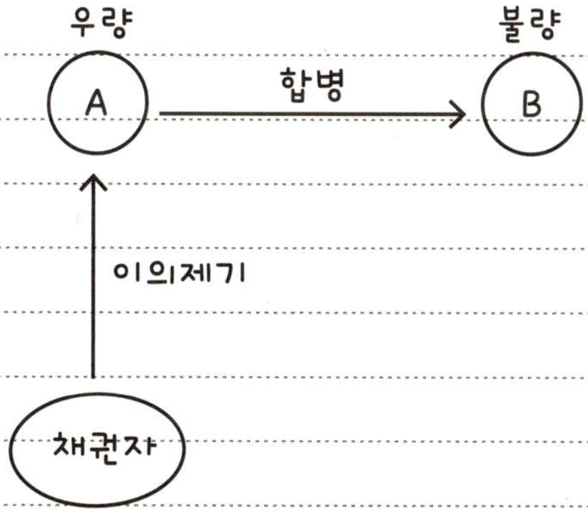

우량 A — 합병 → 불량 B

↑ 이의제기
채권자

* 채권자 보호 절차
(인청 / 물조 / 분결 / 감 / 합)

P 177

✱ 존속회사 이사·감사의 퇴임

```
        X1              X2
────────┼───────────────┼──────
        ↑               ↑
       합병            정기주총
   (A + B → A)    (A의 기존 이사는 모두 퇴임)
```

∴ 구A의 이사 선임시, 구B의 주주는
   의결권 행사 X → 다시 뽑아라.

✱ 권리·의무의 승계

	성격	사례	별도의 권리이전절차
몽땅 ─ 포괄승계	일체의 권리, 의무 이전	합병, 상속	필요 X
찍어서 ─ 특정승계	특정재산에 관한 권리, 의무 이전	주식양도, 영업양도	필요 O

P 178

✱ 삼각합병

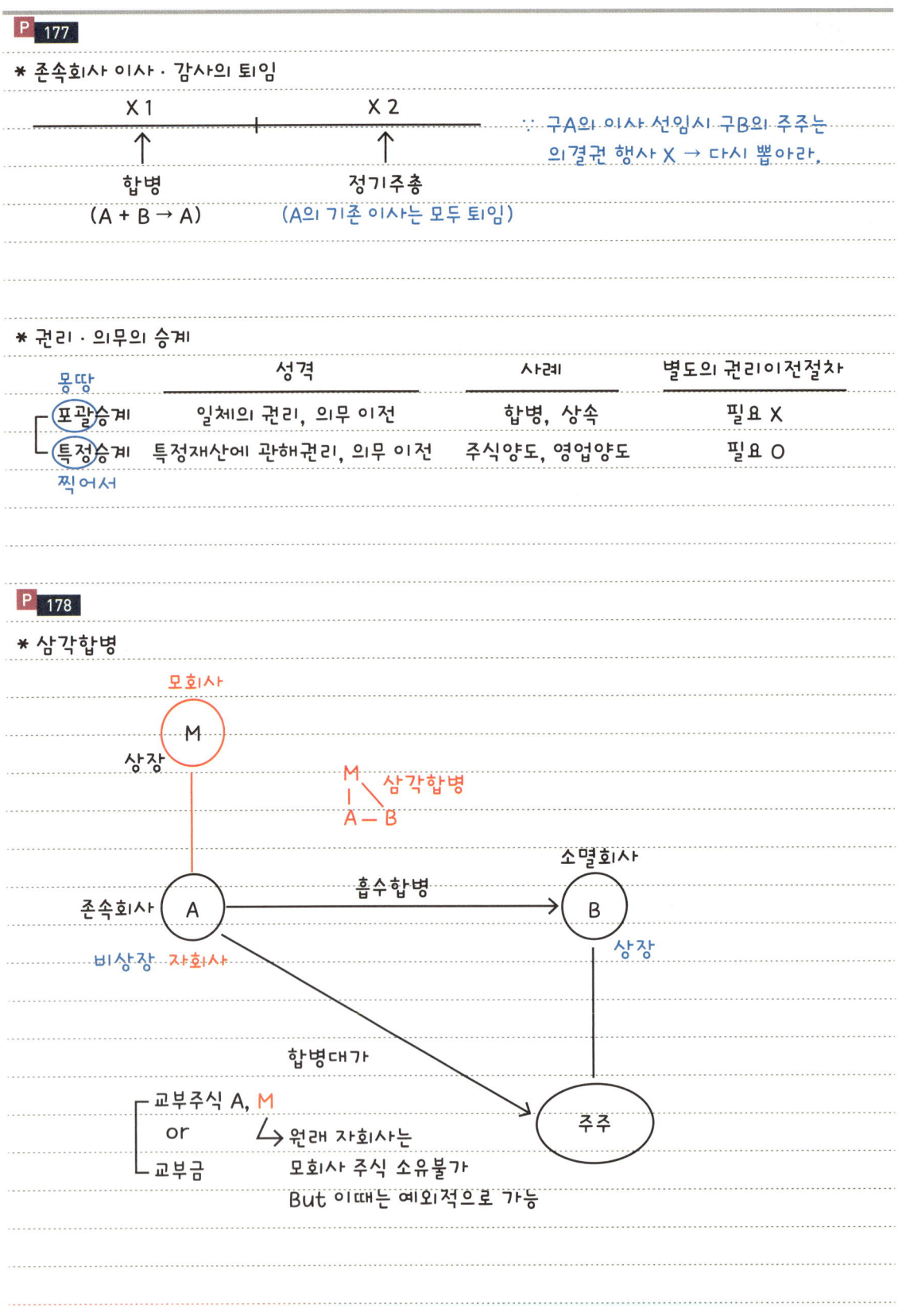

모회사 M 상장

삼각합병
M
│
A — B

존속회사 A ──흡수합병──→ B 소멸회사
비상장 자회사   상장

합병대가
─ 교부주식 A, M
  or   ↳ 원래 자회사는
─ 교부금   모회사 주식 소유불가
           But 이때는 예외적으로 가능

→ 주주

* 합병의 무효

A + B —합병→ A —합병무효판결→ A, B

P 179

* 합병승인결의의 하자와 합병무효의 소의 관계

흡수
주총결의 취소의 소 ← 합병무효의 소

하자있는   합병등기   6개월
합병결의

P 181

* 원고승소판결의 효력

기존의 법률관계 : 유효 → 장래효 (불소급효)

합병등기   합병무효의   합병무효
             소제기   판결

A   A, B

권리 : 부동산 취득 ──────── 공동소유
의무 : 채무부담 ──────── 연대채무

P 183

* 회사의 분할(주식회사만 인정)

예) 삼성전자 ┬ 가전사업부
            ├ 반도체 사업부
            └ 휴대폰 사업부

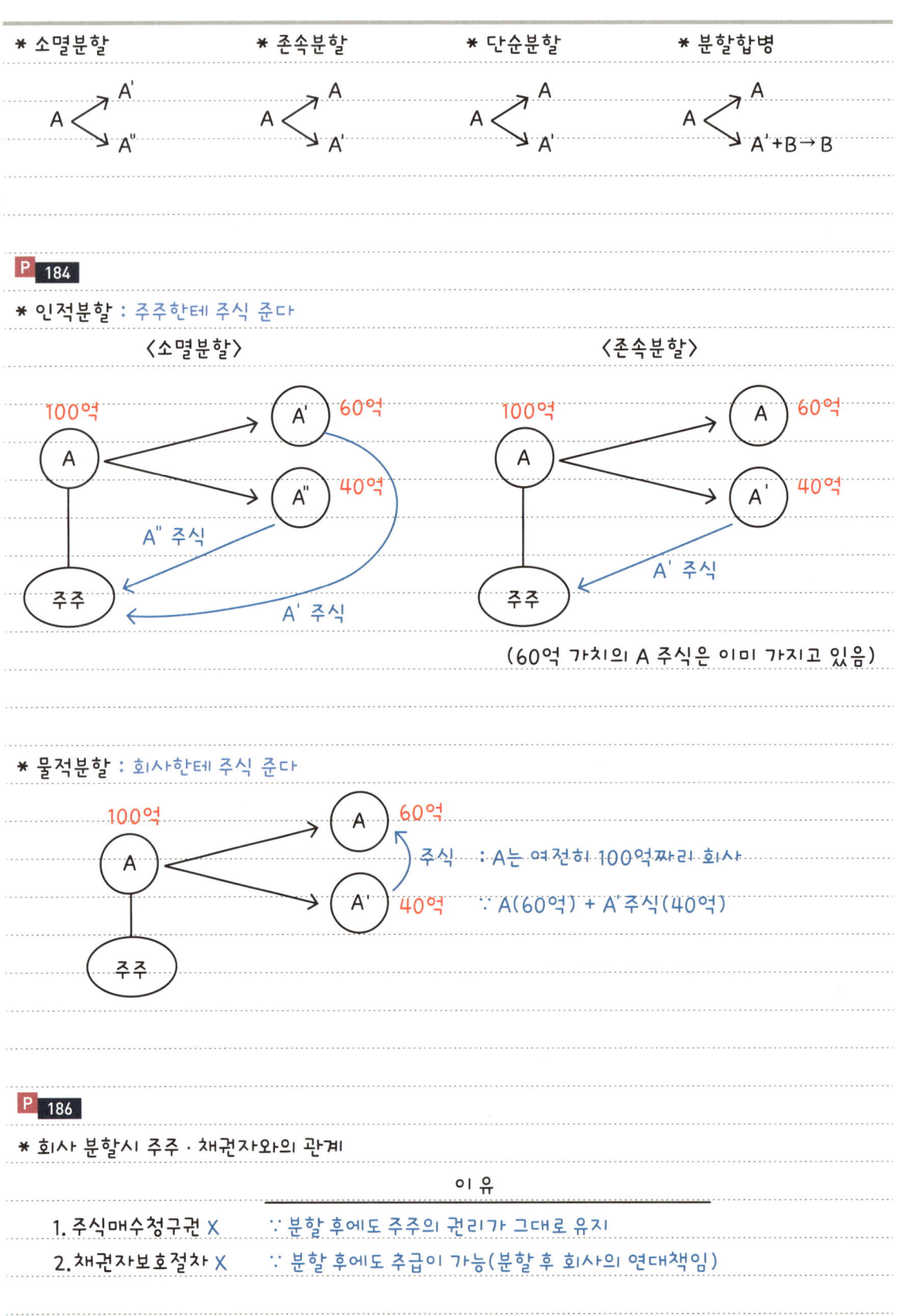

※ 채권자 보호절차(분할합병)

```
        → A
   A <
        → A'  +  B   부실덩어리
        ↑
       채권자  ← 채권자보호절차 필요
```

P 187

※ 보고총회와 창립총회

```
      → A 존속 ↔ 보고총회
   A <
      → A' 신설 ↔ 창립총회
```

※ 회사분할등기

```
              → A  ← 변경등기
   존속분할 A <
              → A' ← 설립등기

              → A' ← 설립등기
   소멸분할 A <
         ↑    → A" ← 설립등기
       해산등기

              → A  ← 변경등기
   분할합병 A <
              → A'+B → B ← 변경등기
```

제3편 회사법 | 109

* 관련회사의 연대책임

* 책임의 범위

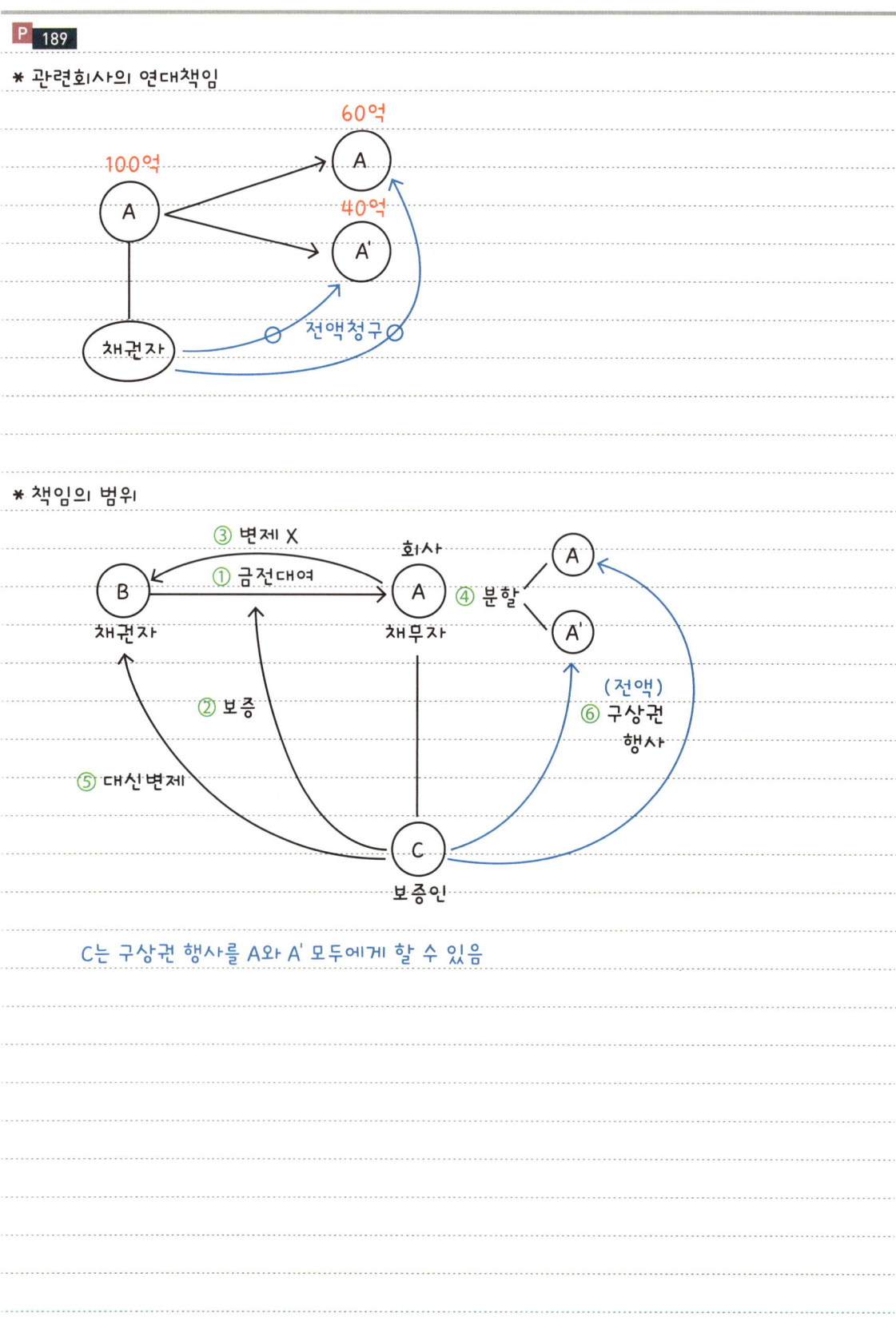

C는 구상권 행사를 A와 A' 모두에게 할 수 있음

* 예외적 분할채무관계 (책임의 분리 By 주총 특결)

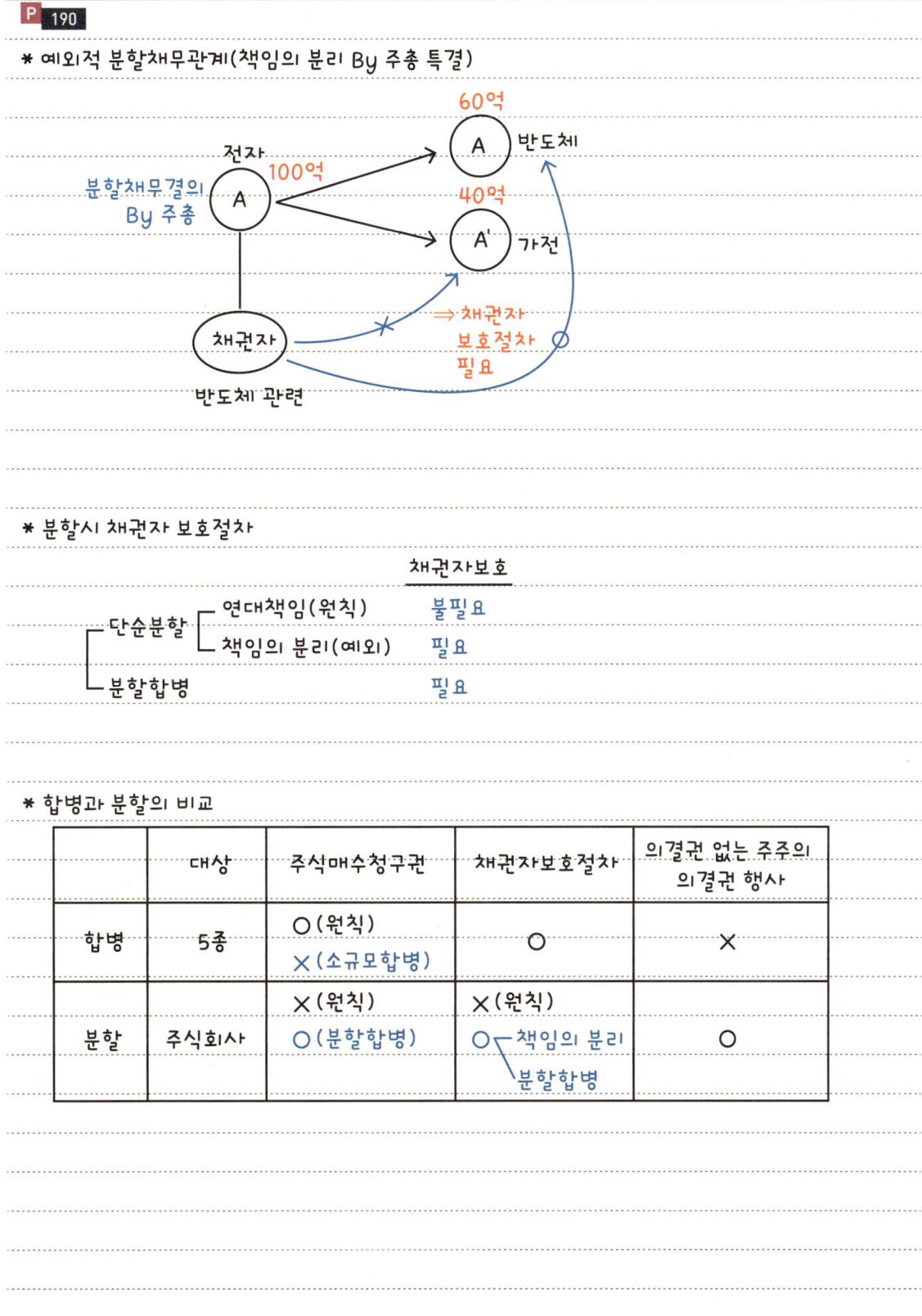

* 분할시 채권자 보호절차

		채권자보호
단순분할	연대책임 (원칙)	불필요
	책임의 분리 (예외)	필요
분할합병		필요

* 합병과 분할의 비교

	대상	주식매수청구권	채권자보호절차	의결권 없는 주주의 의결권 행사
합병	5종	○(원칙) ×(소규모합병)	○	×
분할	주식회사	×(원칙) ○(분할합병)	×(원칙) ○ ← 책임의 분리, 분할합병	○

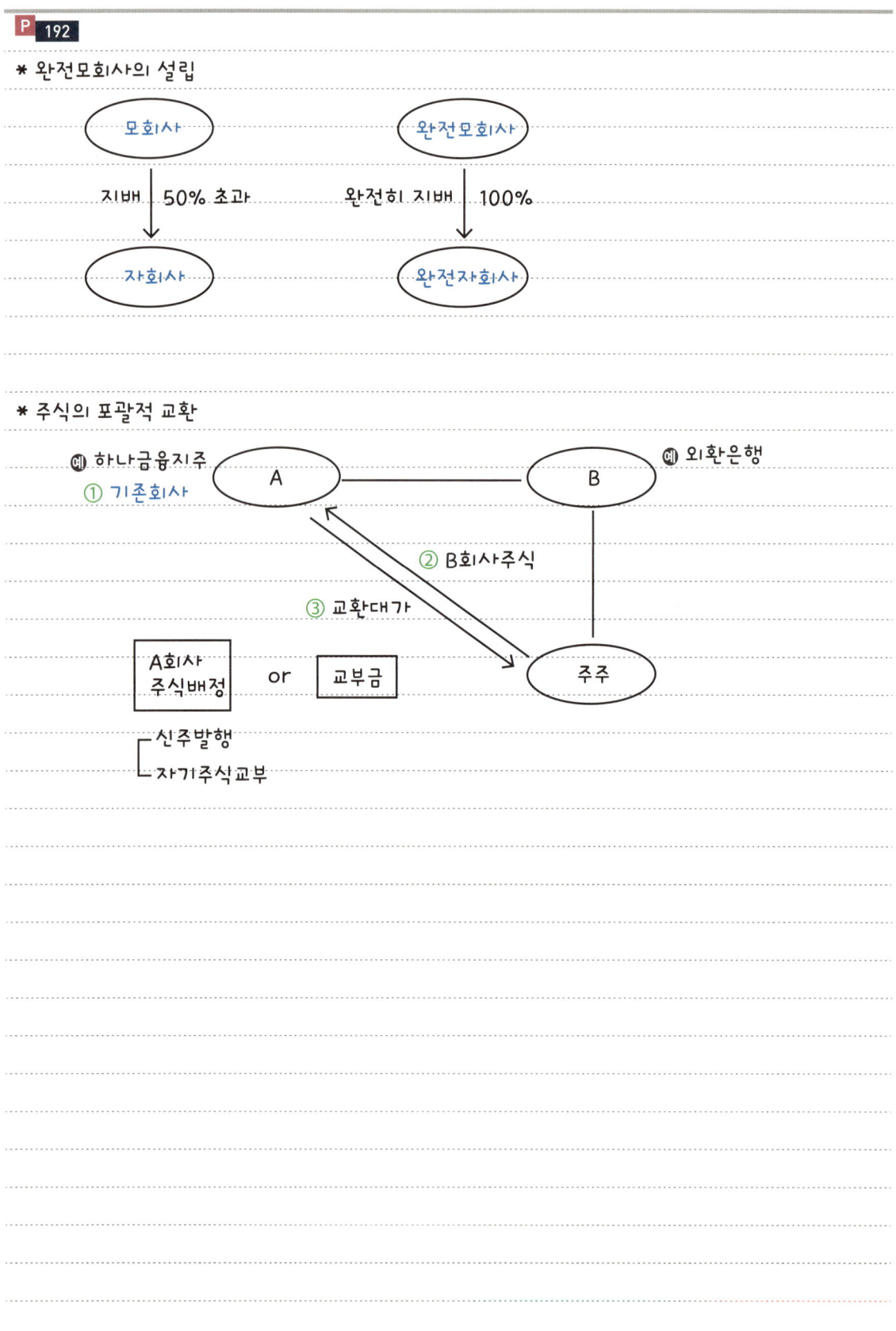

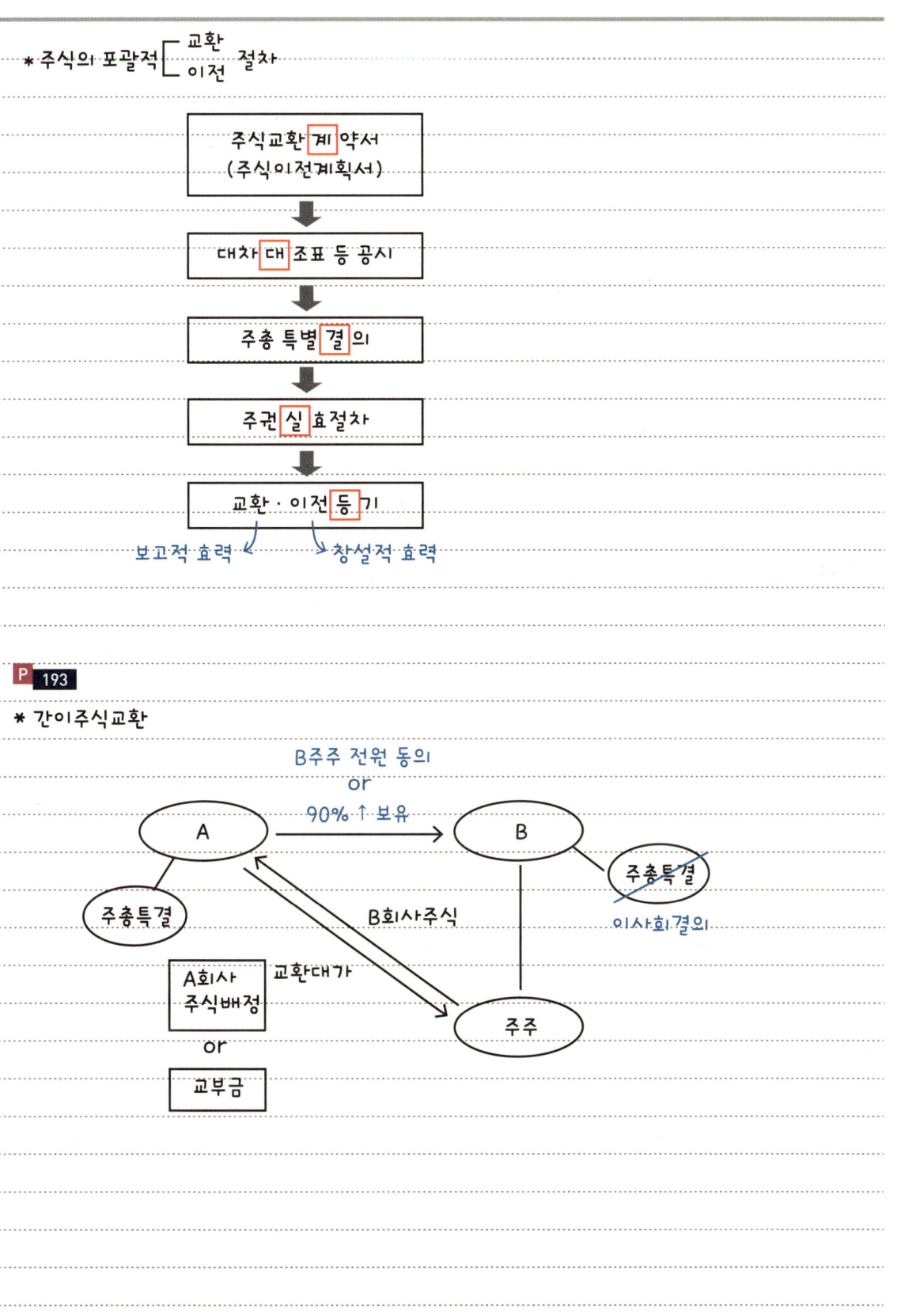

* 소규모 주식교환

```
         A ─────────── B
                            ＼주총특결
   ~~주총특결~~      B회사주식
   이사회결의   교환대가
       ┌─────┐  ↙
       │A회사 │      주주
       │주식배정│ or
       └─────┘
            ┌─────┐
            │교부금│
            └─────┘
```

┌ 주식 : 발행주식 10% 이하
└ 금전 : 순자산가액 5% 이하

P 194

* 주식매수청구권 인정여부

	완전모회사	완전자회사
포괄적 교환	O 기존회사	O
포괄적 이전	X 신설회사	O

* 소규모 3종 세트 → 주식매수청구권 인정 X

┌ 소규모 합병
├ 소규모 분할합병
└ 소규모 주식교환

P 196

✻ 포괄적 교환시 자본금증가의 한도

```
         B/S
   ─────┬─────
        │ 부채
   자산  ├─────
    ↓   │ 자본
        │  ↓
  + 완전자회사  + 자본금
    주식 증가분
```

$a - (b + c + d)$

- a : 자회사 순자산액
- b : 자회사 주주에 대한 교부금
- c : 자기주식 감소분(지급분)
- d : 기존 자회사주식 보유 비율분

P 197

✻ 삼각주식교환

```
         M
        / \
       /   \
      A─────B
      ↑    │
      │    │
   교환대가 B사 주식
      │    │
       \  /
        주주
```

- 주식 : A사 주식, M사 주식
- 금전

제3편 회사법 | 115

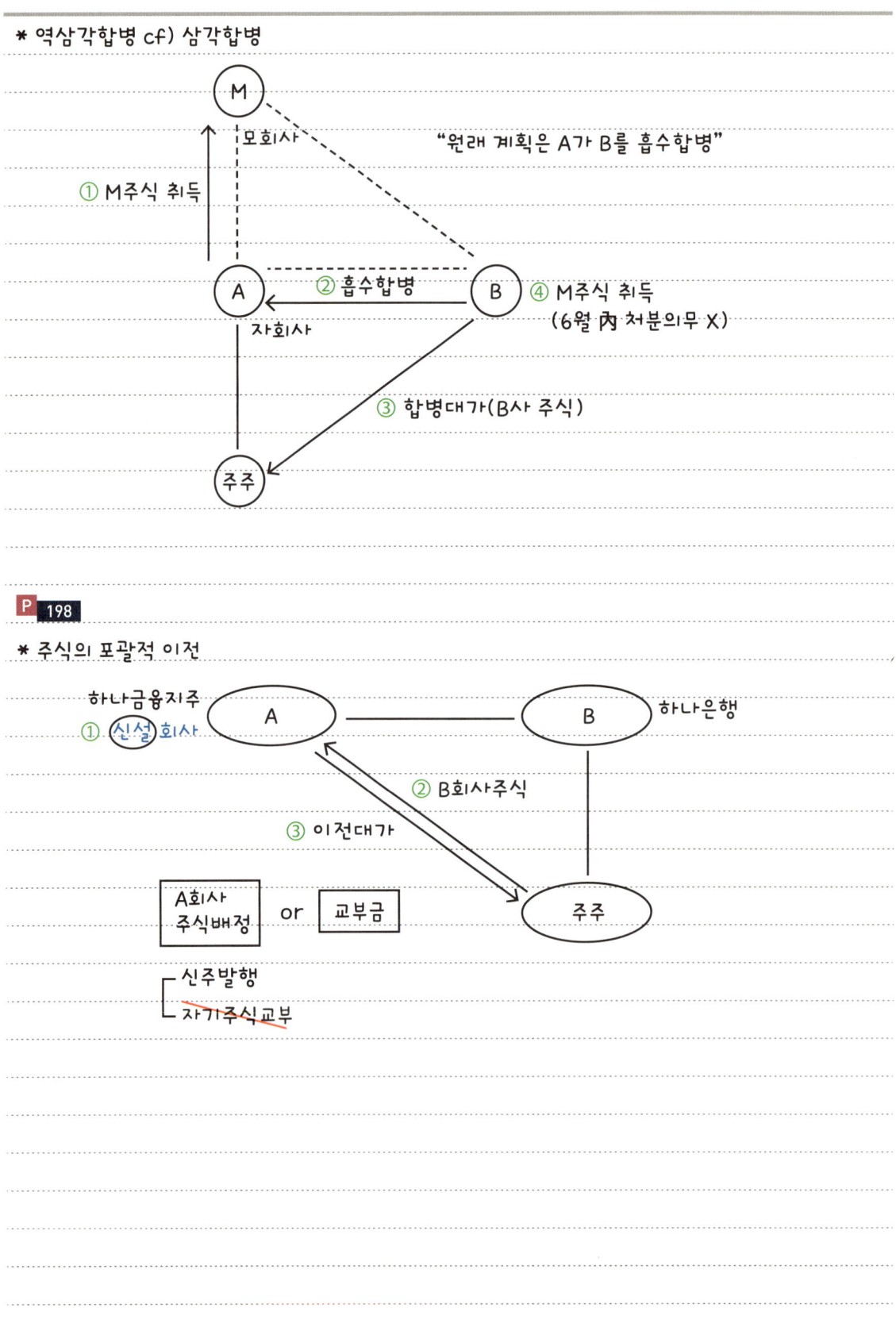

＊ 주식의 포괄적 교환·이전의 효력발생일

		효력발생일
주식의 포괄적	교환	주식교환기일
	이전	완전모회사 설립등기일

＊ 주식교환

```
    ↑              ↑                ↑                ↑
────────────────────────────────────────────────────
주식교환계약      주총특결          주식교환          변경등기
   체결         ┌ By A사        Btw A사 & B주주    : 보고적 효력
 Btw A & B      └ By B사       : 주식교환의 효력 발생
```

＊ 주식이전

```
    ↑              ↑              ↑              ↑
────────────────────────────────────────────────────
주식이전계획    주총특결      B사 주권실효     설립등기
  By B사        By B사                         By A사
                                         : 주식이전의 효력발생
```

P 200

＊ 주식의 포괄적 이전시 자본금 증가의 한도

a − b

- a : 자회사 순자산액
- b : 자회사 주주 교부금
- ~~c~~   ∵ 신설회사
- ~~d~~

* 주식교환 vs 주식이전

	주식교환	주식이전
완전모회사	기존회사	신설회사
소규모·간이방법	可	不可
효력발생일	교환기일	완전모회사 설립등기일
지급대가 주식	신주 or 자기주식	신주만
지급대가 금전	可	可
자본금증가한도	a-(b+c+d)	a-b
무효판결시 완전모회사 처리	법인격 유지	법인격 소멸

제6절 | 회사의 해산과 청산

P 201

* 회사의 해산과 청산

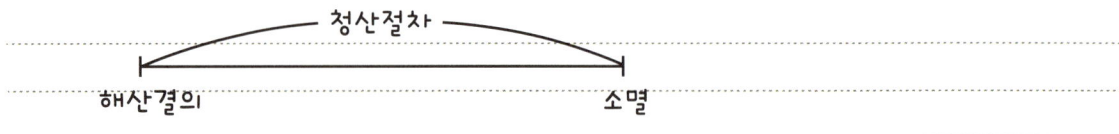

P 202

* 휴면회사의 해산의제

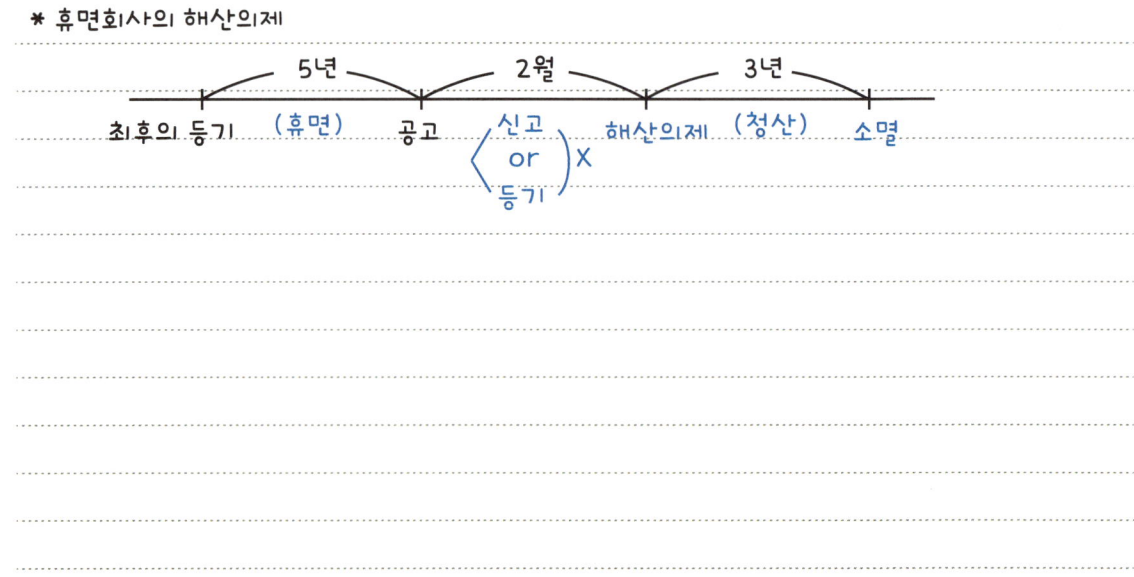

✱ 합병·분할의 경우 청산절차 불필요

　　┌ 합병 :　　A + B → A
　　│　　　　　　　　소멸
　　│
　　│　　　　　　　　　　↗ A'
　　└ 소멸분할 : A
　　　　　　　　(소멸)　　↘ A"

　　⇒ 소멸회사가 하던 영업을 합병(분할) 후 회사가
　　　 그대로 계속하므로 청산절차 불필요

P 203

✱ 청산인의 결정

　　┌ 이사 ← 법정청산인
　　├ 정관
　　├ 주주총회(보통결의)
　　└ 법원

P 204

✱ 각주 198

　　　　　감사 ──유지──→ 감사
　　　　　　│　　　　　　　│
　　감시·감독│　　　　　감시·감독│
　　　　　　↓　　By 해산　↓
　　　　　 이사 ─────→ 청산인
　　　　　　│　　　　　　　│
　　직무집행│　　　　　　　│
　　　정지　│　　　　　　　│
　　　　　　↓　　　　　　　↓
　　　　이사직무　──→　청산인직무
　　　　　대행자　　　　　　대행자

* 청산인 vs 이사·감사 선·해임

	주총에서	
	선임	해임
이사·감사	보통결의	특별결의
청산인	보통결의	보통결의

P 205

* 사원의 지분압류채권자의 보호

```
        X  사
인적회사 ↑
        │        대상
       지분 ← 압류 ┌ 이익배당청구권
        │          └ 지분환급청구권
        A ← 채권 ─ B
       사원           사원 개인의 채권자
```

P 206

* 임의청산과 법정청산

	임의청산	법정청산
인적회사	可	可
물적회사	不可	可

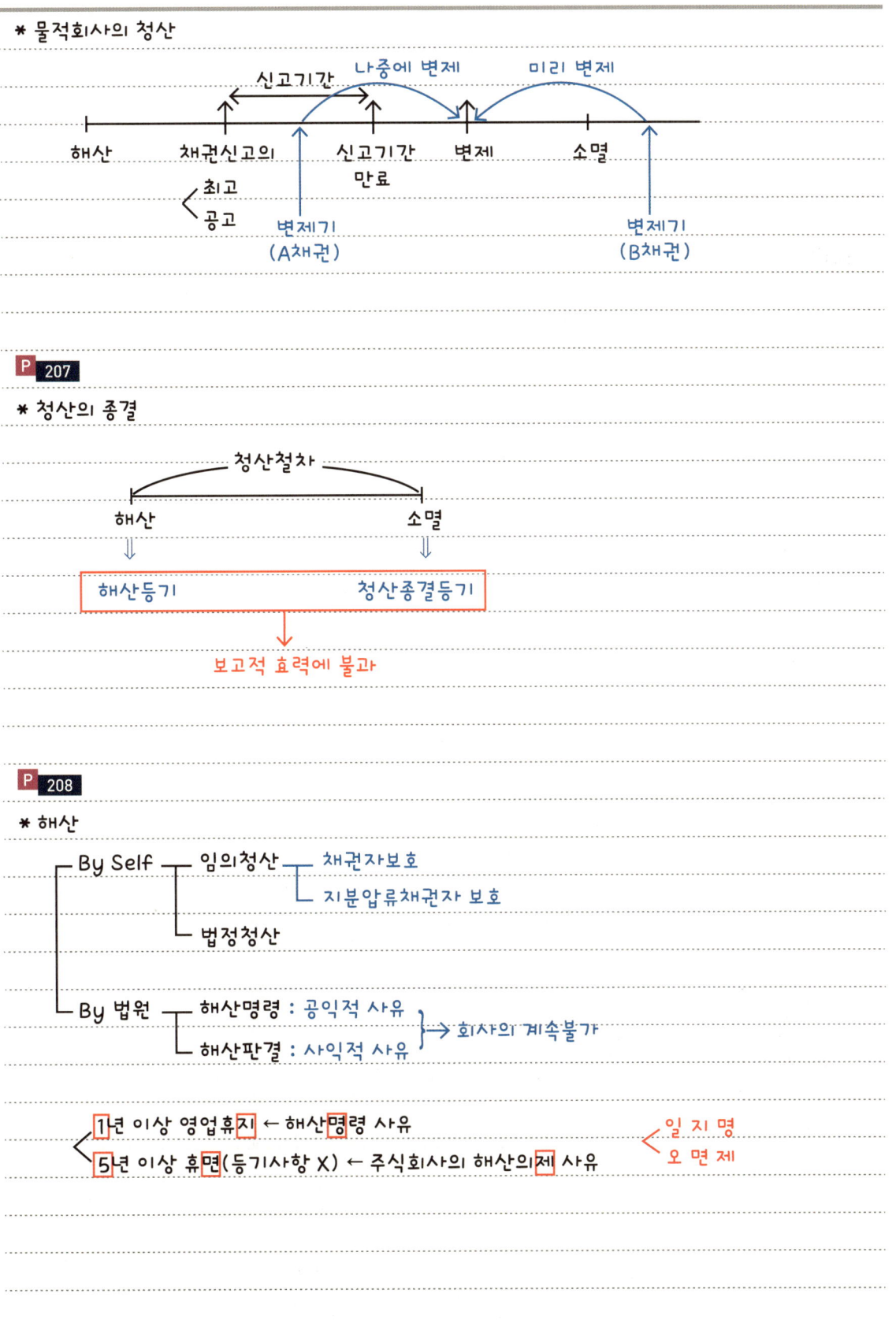

※ 해산명령과 해산판결

	절차
해산명령	이해관계인, 검사, 법원직권
해산판결	1/10 이상 주주

P.209

※ 회사의 계속

해산결의 ────── 청산절차 ────── 소멸 → 계속 (By 사원결의)

※ 계속이 불가능한 해산
- 해산명령, 해산판결, 파산(∵ By 법원)
- 합병, 분할(∵ 청산절차 없이 소멸)

※ 해산사유

	합명	합자	LLC	유한회사	주식회사	회사의 계속
합병	O	O	O	O	O	不可(∵ 청산절차없이 소멸)
분할	X	X	X	X	O	不可(∵ 청산절차없이 소멸)
해산명령 해산판결 파산	O	O	O	O	O	不可(∵ 법원의 결정)
사원 1인	O	O	X	X	X	可
사원결의	전원동의			특별결의		可
정관사유	O	O	O	O	O	可
휴면회사의 해산의제	X	X	X	X	O	可

Chapter 02 주식회사의 설립

제1절 | 주식회사의 3요소

P 211

자산	부채	
	자본금 = 발행주식수 × 액면금	자본 (순자산)
	자본잉여금	
	이익잉여금	
	기타	

* 입법주의 (자본금의 **확정** 방식)
  └ 정관에 기재

	수권자본주의 (이사회에 권한 수여)	vs	확정자본주의
정관에 확정 ← 설립시	발행 예정주식 총수 설립시 발행주식수		자본금 총액
신주발행 ← 향후	변경등기		정관변경 + 변경등기
대상회사	주식회사		유한회사

* 주식수
  ┌ 발행할 주식의 총수(발행예정주식 총수) : 100만주 ┐ 정관기재사항
  │ (수권주식수)
  │ 설립시 발행주식수 : 30만주   ┘
  └ 미발행 주식수 : 70만주
    (발행가능주식수)

P 212

* 자본금의 3원칙 (수권자본주의 하)
  - 자본금 확정의 원칙 : 발행예정주식 총수, 설립시 발행주식수
  - 자본금 유지(충실)의 원칙 : 자본부실 방지 예) 이익초과배당금지 (배당가능이익 한도)
  - 자본금 불변의 원칙 : 감자의 경우에만 문제

제2절 | 설립의 방법과 절차

P 214

* 회사설립절차

```
           ←─────────────── 발기인 조합 ───────────────→
                                      ←──── 설립 중 회사 ────→
  ──┼────────┼─────────┼──────────┼────────┼────────┼──→
  발기인   정관작성  주식발행사항   실체형성  설립경과조사  설립등기
                      결정
         └──────┬──────┘             │
         〈발기인 전원 동의〉 필요     ├ 기관 구성 : 이사·감사 선임
                                    └ 물적 : 주식의 인수와 납입
                                              │
                                              ↓
                                      ┼─────┼─────┼─────┼──→
                                     청약   배정   인수   납입
```

- 발기설립 : 발기인만 주주
- 모집설립 : 발기인 + 모집주주
                  배정자유, 창립총회

P 215

✱ 발기설립시 검사인 조사 면제되는 경우

  min [자본금 1/5, 5천만원] 이하 or 거래소에 시세가 있는 유가증권

P 217

✱ 재산취득

	소유권자	회사에 권리이전
설립중 회사 — 전	발기인	별도의 절차 필요
설립중 회사 — 후	설립중 회사	별도의 절차 불필요

P 220

✱ 발기인의 권한 범위

예) 건물임차	사례	발기인권한	설립비용
설립준비행위 :	본사건물 임차	○	○
개업준비행위 :	공장건물 임차	○ (판례)	✕

✱ 설립중 회사의 권리의무 이전

설립 중 회사 —— 설립등기 ——▶ (성립된) 회사

재산 —— 별도의 이전행위 필요 ✕ ——▶ 재산

* 발기인의 재산취득

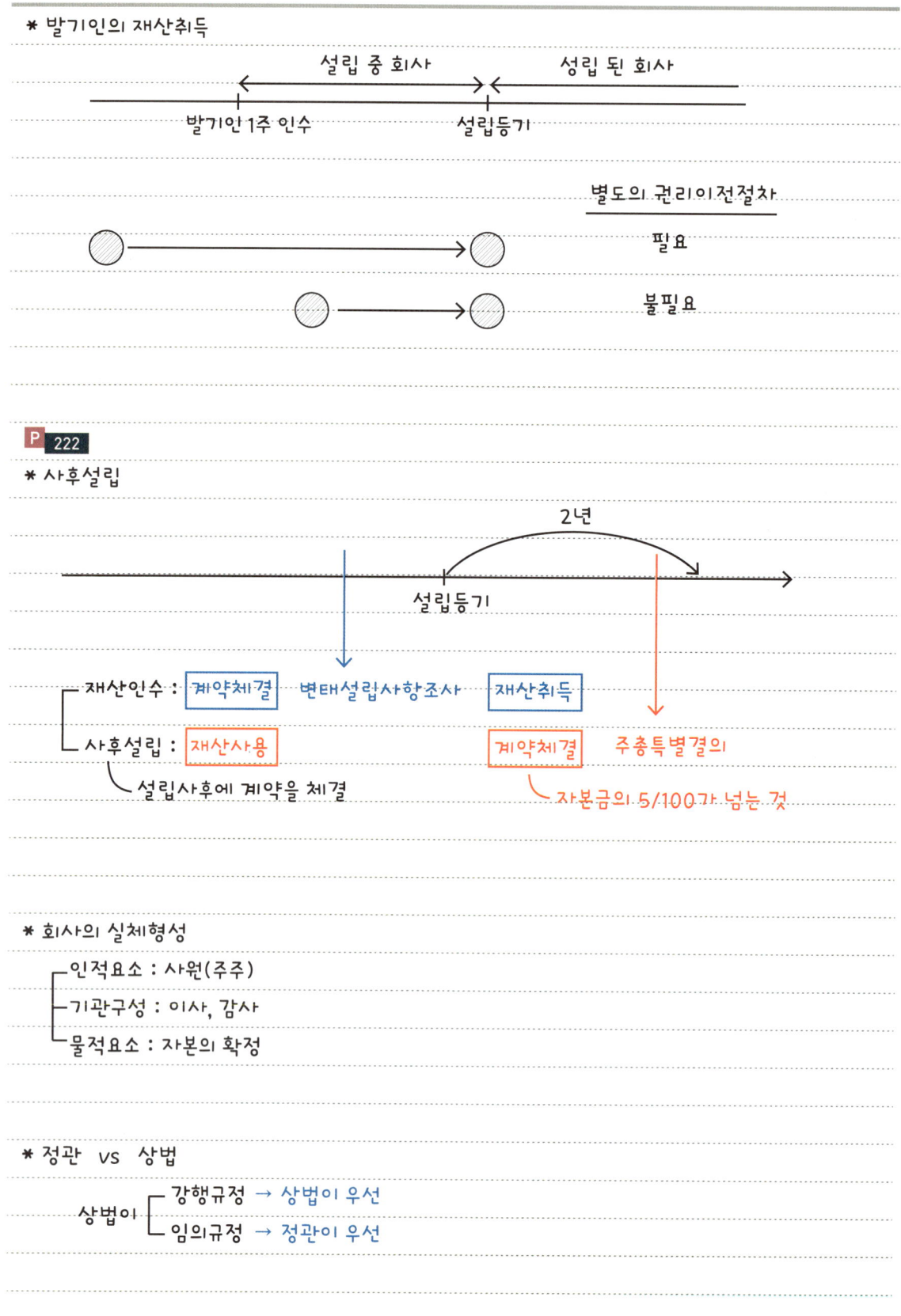

* 사후설립

- 재산인수 : 계약체결 → 변태설립사항조사 → 재산취득
- 사후설립 : 재산사용 → 계약체결 → 주총특별결의
  - 설립사후에 계약을 체결
  - 자본금의 5/100가 넘는 것

* 회사의 실체형성
  - 인적요소 : 사원(주주)
  - 기관구성 : 이사, 감사
  - 물적요소 : 자본의 확정

* 정관 vs 상법
  - 상법이 ┌ 강행규정 → 상법이 우선
          └ 임의규정 → 정관이 우선

P 223

* 정관 기재사항
  - 절대적 기재사항 : 기재 안하면 정관 무효 → 설립무효 사유로 귀결
  - 상대적 기재사항 : 기재 안하면 해당 행위 불가 예) 우선주 발행
  - 임의적 기재사항 : 일단 기재하면 정관 일부

(= 수권주식수)		정관	등기
발행할 주식의 총수(발행예정주식총수)		O	O
- 발행주식의 총수(기발행주식수)	설립시 발행	O	X
	1차 유상증자	X	X
	2차 유상증자	X	X
= 발행가능한 주식수(미발행주식수)		X	X

O(누적) — 1차·2차 유상증자 등기란

* 절대적 기재사항

	정관기재	설립등기
목 / 상 / 예 / 1 / 본 / 공	O	O
시 / 발	O	X

P 224

* 하자 있는 의사표시

	민법	상법상 주식인수
비진의 의사표시 예) 농담	무효 (상대방 알았거나 알수 있었다면)	유효(∵ 다수의 이해관계자)
사기 강박 착오	취소	취소 可 But 설립등기 후 or 창립총회 권리행사 → 취소나 무효 주장 불가
청약서 요건흠결	무효	무효 可
제한능력자	취소	취소가능(민법과 마찬가지로 제한없이 취소가능)

* 청약의 취소 · 무효주장

```
하자있는        인수\납입      창립총회        설립등기
청약
      ←————— 취소가능 ——————→|←  취소  →|← 취소불가
                                  不可      (∵ 다수의 이해관계자)
                    ┌ 권리행사 O   不可
                    └ 권리행사 X    可
```

* 주식의 인수와 납입

```
         청약  배정   인수   납입
          ↑    ↑
         모집  자유
      (모집설립의 경우)
```

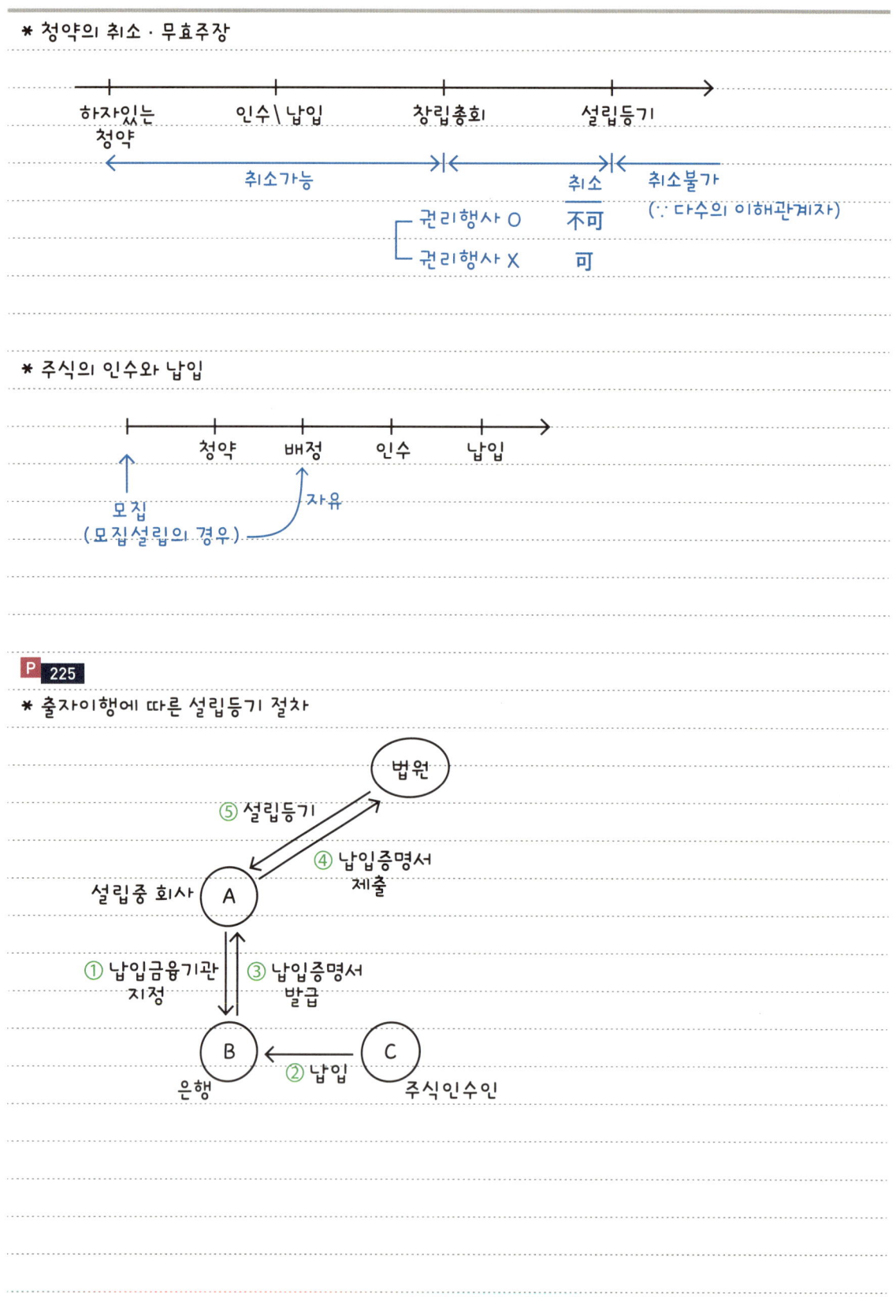

P 225
* 출자이행에 따른 설립등기 절차

- ① 납입금융기관 지정
- ② 납입
- ③ 납입증명서 발급
- ④ 납입증명서 제출
- ⑤ 설립등기

A: 설립중 회사
B: 은행
C: 주식인수인
법원

* 납입해태시 취할 조치
  - 발기설립 : 강제집행
  - 모집설립
    - 발기인 : 강제집행
    - 모집주주 : 실권절차

P 226

* 발기인의 의사결정방법
  - 업무집행 : 인원 다수결
  - 이사·감사선임 : 지분 다수결 (상법 제296조)
    (∵ 성립후 이사·감사선임시 지분비율에 의하는 것과 균형상)
  - 정관작성 주식 발행사항결정 : 발기인 전원동의

* 이사·감사 선임
  - 발기설립 : 의결권 과반수
  - 모집설립 : 2/3 / 1/2

* 기관의 구성

	기관	
	업무집행기관	감사기관
설립중 회사	발기인	이사·감사
성립후 회사	이사	감사

* 등기의 효력

	의미	사례
등기 — 창설적 효력	법률효과를 새로이 발생 (≒ 혼인신고)	┌ 설립등 등기 (설립/합병/분할/주식이전/조직변경) └ 유한회사 증자등기
└ 보고적 효력	이미 발생한 법률효과를 보고 (≒ 출생신고, 사망신고)	그 밖의 회사등기

제3절 | 설립에 관련된 문제점

P 226

* 변태설립사항(제290조) (현 재 / 특 비 보) ─┬ 1차 : 정관의 상대적 기재사항
　　　　　　　　　　　　　　　　　　　　　　└ 2차 : 법원 선임 검사인의 조사

	문제점	통제 → 법원이 선임한 검사인의 조사(원칙)
┌ 현물출자	시가평가의 적정성	┐ 감정인의 감정
├ 재산인수	시가평가의 적정성	┘ ┐
├ 특별이익	발기인에 대한 특혜	│ 같음
├ 설립비용	발기인에 대한 특혜	→ 공증인 │
└ 발기인의 보수	발기인에 대한 특혜	┘

P 227

* 변태설립사항 규제
  ┌ 사전적 : 정관기재
  └ 사후적 : 법원선임 검사인의 조사
  　　　　　(공증인, 감정인)

* 변태설립사항 조사

	법원에 검사인 선임청구	검사인 보고 및 부당한 변태설립사항 변경(사정조치)
발기설립	이사가(제298-④)	법원에서(제300)
모집설립	발기인이(제310-①) (∵이사, 감사는 창립총회 에서 선임하는데, 시기가 너무 늦어져서)	창립총회에서(제314) (∵모집주주에 의한 통제가능)

* 설립경과조사권자 및 보고상대방

	설립경과 조사	中 변태설립사항 조사
주체	이사, 감사	검사인(공증인, 감정인)
보고 — 발기설립	발기인에	법원에
└ 모집설립	창립총회에	창립총회에

P 231

* 소규모 발기설립의 특례

	일반	소규모 발기설립
원시정관효력	공증인의 인증	발기인의 서명 or 날인
납입금 보관증명서	대체불가	잔고증명서로 대체가능
납입금 보관은행 변경	법원허가	법원허가 없이도(발기설립이기만 하면) 가능

└ 소규모가 아니어도 됨

P 232

* 가장납입(실질적인 납입이 없는 경우)의 유형

	효력	제재	
		납입가장죄	업무상횡령죄
┌ 공모(= 통모) 가장납입 : 회사와 은행이 공모 → 무효		O	X
└ 차입가장납입 : 빌려서 납입한 후 즉시 인출 → 유효		O	X

P 235

* 회사 설립에 관한 발기인의 책임

				총주주 동의시
회사 성립시	자본충실책임	┌ 인수담보 ┐ └ 납입담보 ┘		면제**不可**
		↳ 무과실책임		
	손해배상책임	회사에 대한 : (경과실도 포함)임무 해태시		면제**可**
		제3자에 대한 : 악의 or 중과실		면제**不可**
	↳ 과실책임	예) 채권자		

	TO	의미
회사불성립시 : 발기인이 모든 설립관련비용 부담	인수인	납입금반환
↳ 무과실책임	제3자	채무변제

* 자본충실책임 : 들어올 돈이 안들어오는 경우에 문제 (∵ 물적회사) → 발기인이 채워 넣어라.

청약 → 배정 → 인수 → 납입 → 설립등기

청약	배정	인수	납입	설립등기	
O	O	×	×	O	: 인수담보책임 → 발기인이 주주(발기인이 인수)
					예) 설립등기 후 미성년자의 인수 취소
					(처음에는 인수, 납입 O, 등기후 취소)
O	O	O	×	O	: 납입담보책임 → 인수인이 주주(돈은 발기인이 납부)
					예) 납입증명서 위조하여 설립등기

P.240

* 설립관여자의 손해배상책임

	행위	손해배상 요건	
		To 회사	To 제3자

내부자
- 발기인 — 설립관련 업무 — 임무해태 — 악의 or 중과실
- 이사, 감사 — 설립경과 조사 — 임무해태 — 악의 or 중과실
- 검사인 (공증인, 감정인) — 변태설립사항 조사 — **악의 or 중과실**

외부자

* 유사발기인의 책임

	정관	주식청약서 기타서면	
기명날인 or 서명	O	O	발기인
	X	O	유사발기인

* 유사발기인의 책임

	성격	유사발기인책임
자본충실책임	무과실	O
손해배상책임	과실	X → 임무해태를 전제하는데, 유사발기인은 임무가 없다.
불성립시 책임	무과실	O

Chapter 03 주식과 주주

제1절 | 주식과 주주의 개관

P 241

✱ 무액면주식 발행
- 그 자체 : 정관 규정
- 발행가액 결정
  - 설립시 → 발기인 전원의 동의(∵ 주식발행사항 결정)
  - 설립후 → 이사회 결의(∵ 수권자본주의)

P 242

✱ 주식의 불가분성

- 의결권   ← A가
- 이익배당청구권 ← B가
- 신주인수권   ← C가
- Etc.   ← D가

분할소유 → 불가   주식의 공동소유는 가능

P 243

✱ 주식의 병합

: 자본금 불변   : 자본금 감소
                              → 채권자 보호절차 필요
                              인청물조 분결 감 합
                                        ↓
                                    자본금 감소

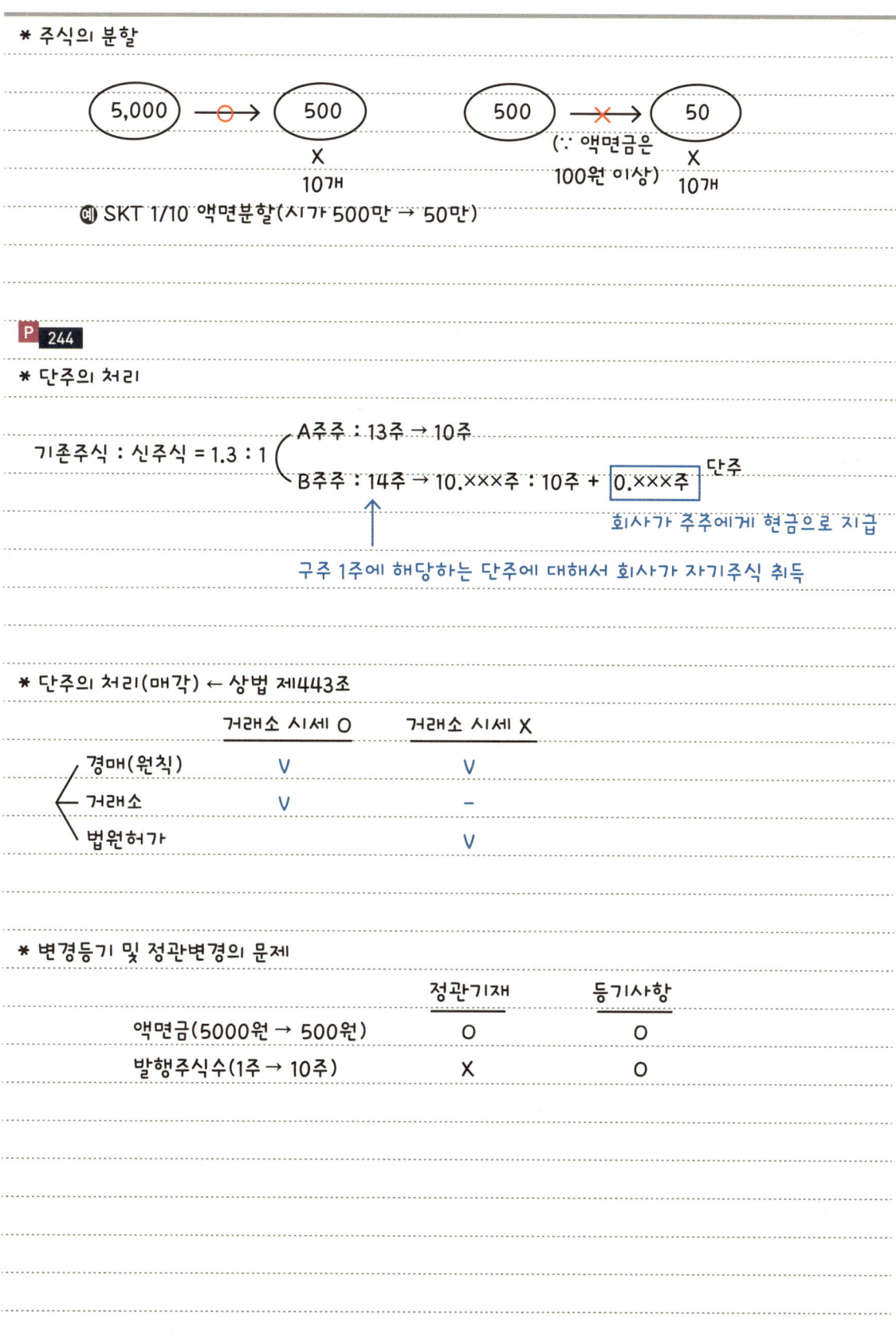

P 245

* 타인명의 주식인수

	주식인수인(주주)	납입책임
도명	C	C
차명	B	B, C

P 246

* 주식의 공유

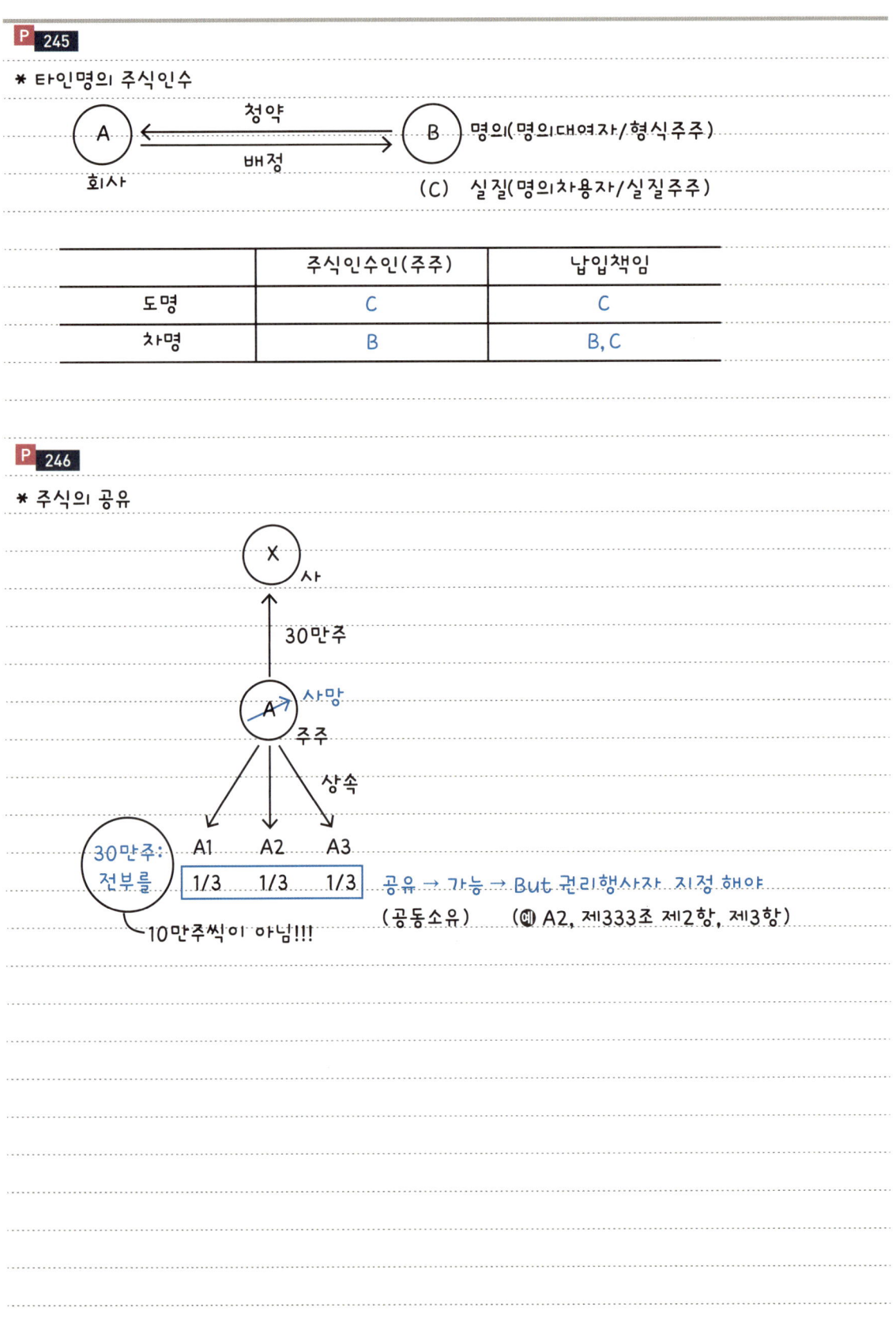

공유 → 가능 → But 권리행사자 지정해야
(공동소유)   (예 A2, 제333조 제2항, 제3항)

P 247

* 주주권
- 자익권 : 주식 수에 따라 예) 이익배당 청구
  (재산적 이익) 1주만으로도
- 공익권 ─ 단독주주권 : 1주만으로도 예) 의결권
  (경영참여)

  위 대 주 검
  ─ 소수주주권 : 일정 수 이상
    - 1/100 ┬ 위 법행위 유지청구권(제402조)
            ├ 대 표소송(제403조)
            └ 주 총전 검 사인의 선임청구(제367조②)
    - 3/100 원칙
    - 10/100 해 산판결청구권(제520조)

P 248

* 10/100 지분비율
- 해 산판결청구권
- 상 호보유주식
- 주식매수 선 택권 제한
- 사 채권자집회 소집
- 소 규모합병시 주 식교부한도(발행주식총액)

* 상장회사의 소수주주권

	지분비율	기한요건
일반	원칙대로	X
상장사특례	완화	6월이상 보유

* 상장회사 특례규정(소수주주권) → 임제열 해검유대
  - 지분비율 : 비상장에 비해 완화
  - 보유기간 : 6월 이상
    (정관 → 6월 미만 가능, 늘리는 것은 불가)
    ∵ 소수주주권 침해

* 원칙적인 지분비율 충족하면 $\left(\frac{1}{100}, \frac{3}{100}, \frac{10}{100}\right)$
  6개월 보유기간 없이
  소수주주권 행사 가능

P 249

* 주주평등원칙의 제한

By ┬ 법률   O
    ├ 정관   X
    └ 주총결의 X

P 250

* 보통주와 종류주식의 비교(제344조 ①)

	순서(우선권 등)		(배제·제한)		
	이익배당	잔여재산분배	의결권제한	상환권	전환권
보통주	X	X	X	X	X
종류주식	O	O	O	O	O

* 종류주식 발행시 정관규정의 필요성

```
                                    정관규정
         ┌ 자체의 속성              필요(상대적 기재사항)
  종류주식
         │    ┌ 신주인수
         └ 간 ├ 병합, 분할, 소각      차이 발생    불필요
              └ 합병, 분할시 주식배정
```

P 253

* 의결권 없는 주식 제외(제집감통주선)
- 주주**제**안권(제363의 2조)
- **집**중투표(제542조의 7 ②, ③)
- **감**사선임시 3% 제한(제409조 ②)
- 총회소집**통**지(제363조 ⑦)
- **주**요주주(10%) (제398조의 1, 제542조의 8-②-6)
- 주식매수**선**택권이 제한된 주주(10%) (제340조의 2 ②-1)

* 의결권 없는 주식의 의결권 행사(정종창총분)
- **정**관규정 ㉑ 미배당시(우선주)의결권부활
- **종**류주주 총회
- **창**립총회
- **총**주주동의
- **분**할(분할합병)

P 254

* 상환 : 빚을 갚는다

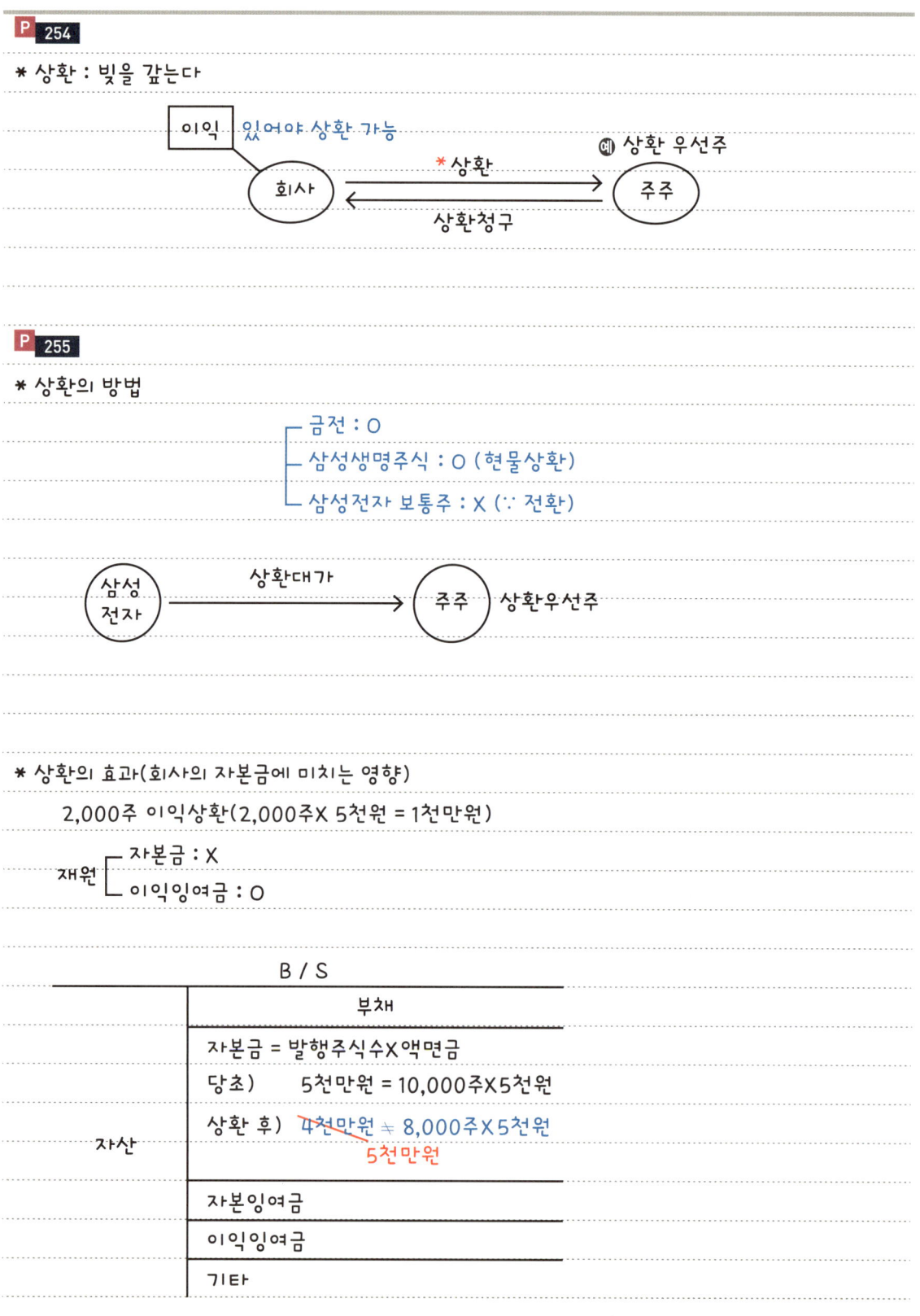

P 255

* 상환의 방법
  - 금전 : O
  - 삼성생명주식 : O (현물상환)
  - 삼성전자 보통주 : X (∵ 전환)

* 상환의 효과(회사의 자본금에 미치는 영향)

　2,000주 이익상환(2,000주 × 5천원 = 1천만원)

　재원 ┬ 자본금 : X
　　　 └ 이익잉여금 : O

	B / S	
자산	부채	
	자본금 = 발행주식수 × 액면금 당초) 5천만원 = 10,000주 × 5천원 상환 후) ~~4천만원 ≠ 8,000주 × 5천원~~ 5천만원	
	자본잉여금	
	이익잉여금	
	기타	

P.256

＊ 발행주식수의 감소

		발행번호
발행할 주식의 총수 : 100만주 └ 발행예정주식수(수권주식수)		0000001 ~ 1000000
발행한 주식수 : 30만주 ——20만주 상환 후 소각→ 10만주 └ 기발행주식수		0000001 ~ 300000
미발행 주식수 : 70만주 ——————→ ~~90만주~~ 여전히 70만주 └ 발행가능주식수		0300001 ~ 1000000

＊ 전환

회사 ⇄ 주주   전환우선주
  ＊전환청구

	효력발생시기
	주권제출기간 만료시
	청구시 (형성권)

P.257

＊ 신주식의 발행유보

	발행예정주식총수		
	수권주식수	기발행주식수	미발행주식수
보통주	30만주	12만주	~~18만주~~ 13만주가 된다 (5만주는 남겨두어야)
전환우선주	5만주	5만주	∅

IF. 전환 (우 → 보)

※ 전환의 효력발생시기

주권제출기간 만료시
↓
회사 —— 전환권 행사 ——→ 주주   ex) 전환우선주
회사 ←—— 전환권 행사 —— 주주
↑
행사 시

P 258

※ 전환 전후 총발행가액(동일)
예) 전환우선주 발행

우 ——→ 보

전제:
- 발행 : 1만주
- 전환비율 : 1 : 1.2
- 액면가액 : 5천원
- 발행가 : 1만원

★ 총발행금액 : 1억원 = 1억원
자본금 : 5천만원(5천원×1만주)   6천만원(5천원×12,000주)
1주당 발행가액 : 1만원   8,333원

→ 하향 전환
~~상향 전환~~

전환비율 높게
~~낮게~~

제2절 | 주권과 주주명부

P 259

* 주권 발행의무

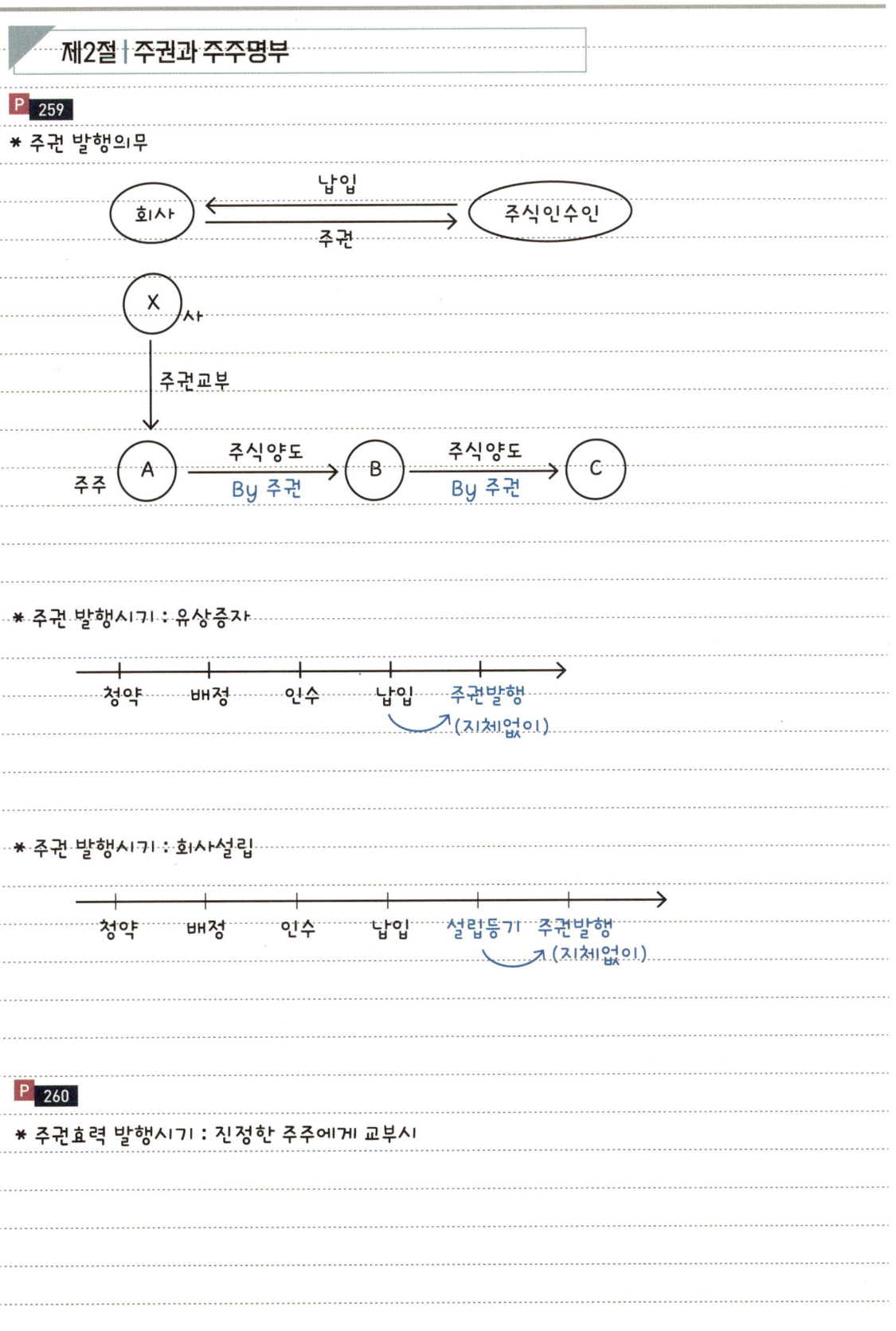

* 주권 발행시기 : 유상증자

청약 — 배정 — 인수 — 납입 — 주권발행 (지체없이)

* 주권 발행시기 : 회사설립

청약 — 배정 — 인수 — 납입 — 설립등기 — 주권발행 (지체없이)

P 260

* 주권효력 발행시기 : 진정한 주주에게 교부시

* 주권의 무권리자로부터의 선의취득

* 무권대리인으로부터의 선의취득

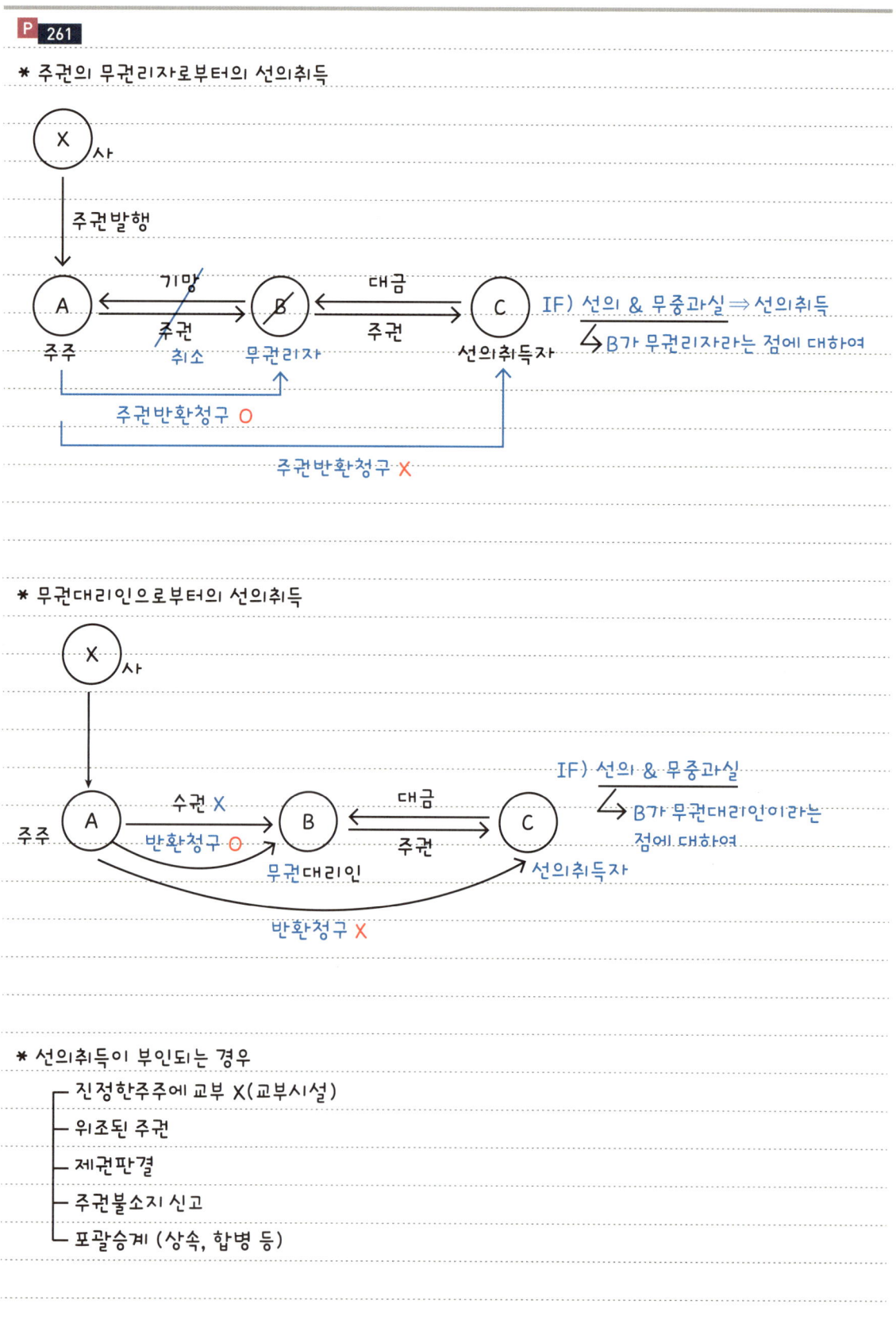

* 선의취득이 부인되는 경우
  - 진정한주주에 교부 X (교부시설)
  - 위조된 주권
  - 제권판결
  - 주권불소지 신고
  - 포괄승계 (상속, 합병 등)

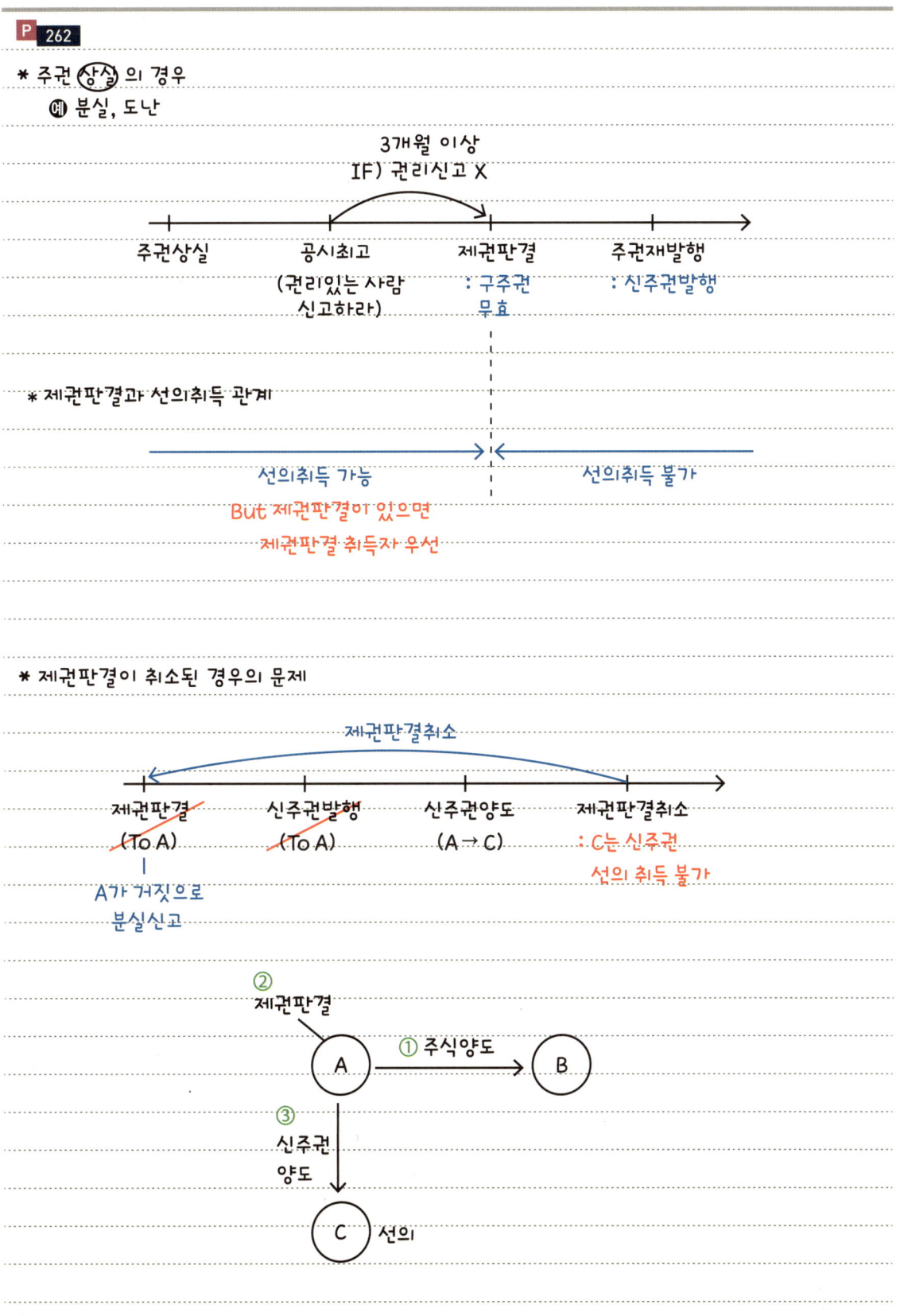

* 주권의 불소지제도

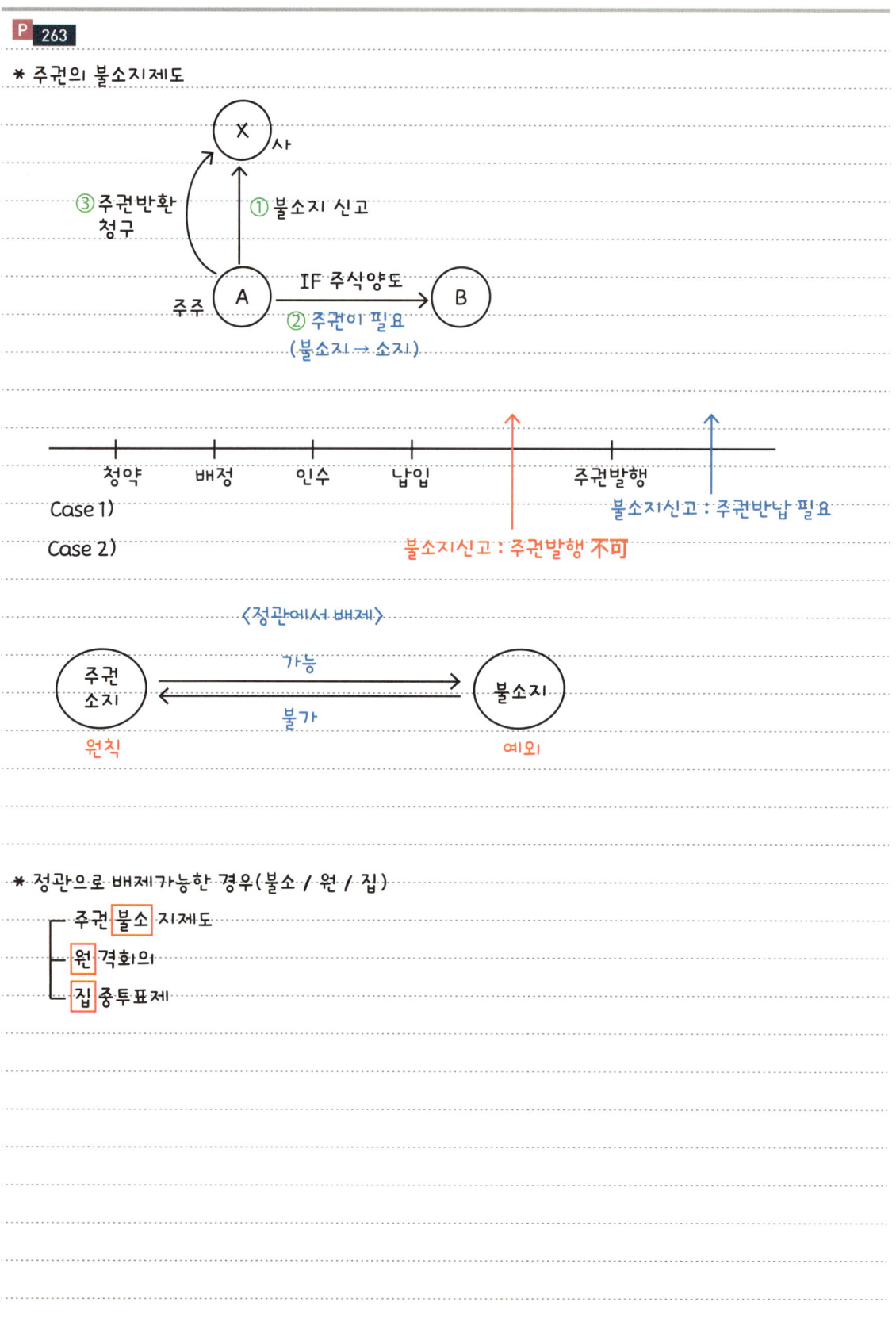

* 정관으로 배제가능한 경우 (불소 / 원 / 집)
  - 주권 **불소** 지제도
  - **원** 격회의
  - **집** 중투표제

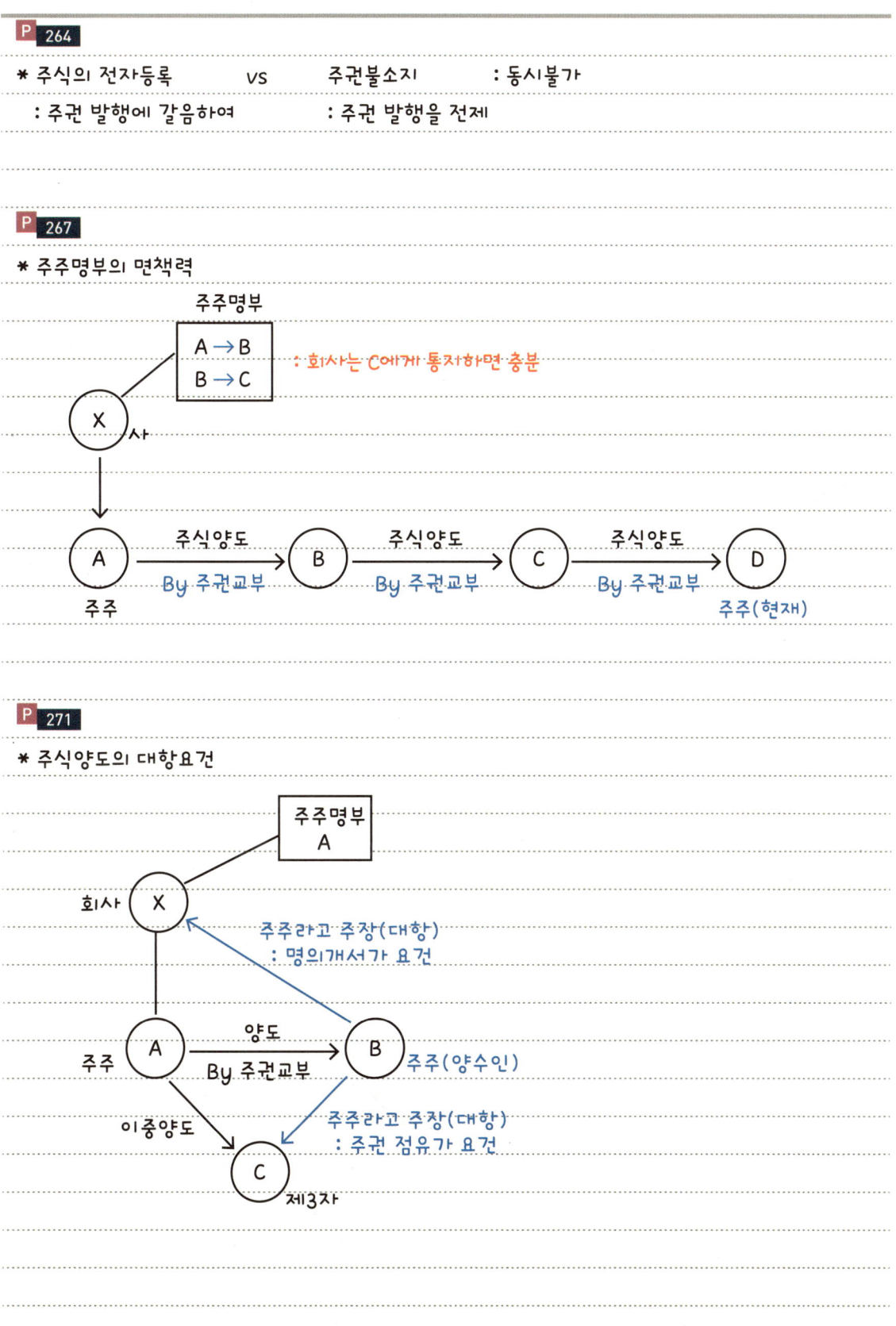

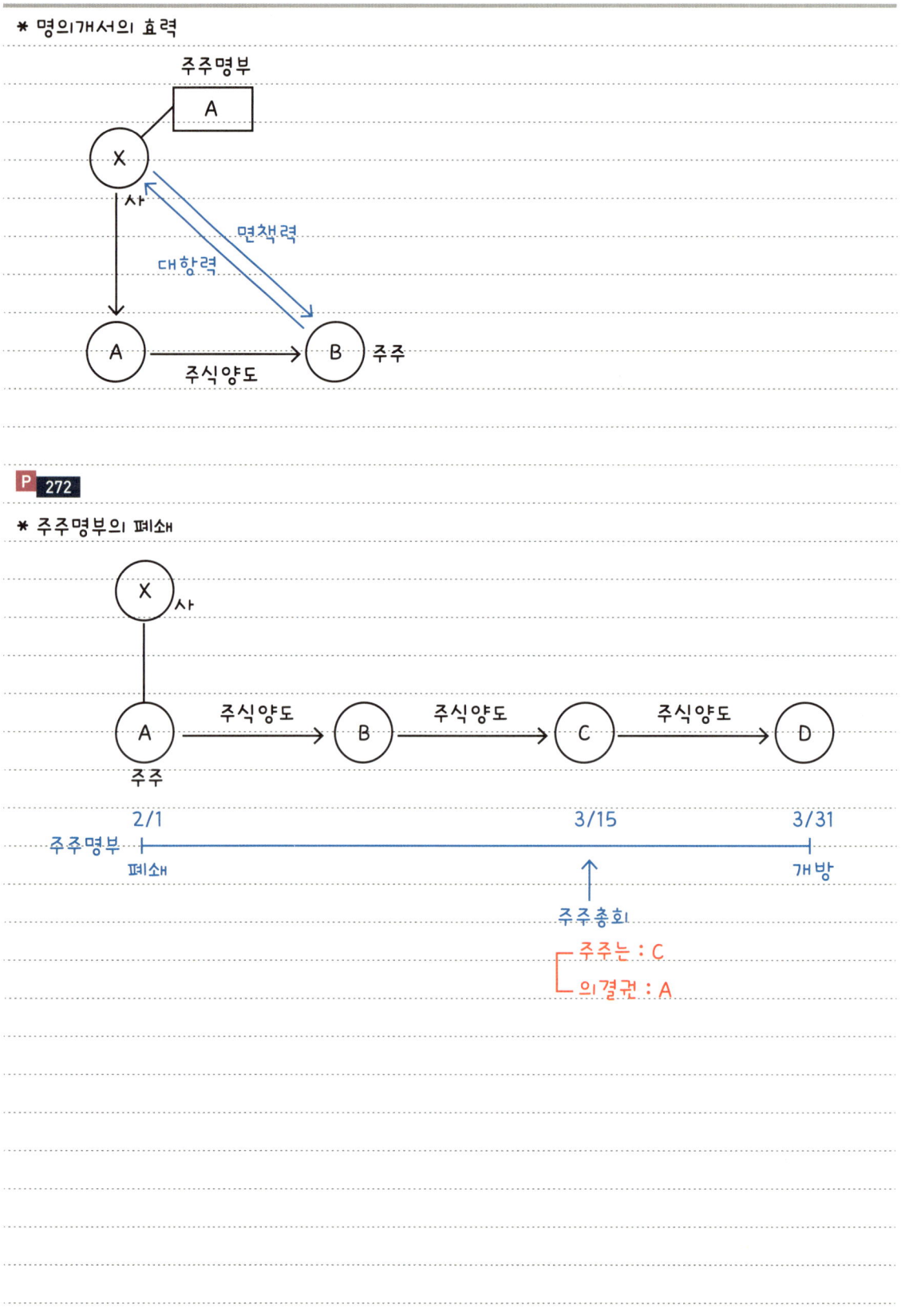

P 273

* 주주명부 폐쇄기간
  * 예) 1/1 ~ 5/15 까지 폐쇄기간

	명부폐쇄	명의개서
1/1 ~ 3/31	유효	금지
4/1 ~ 5/15	무효	허용

* 주주명부 폐쇄기간 중
  * 금지되는 2가지 : 명의개서, 질권등록
  * 나머지는 다 할 수 있다.

* 배당기준일

```
|─────────── X1 ───────────|─────────── X2 ───────────|
                    ↑                     ↑
              배당기준일              배당결의        Q. 배당권자는? C
              (12.31)               (3.15)
                    ⋮                     ⋮
주주 :   A   →   B   →   C   →   D   →   E
```

* 배당기준일
  * 의결권행사 ┐   By
  * 배당금지급 ┘   주주명부폐쇄 (1/1~3/15) ┐ 병용
               기준일 (12/31)   ┘

* 주주명부의 폐쇄와 기준일

	목적	명의개서	기간제한
주주 명부 폐쇄	주주로서 권리행사자 정하기 위해	금지	3개월 초과 X
기준일		허용	

P 274

✱ 명의개서 미필주주의 권리행사

```
        주주명부
         ┌───┐
         │ A │
      ⓧ ←┘
      사    권리행사
              ╳
      │
      │
      Ⓐ ──주식양도──→ Ⓑ
         by 주권교부
      주주              주주
```

P 275

✱ 명의개서 부당거절

```
   ┌───┐   ⓧ
   │ A │  ↑
   └───┘  │ ② 명의개서청구
          │
          │ ③ 부당거절
          │
      Ⓐ ──① 주식양도──→ Ⓑ  주주
         by 주권교부
```

P 277

<해설>

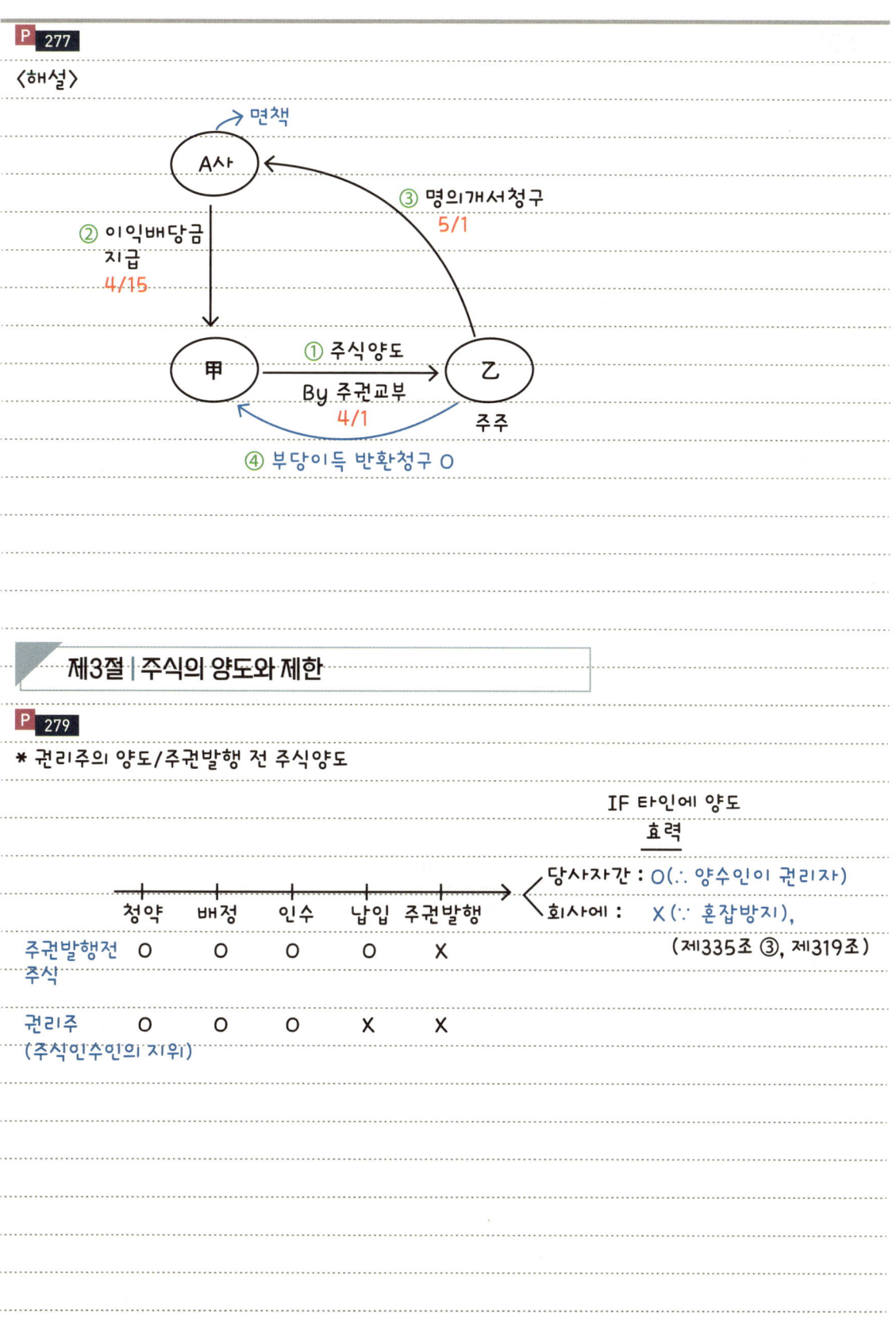

제3절 | 주식의 양도와 제한

P 279

* 권리주의 양도/주권발행 전 주식양도

	청약	배정	인수	납입	주권발행
주권발행전 주식	O	O	O	O	X
권리주 (주식인수인의 지위)	O	O	O	X	X

IF 타인에 양도
효력
- 당사자간 : O (∵ 양수인이 권리자)
- 회사에 : X (∵ 혼잡방지), (제335조 ③, 제319조)

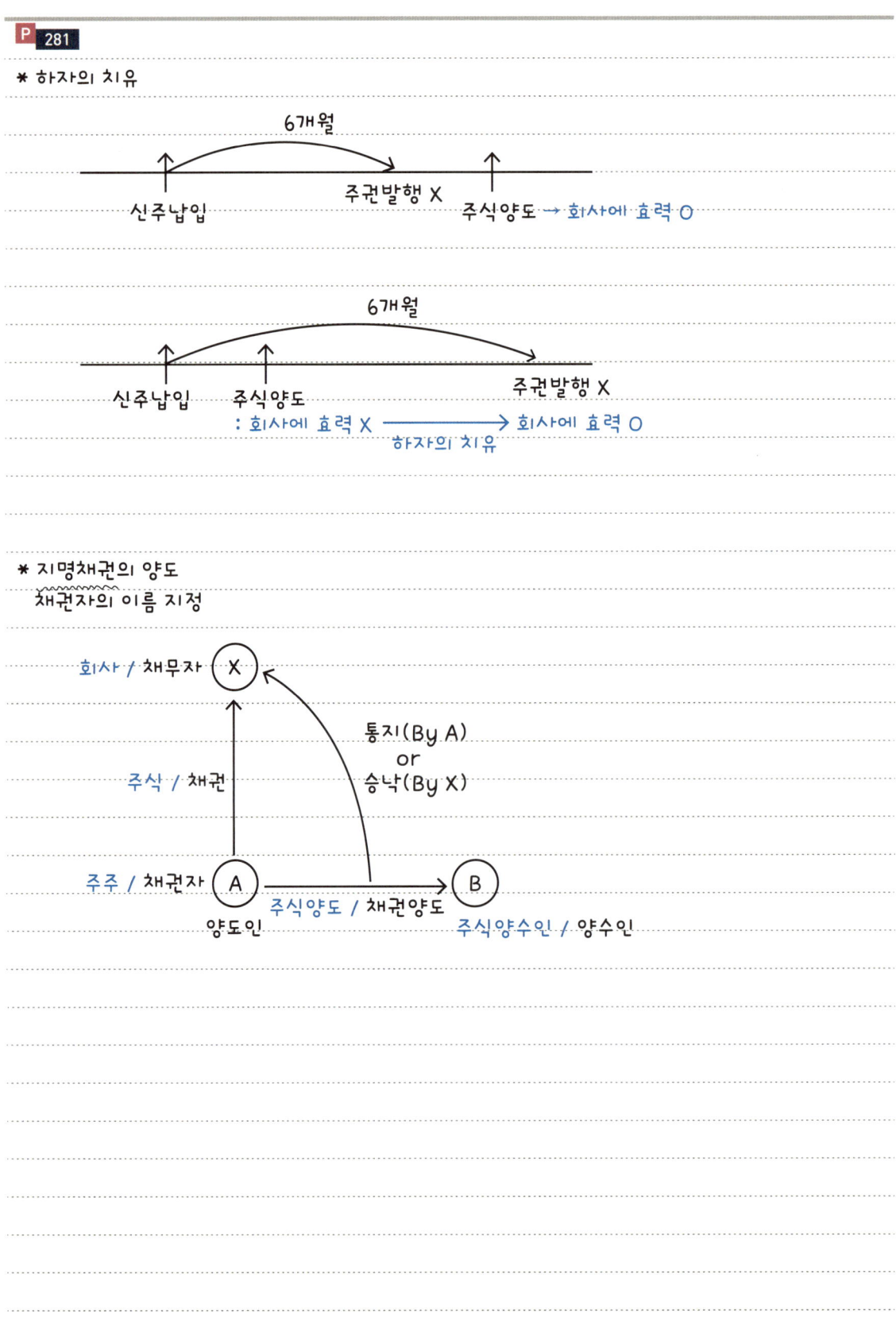

P 282

* 주권 발행전 이중양도시 주주의 확정

누가 주주?

통지간에
- 확정일자 vs 확정일자 : 확정일자 선후
- 확정일자 vs 그냥 통지 : 확정일자
- 그냥 통지 vs 그냥 통지 : 먼저 명의개서 한 자(판례)

P 283

* 자기주식의 취득

문제점 : 자본충실의 원칙을 해할 우려

P 284

* 배당가능이익에 의한 자기주식 취득

- 직전 결산기(X1) : 배당가능이익 內
- 당기(X2) : 배당가능이익 고려

↑ 자기주식취득

P 285

* 회사의 명의와 계산에 의한 취득

	배당가능이익 제한
자기명의 / 자기계산	O
자기명의 / 타인계산	X

* 위탁매매를 통한 자기주식 취득

```
   X  ──주식매수위탁──→  키움닷컴  ──키움닷컴 주식 50주──→  제3자
                                        ↑ 매수
  위탁자   키움닷컴 주식 50주   매수인                      매도인
                            (위탁매매인)    ( 명의 : 키움닷컴
                                           계산 : X의 계산 )
```

P 286

* 특정목적에 의한 자기주식 취득
  합영실단청(배당가능이익이 없어도 자기주식 취득가능)

①
```
                              보유재산
                              ┌────┐
   X사  ──합병 or 영업양수──→  Y사 ── │X사 │
                                    │주식│
                                    └────┘
  존속법인                    소멸법인
```

② 권리실행
```
                              보유재산
                              ┌────┐
                    외상대금채권  Y사 ── │X사 │
   X사  ←────────────           │주식│
        ←─X사 주식으로 대물변제  └────┘
  채권자                        채무자
```

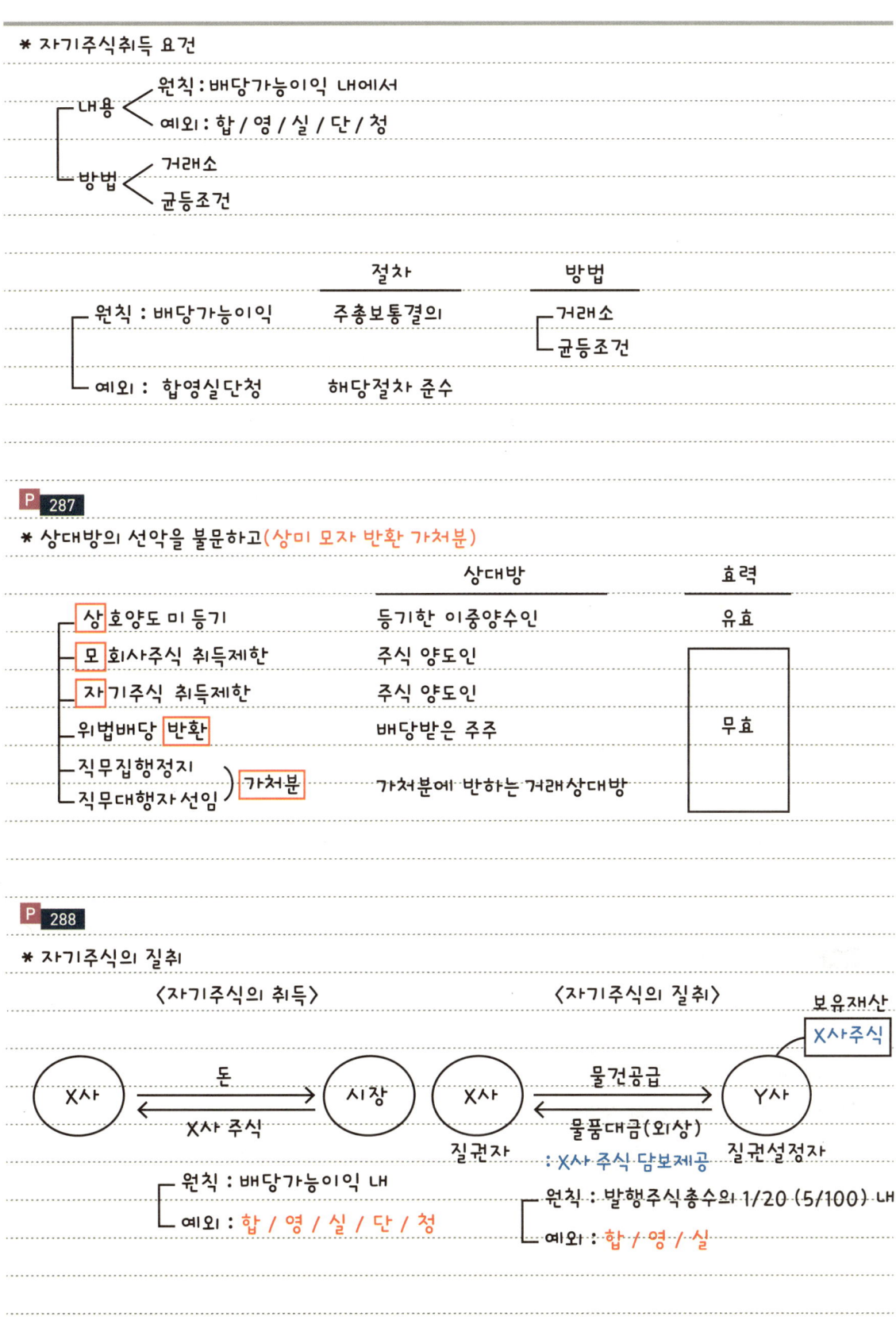

* 자기주식의 질취(예외)

합병 or 영업양수

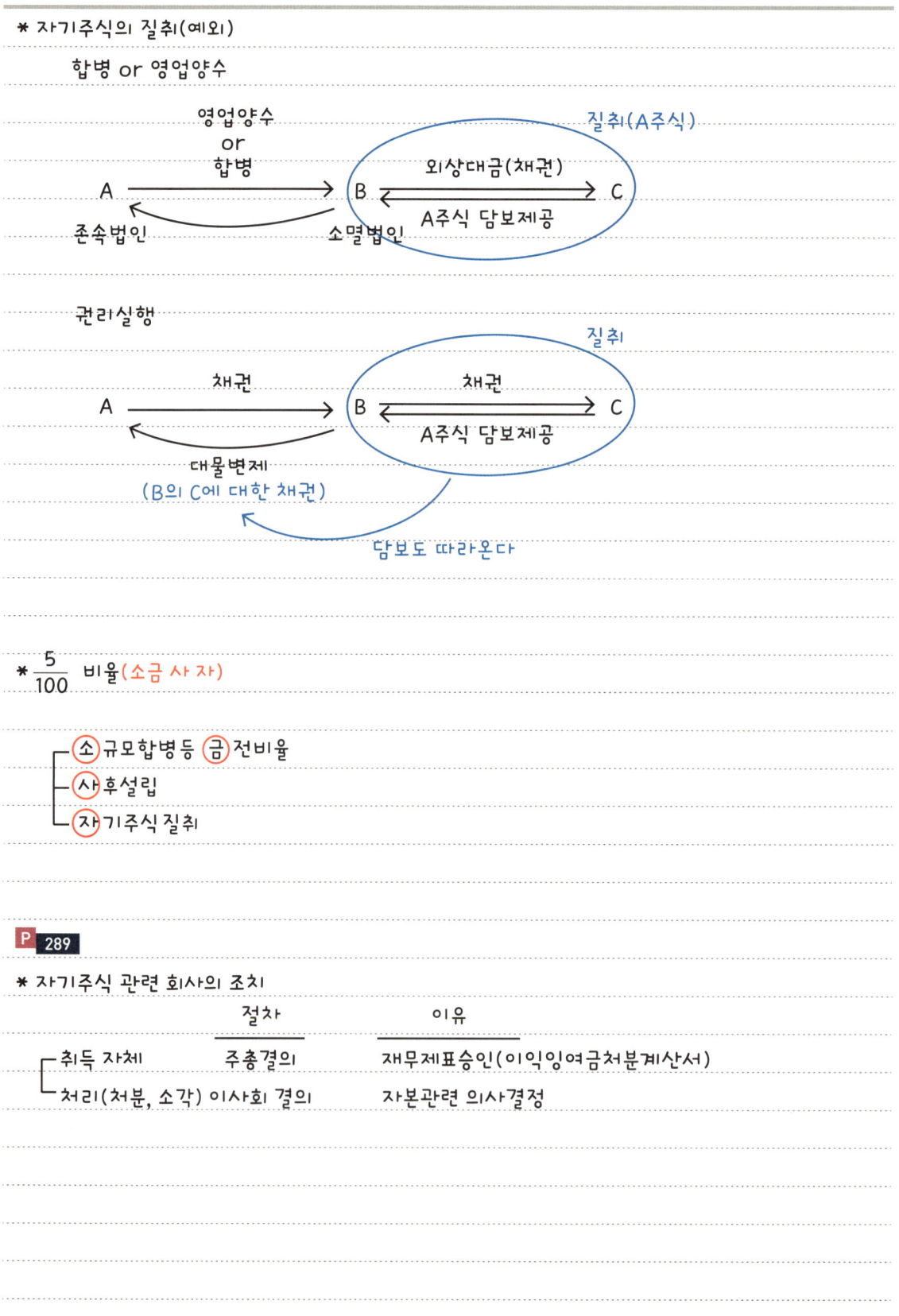

* $\frac{5}{100}$ 비율 (소금 사 자)

- 소규모합병등 금전비율
- 사후설립
- 자기주식 질취

P 289

* 자기주식 관련 회사의 조치

	절차	이유
취득 자체	주총결의	재무제표승인(이익잉여금처분계산서)
처리(처분, 소각)	이사회 결의	자본관련 의사결정

✱ 자기주식의 소각

	B/S	
자산	부채	
	자본금	← 재원 X 자본금 ≠ 발행주식수 ⊗ 액면금
	자본잉여금	일정 감소
	이익잉여금	← 재원 O
	자본조정기타	

✱ 자회사에 의한 모회사주식의 취득제한(∵ 지배구조의 왜곡)

모회사 X — ① 50% 초과 → 자회사 Y, ② 취득 X

모회사 X — 50% 초과 → 자회사 Y — 50% 초과 → 손자회사 Z (X ↔ Z, Y ↔ Z 취득 X)

✱ 지배구조의 왜곡 (예 무한순환)

X사 ① 5,000원 Y사 주식 → Y사
X사 ← ② 5,000원 X사 주식 — Y사

적은 자본으로 상호지배가능

* 자기주식, 모회사주식 관련

제한되는경우	예외적 허용	보유기간
자기주식 취득	합영실단청	제한 X
자기주식 질취	합영실	
자회사의 모회사 주식 취득	합영실포	6월내 처분해야

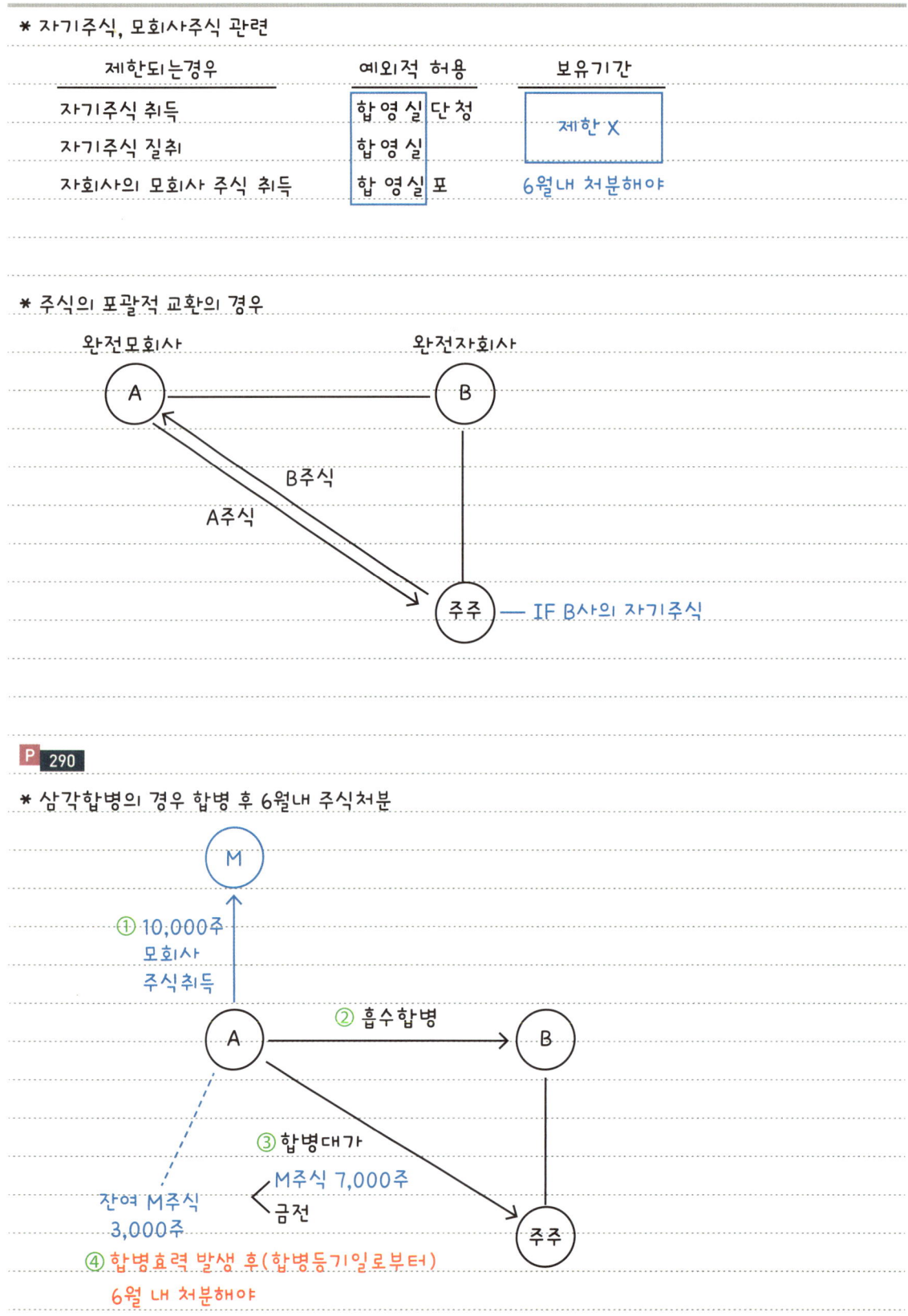

* 주식의 포괄적 교환의 경우

완전모회사 — A
완전자회사 — B
B주식 / A주식 → 주주 — IF B사의 자기주식

P.290

* 삼각합병의 경우 합병 후 6월내 주식처분

① 10,000주 모회사 주식취득 → M
② 흡수합병 A → B
③ 합병대가 M주식 7,000주 + 금전 → 주주
잔여 M주식 3,000주
④ 합병효력 발생 후 (합병등기일로부터) 6월 내 처분해야

P 290

* 정관규정에 의한 주식양도의 제한

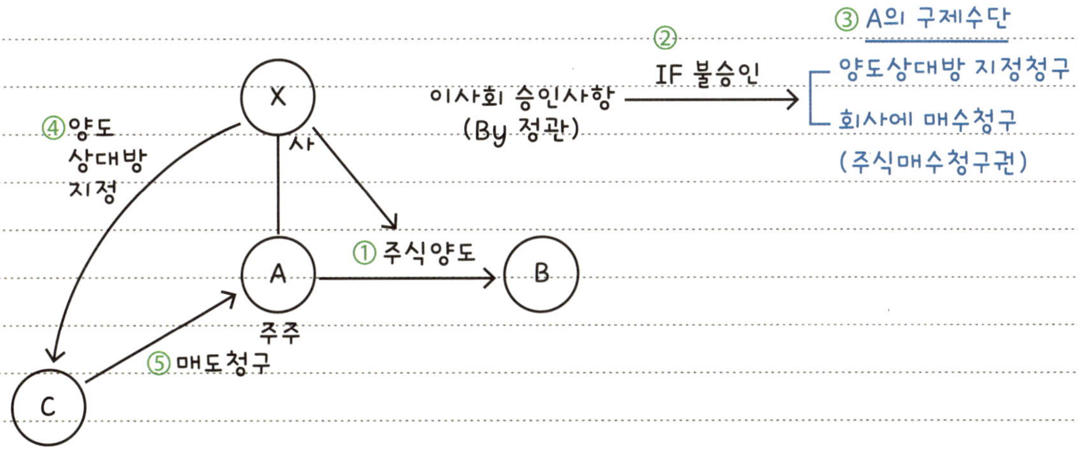

② 이사회 승인사항 (By 정관) → IF 불승인

③ A의 구제수단
- 양도상대방 지정청구
- 회사에 매수청구 (주식매수청구권)

X (사)
A (주주) ① 주식양도 → B
④ 양도 상대방 지정 → C
⑤ 매도청구 → A

P 291

* 주주의 주식양도 제한 ─ 정관규정
                    └ 주주간 약정   By

	일체금지	제한
정관규정	효력 X	이사회 승인 可 (by 상법)
주주간 약정	효력 X	다른 주주 동의 可 (by 판례)

* 주식양도의 절차(승거지통매) 30 / 20 / 14 / 10

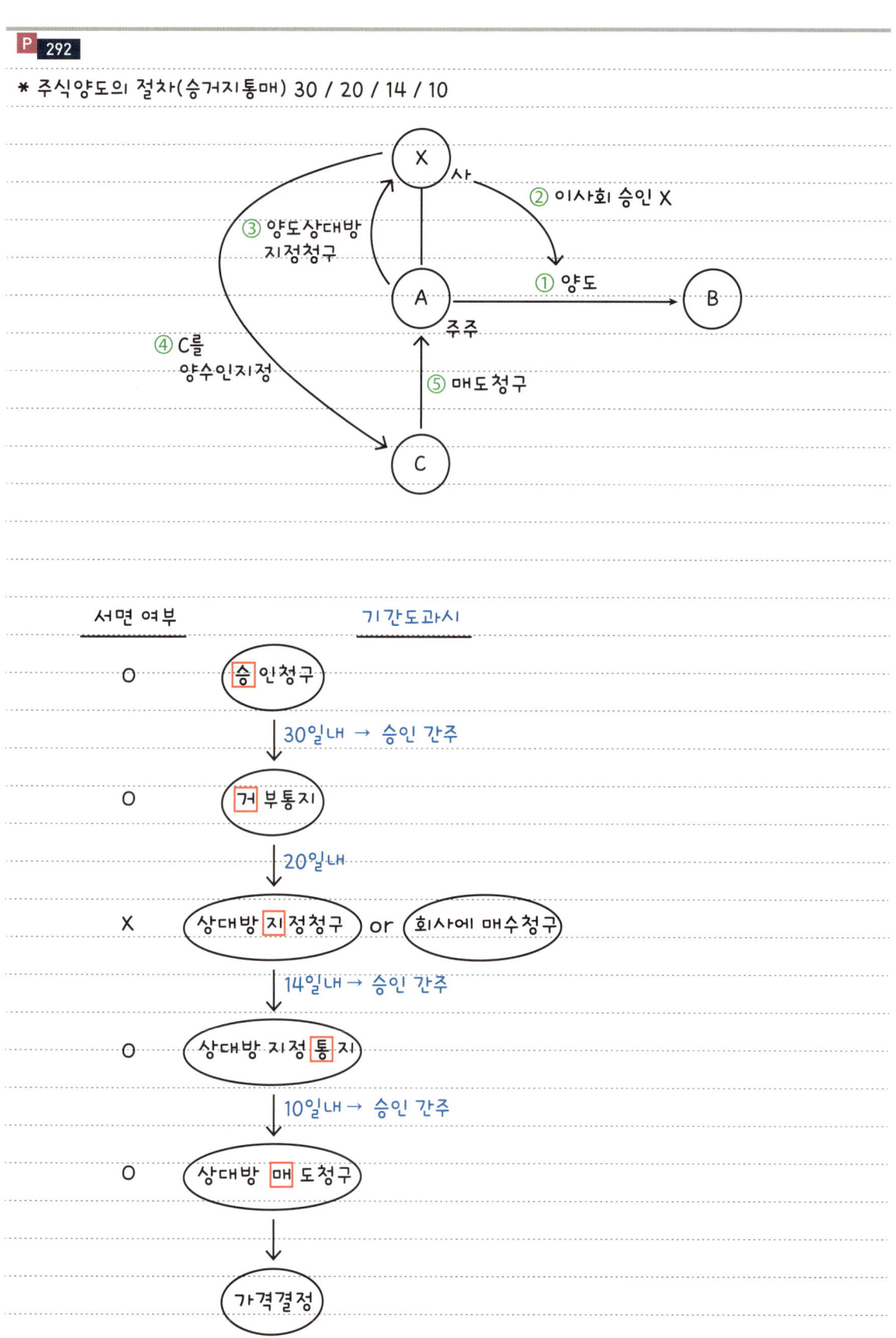

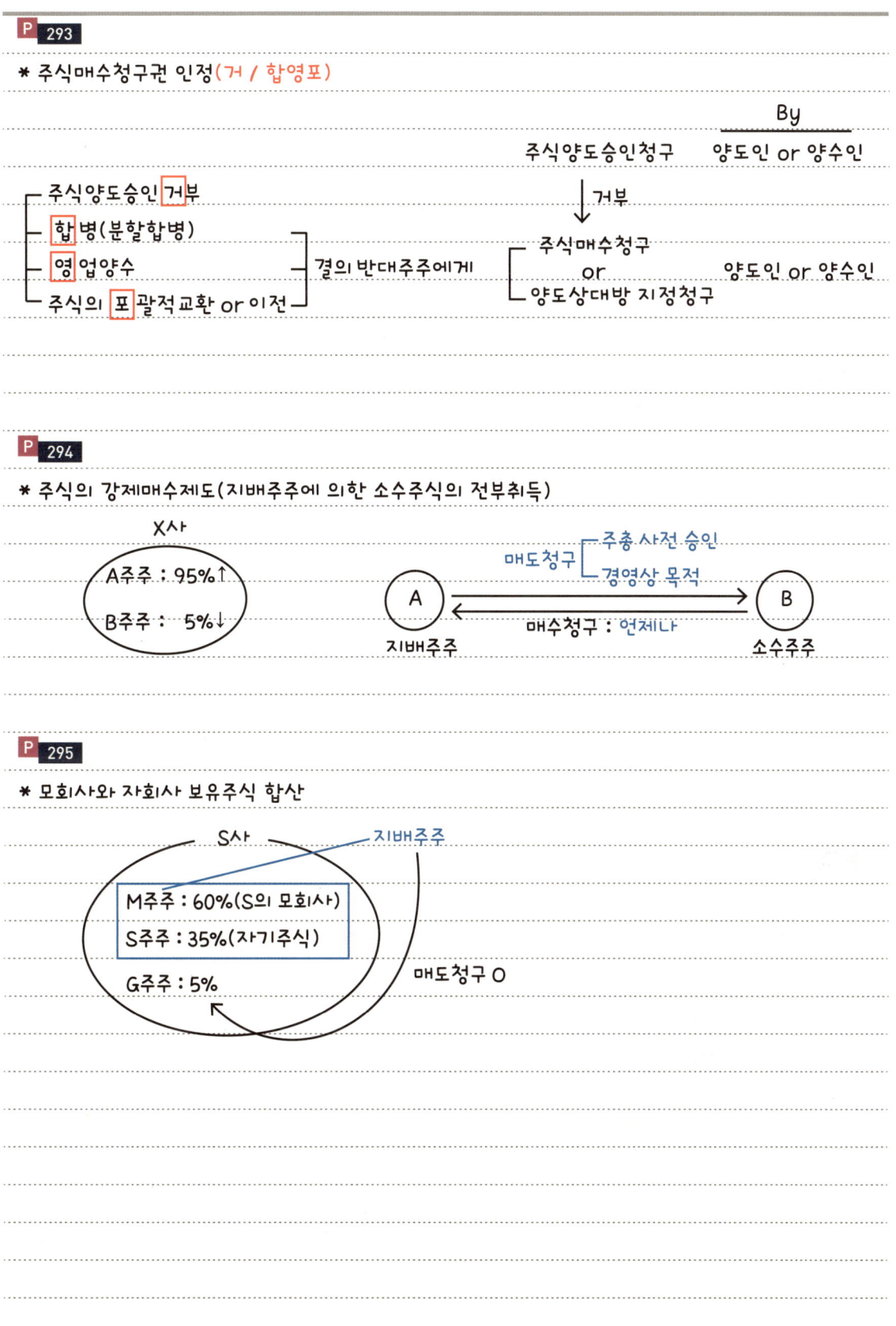

* 개인 주주가 50% 초과하여 주식을 보유중인 회사
  → 개인 주주와 회사 보유 주식 합산

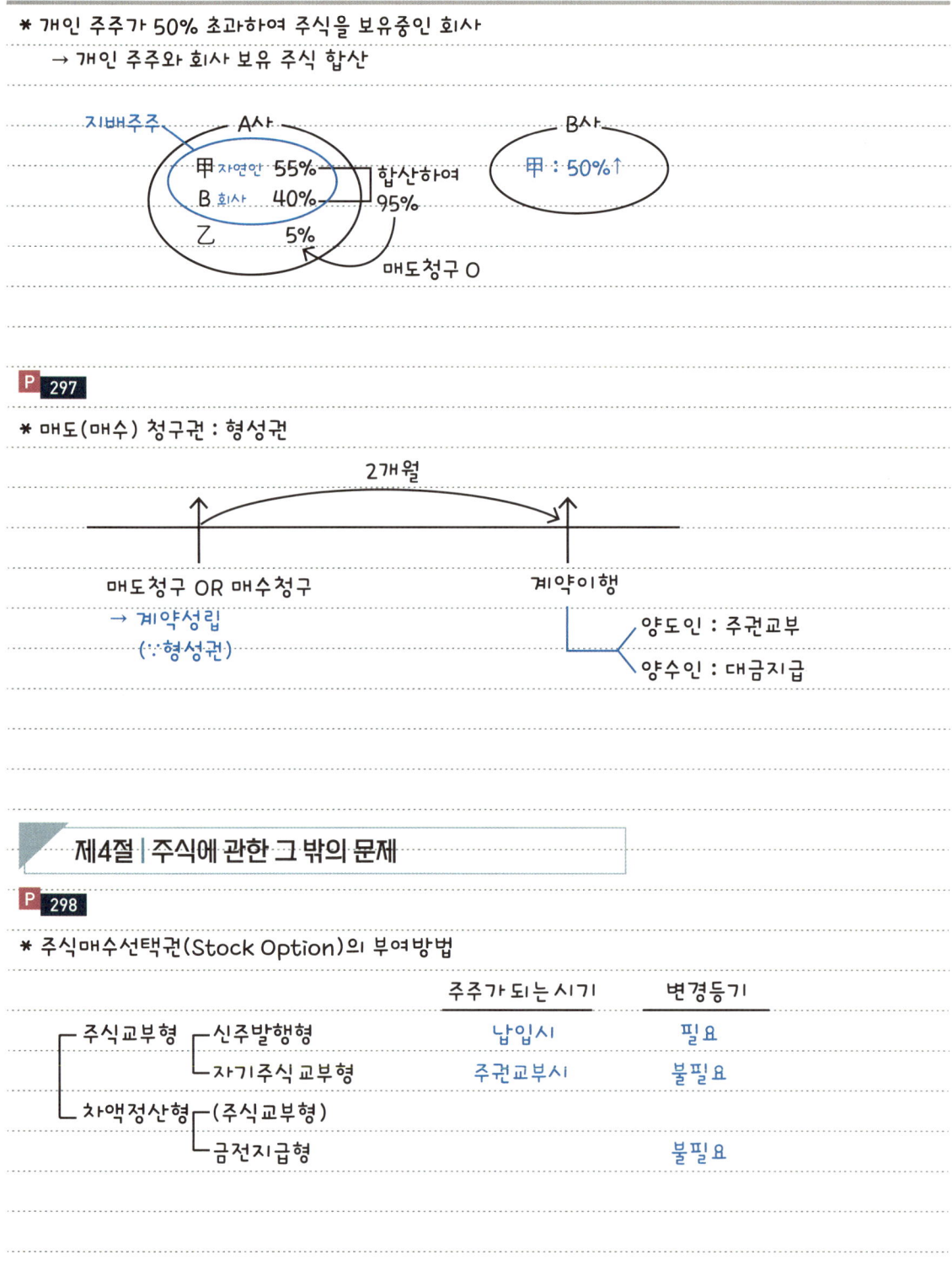

P 297

* 매도(매수) 청구권 : 형성권

제4절 | 주식에 관한 그 밖의 문제

P 298

* 주식매수선택권(Stock Option)의 부여방법

		주주가 되는 시기	변경등기
주식교부형	신주발행형	납입시	필요
	자기주식 교부형	주권교부시	불필요
차액정산형	(주식교부형)		
	금전지급형		불필요

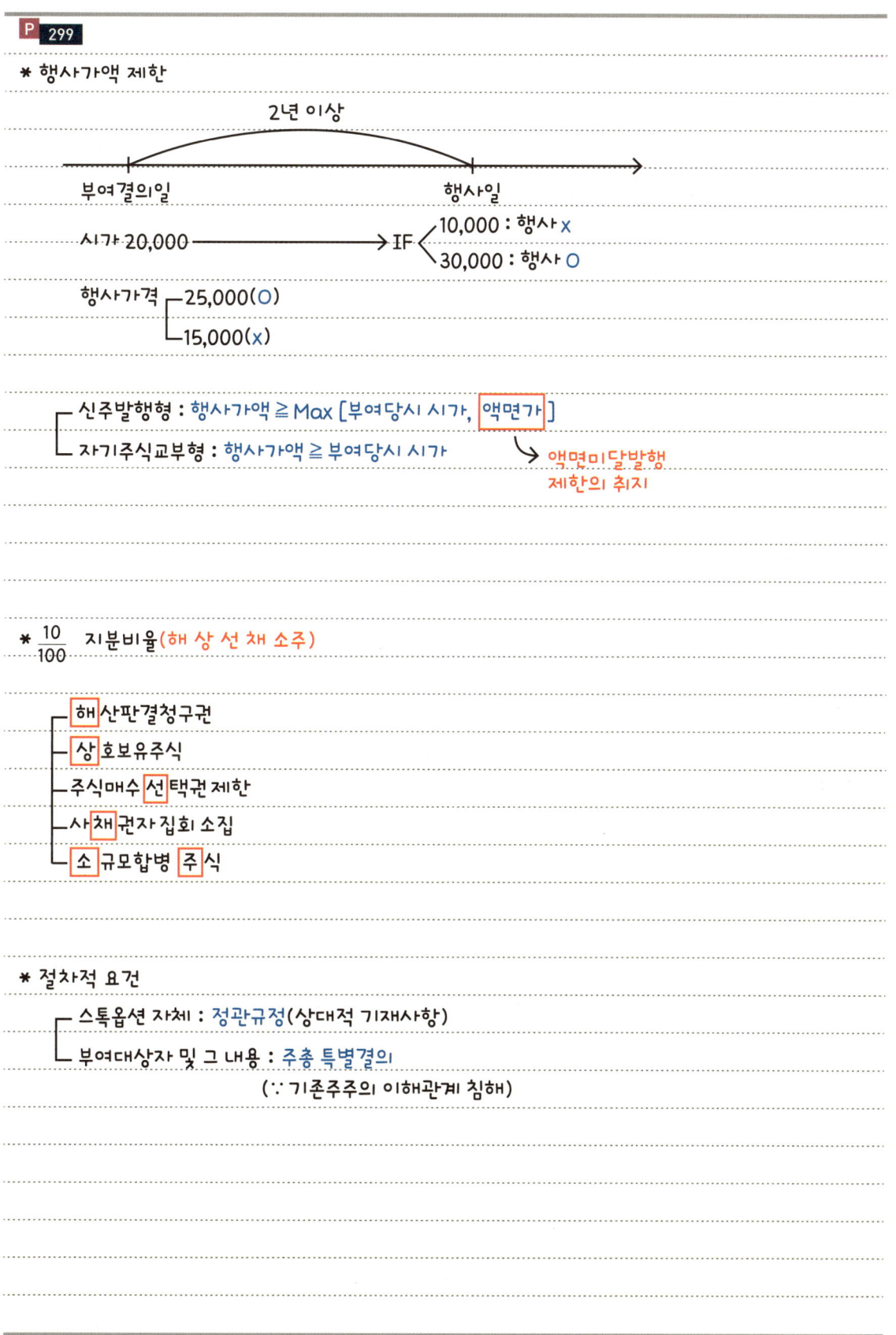

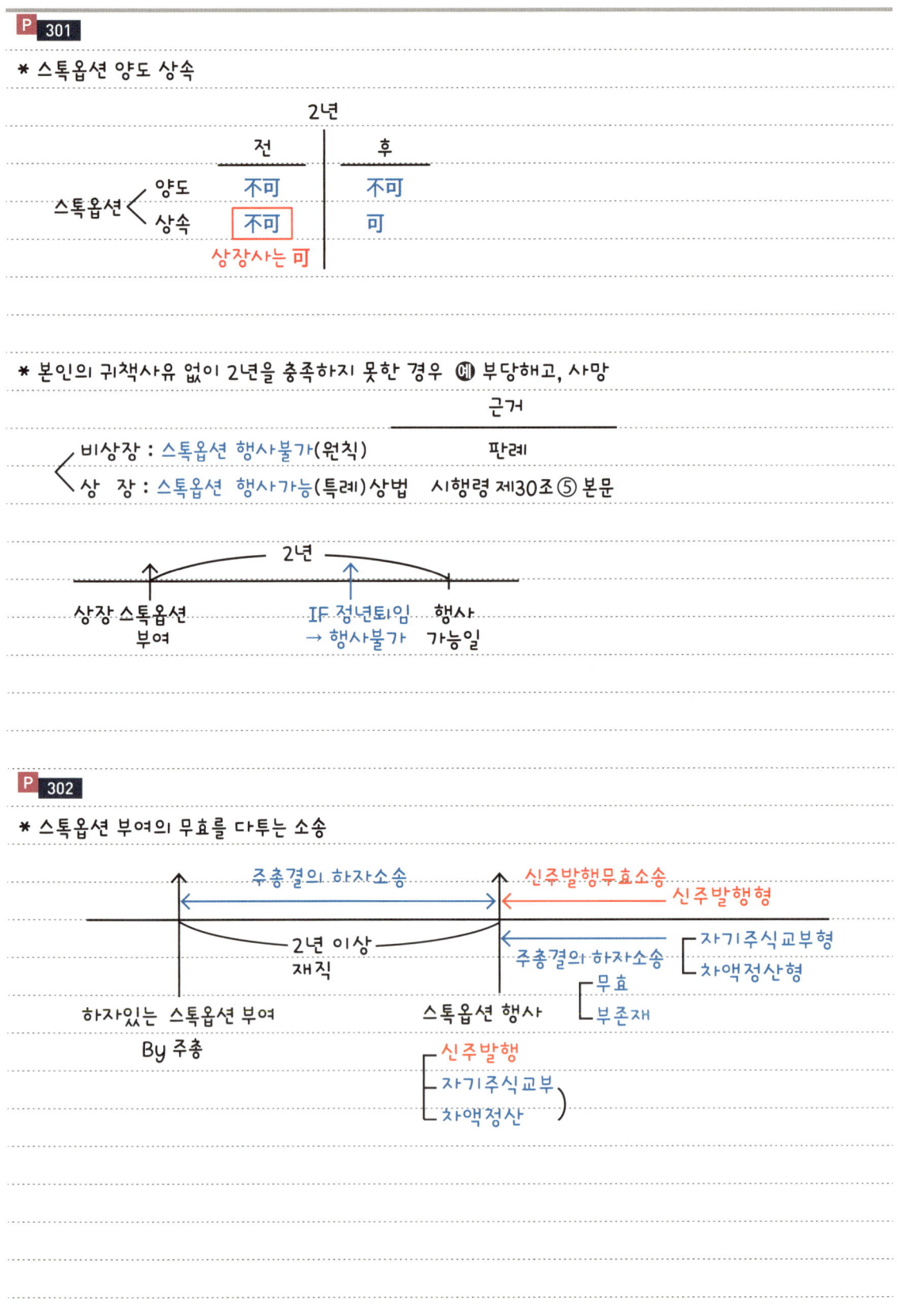

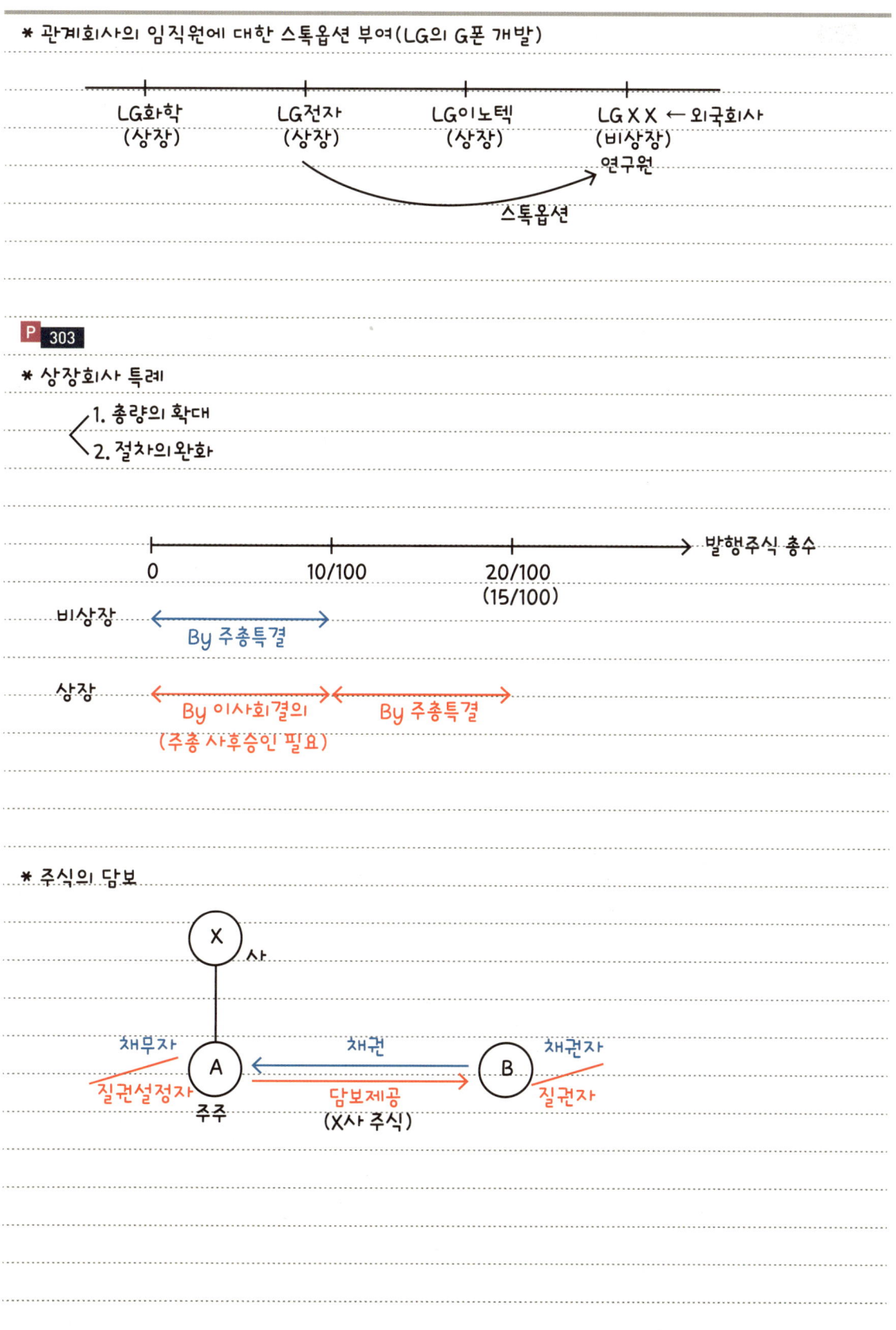

질권의 설정방법

설정방법(효력요건)	채무불이행시 권리행사	대항요건 제3자	대항요건 회사	회사의 우선지급
등록질 : 주권교부 ⊕ 주주명부 기재	불필요 (주권압류 - 법원의 재판)	주권점유	명부기재	O
약식질 : 주권 교부	필요	주권점유		X

물상대위 (물건 위에 대신하여 위치)

Case 1)

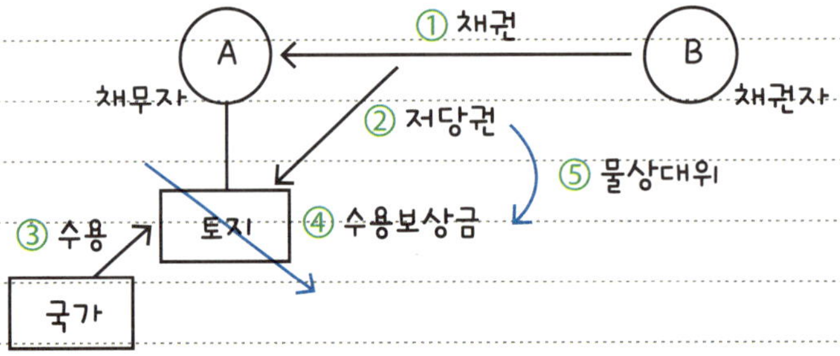

- A (채무자) ← ① 채권 ← B (채권자)
- ② 저당권 → 토지
- ③ 수용 ← 국가
- ④ 수용보상금
- ⑤ 물상대위

Case 2)

- X사
- A (주주, 질권설정자) ← ① 대출채권 → B (질권자)
- ② 주식담보 (입질)
- ③ 주식의 소각 / 병합 / 분할 / 전환
- ④ 금전 or 주식
- ⑤ 물상대위

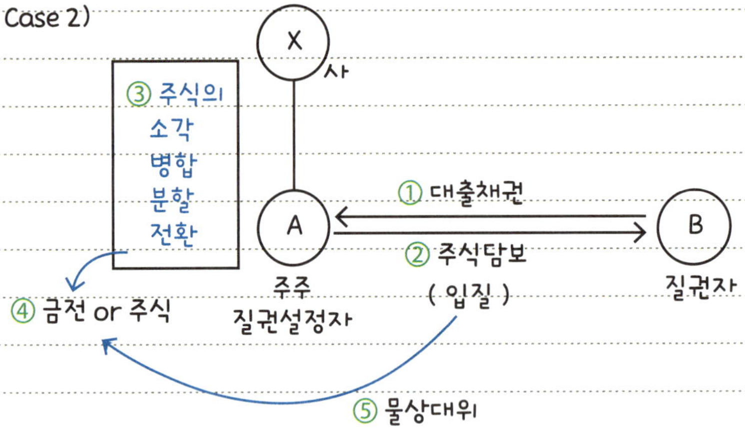

P 307

* 양도담보

```
주주명부
 Ⓐ → Ⓑ      X
             사
                        (X, 제3자)
                        대외적 : 양도 (권리실행에 용이 : B가 주주)
  ① 주식 100주
                        대내적 : 담보
                        (A - B)

   A  ←  ③ 100주 양도담보 by 주권교부  →  B
  주주  ←  ② 금전대여                     채권자
```

- 등록양도담보 : 주권교부 & 명의개서
- 약식양도담보 : 주권교부만

Chapter 04 주식회사의 기관(상)

제1절 | 주주총회

P 309
* 주식회사 기관의 구조

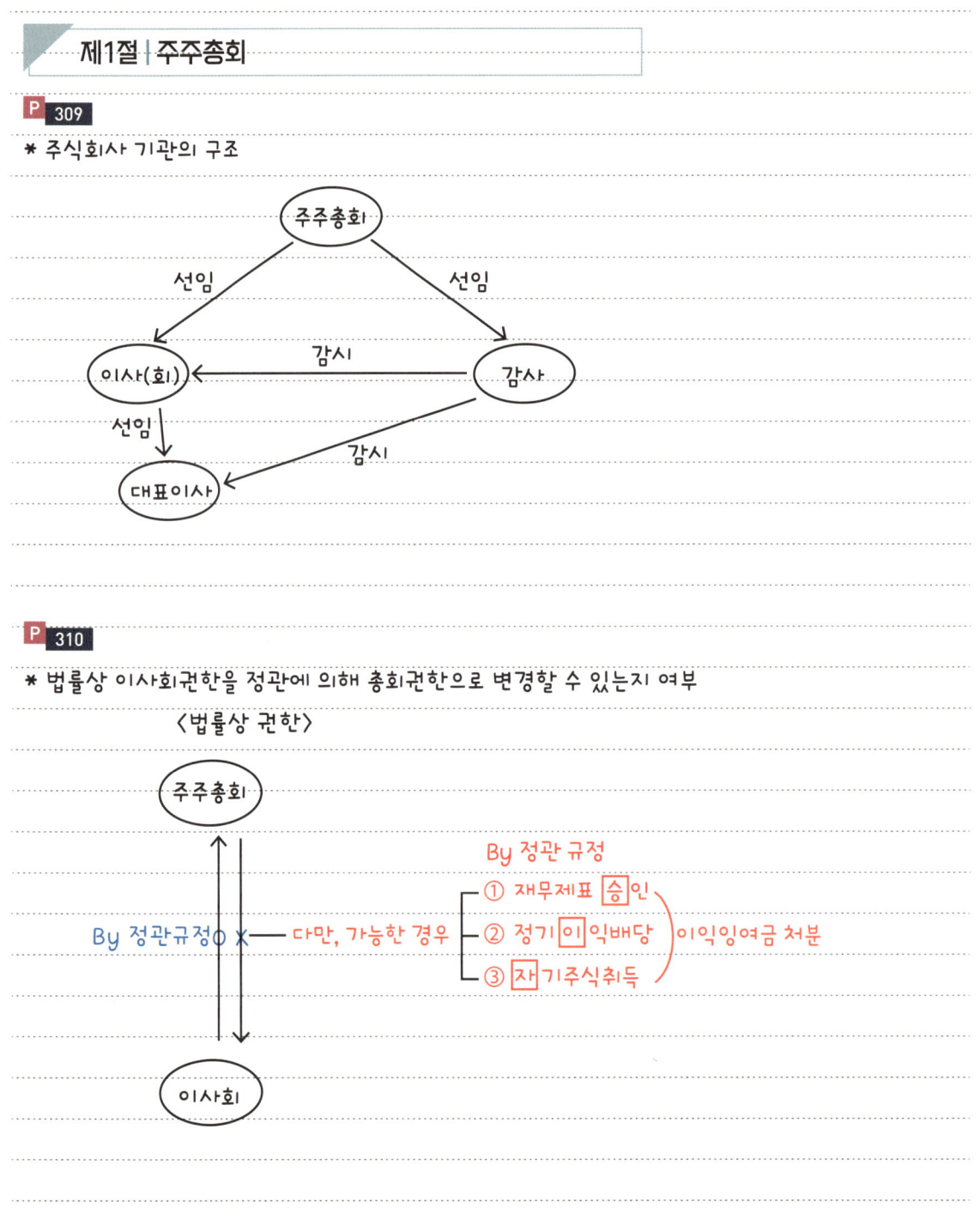

P 310
* 법률상 이사회권한을 정관에 의해 총회권한으로 변경할 수 있는지 여부

〈법률상 권한〉

주주총회

By 정관규정○ ✗ ─ 다만, 가능한 경우 ─ ① 재무제표 승인
② 정기 이익배당) 이익잉여금 처분
③ 자기주식취득

By 정관 규정

이사회

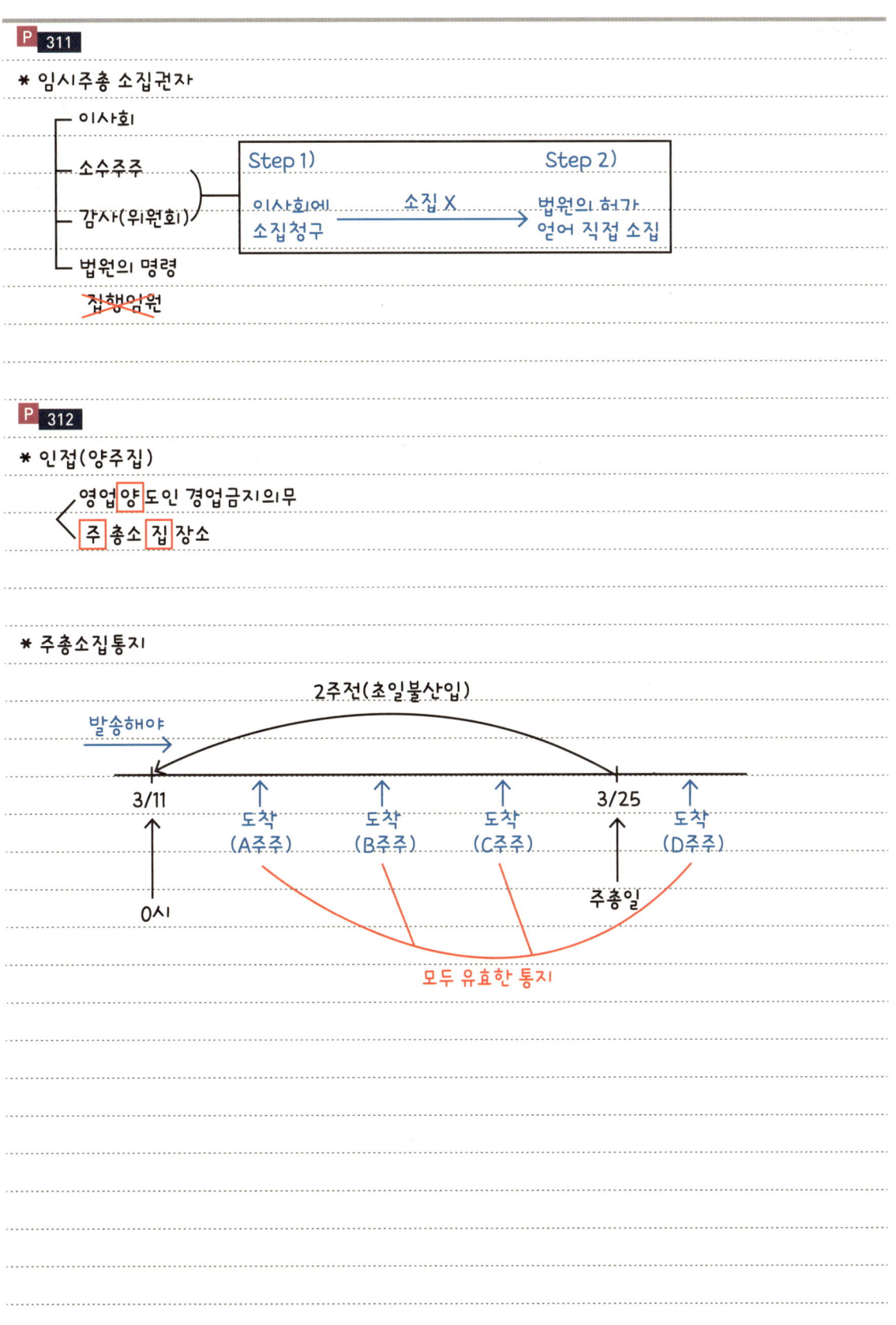

P 313

* 주총소집 통지기간

	통지
일반회사 :	2주 전
소규모 회사 :	10일 전

* 주총관련 소규모회사 특례
  1. 통지기간단축(14일 → 10일)
  2. 통지자체를 생략 ┐
  3. 주총자체를 생략(서면결의) ┘ 주주 전원의 동의

P 315

* 주주총회의 철회 · 연기 · 속행

	개회	본안	종결	재차통지
철회	X			필요
연기	O	X		불필요
속행	O	O	X	불필요

* 임시총회 소집통지 후 소집을 철회하는 경우 (2009다35033)

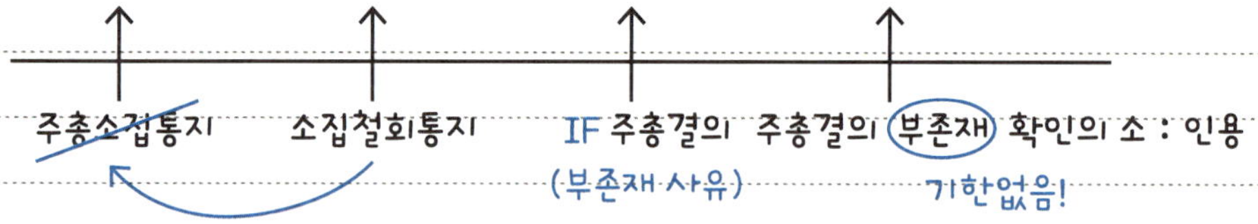

주총소집통지 → 소집철회통지 → IF 주총결의 (부존재 사유) → 주총결의 부존재 확인의 소 : 인용 (기한없음!)

* 하자의 치유

당초	추후
하자존재	하자주장 X → 유효로 확정

P 316

* 주주제안권

	대상	주총에서 무시한 경우
의제제안 (주제)	안건자체 예) 이사선임 안건	다른 결의는 유효 예) 배당결의
의안제안 (내용)	안건의 내용 예) B를 이사 후보	당해 결의는 취소사유 예) A를 이사선임

P 317

* 주주제안 거부사유
- 법령 or 정관위반
- 10/100 미만 찬성하여 부결후 3년내 다시 제안
- 주주 개인의 고충
- 소수주주권 관련
- 상장회사 임기중 임원해임
- 회사실현불가능, 거짓, 특정인 명예훼손

* 주주제안권 행사시, 회사가 취할 조치

		상황
의안요령기재 ← 주총소집통지서에		반드시
설명할 기회 제공 ← 주주총회에서		주주청구시

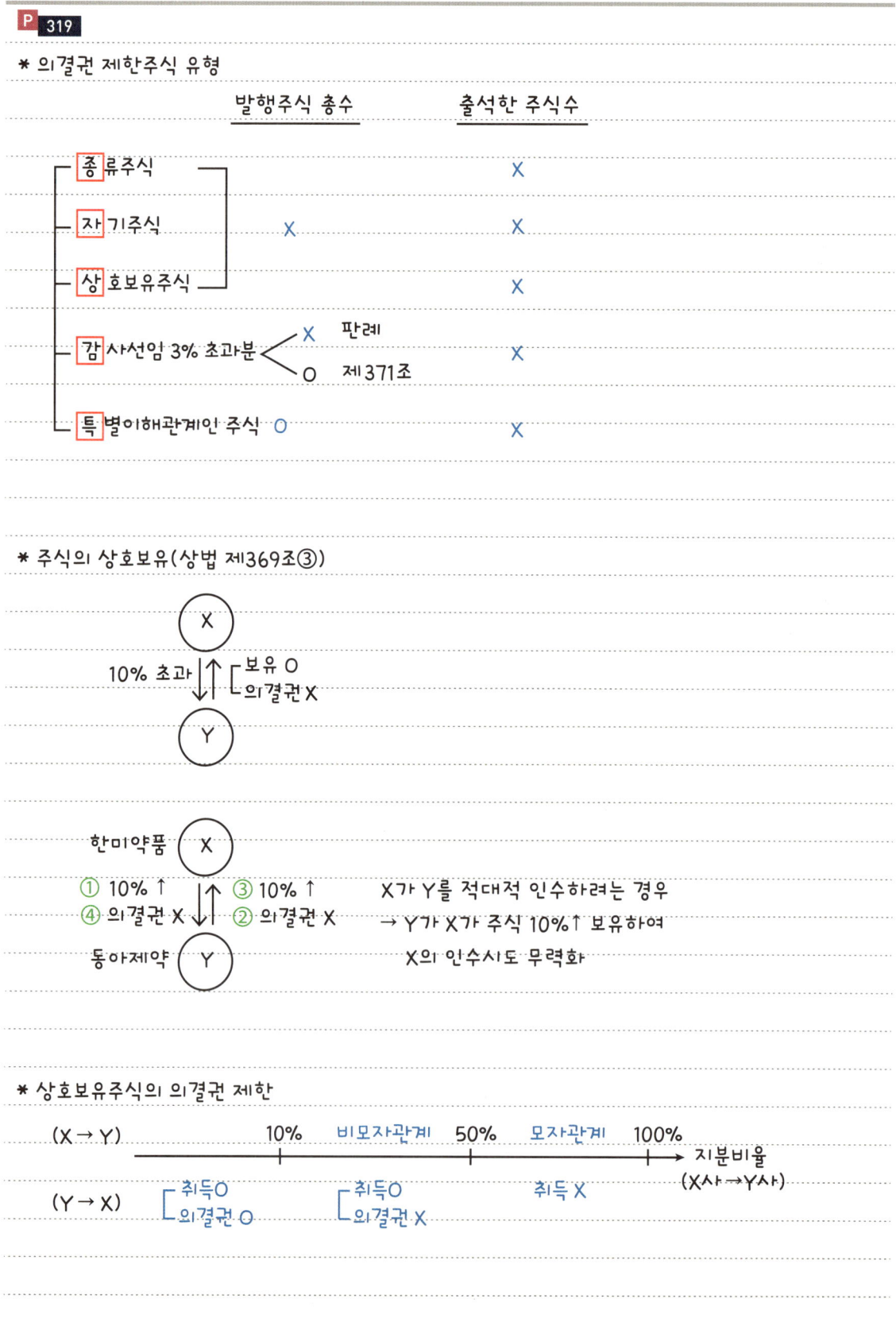

* 의결권 없는 주식
  - 유형 : 종자상감특
  - 제외 : 제집감통주선
  - 행사 : 정종창총분

P 320
* 상호보유주식의 유형
  모자관계의 경우 모회사 중심으로 합친다. (A - a간)

① 회사가   A — B   의결권 ✗   10%↑

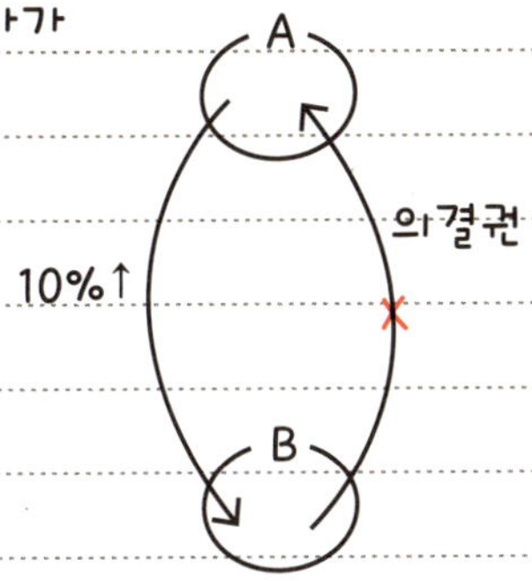

② 모회사 및 자회사가   A — a — B   의결권 ✗   10%↑   의결권 ○

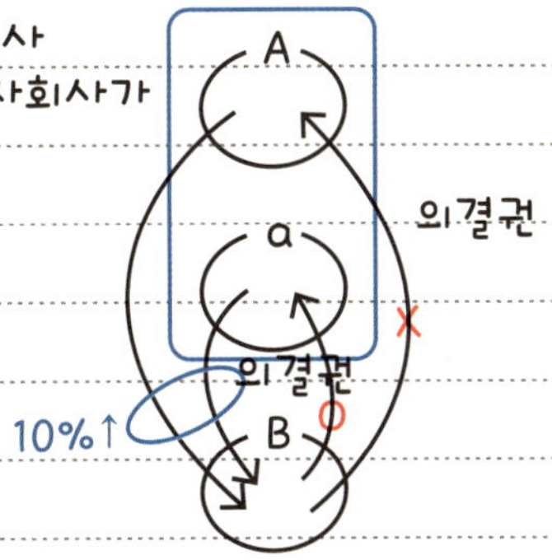

③ 자회사가   A — a — B   의결권 ✗   10%↑

④ Type2 / Type1   A — a_1 — a_2 50%↑   50%↑   50%↑

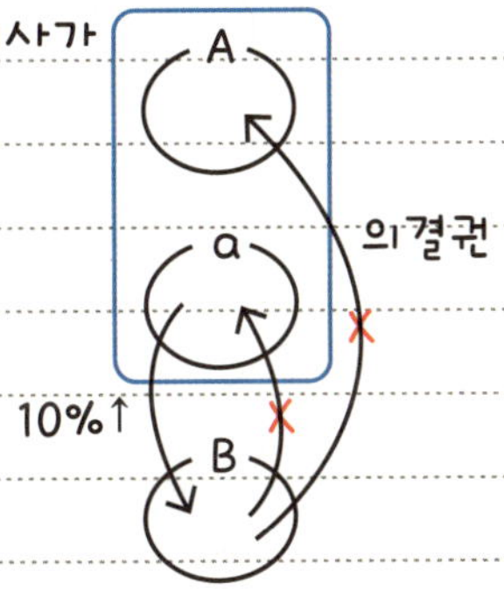

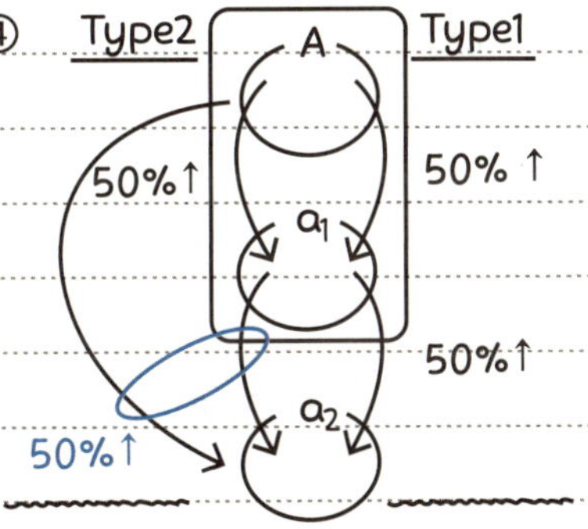

* 모자관계 여부

	㉠	㉡
A - a_1	O	O
a_1 - a_2	X	O
A - a_2	O	O

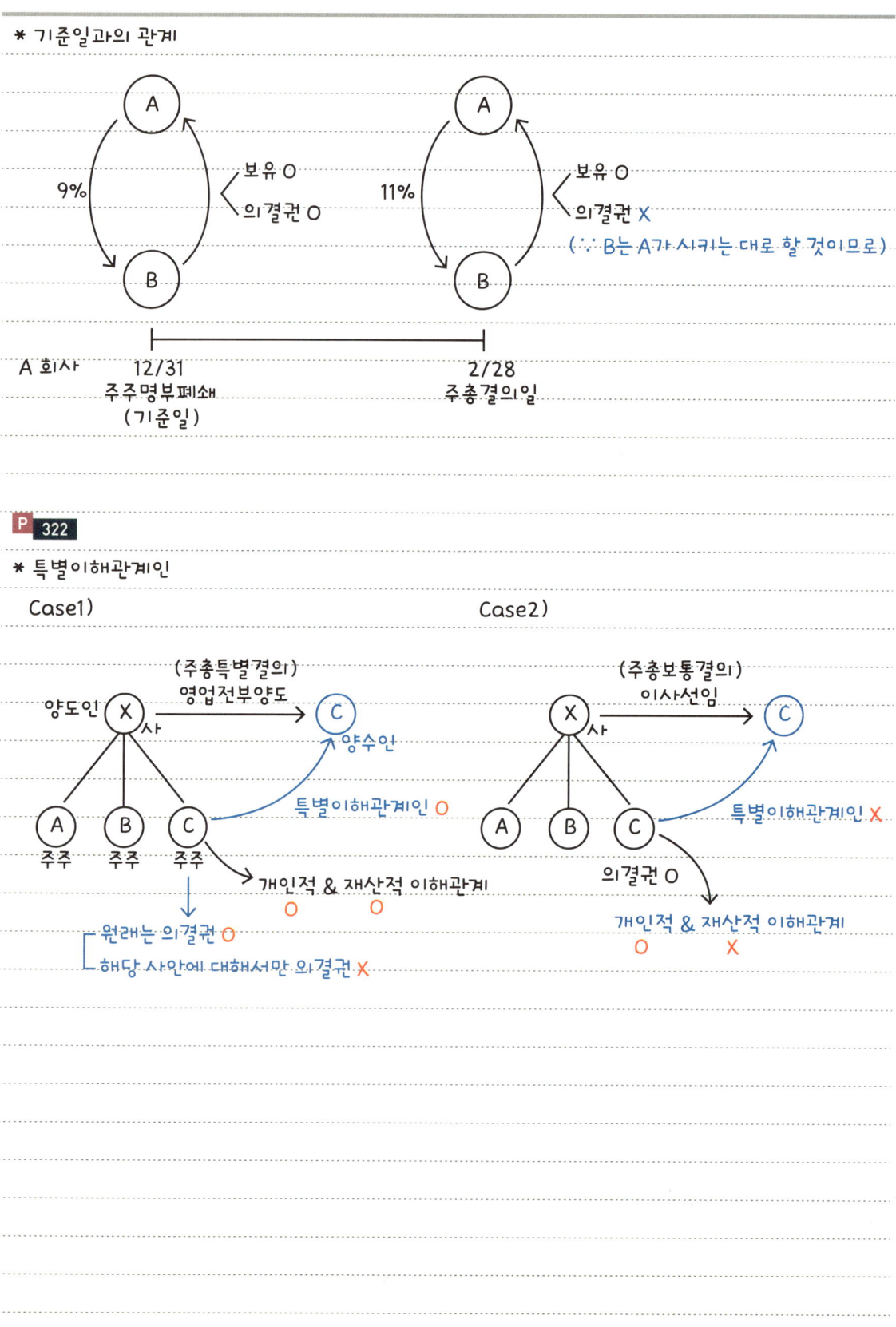

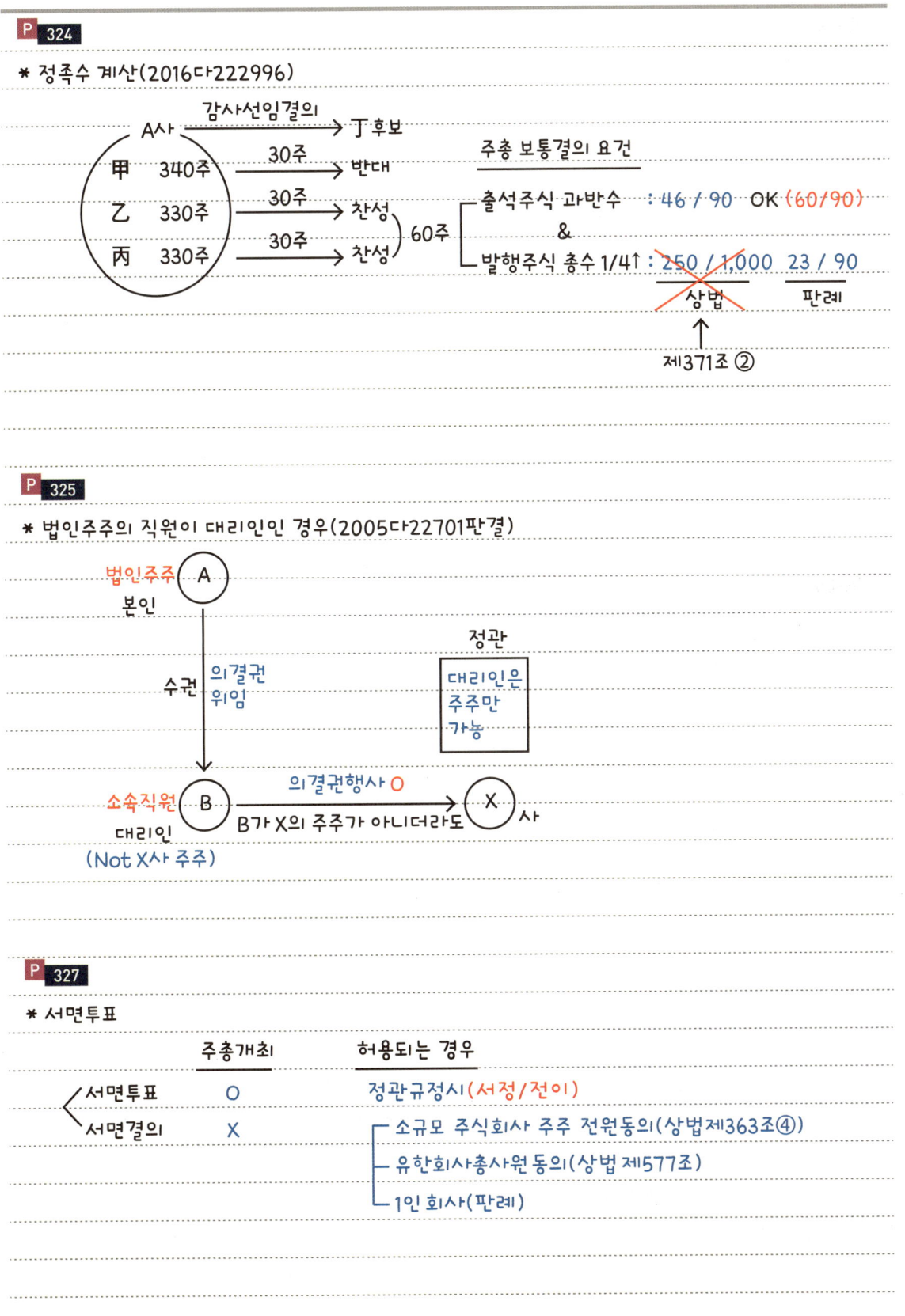

P 328

* 의결권의 불통일행사
  예) 합병주주총회

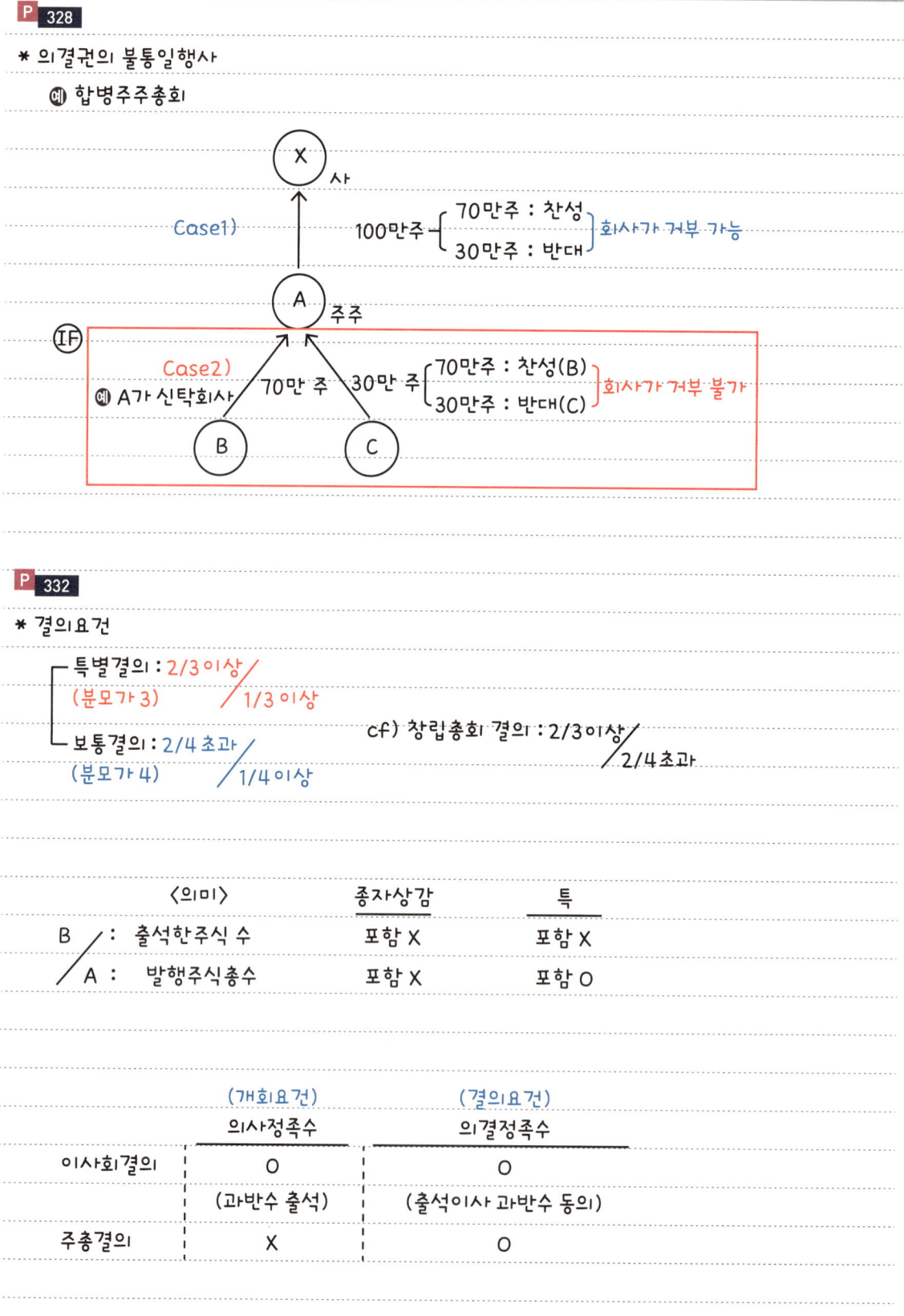

P 332

* 결의요건
  - 특별결의 : 2/3 이상 / 1/3 이상
    (분모가 3)
  - 보통결의 : 2/4 초과 / 1/4 이상
    (분모가 4)

  cf) 창립총회 결의 : 2/3 이상 / 2/4 초과

	⟨의미⟩	종자상감	특
B	출석한주식 수	포함 X	포함 X
A	발행주식총수	포함 X	포함 O

	(개회요건) 의사정족수	(결의요건) 의결정족수
이사회결의	O (과반수 출석)	O (출석이사 과반수 동의)
주총결의	X	O

★ 주총특별결의

	발행주식수	출석주식수	찬성주식수	안건	이유
Q1.	100만주	30만주	25만주	부결	발행주식수 1/3이상 미충족
Q2.	100만주	90만주	50만주	부결	출석주식수 2/3이상 미충족

P 333

★ 영업양수도 등 → 주총특결
- 영업양수
- 영업양도
- 등 ┬ 임대
     ├ 경영위임
     └ 손익 전부 같이 하는 계약

영업
양도인 A ─── 영업 "전부 or 중요한 일부" 양도 ───→ B 양수인
       ←── "중대한 영향을 미치는" 영업 양수 ──

A: 주총특결   B: 주총특결

P 335

★ 담보제공의 경우

호텔
호텔회사 A ── 호텔건물 담보제공 ──→ B

		소유권	A의 주총특결
IF	근저당	A	X
	양도담보	B	O

* 간이영업양수도

1.
- 영업 양도인 A → 영업 "전부 or 중요한 일부" 양도 → 양수인 B
- 주총특결 (이사회 결의)
- 지분 90% 이상 소유 or A주주 전원 동의

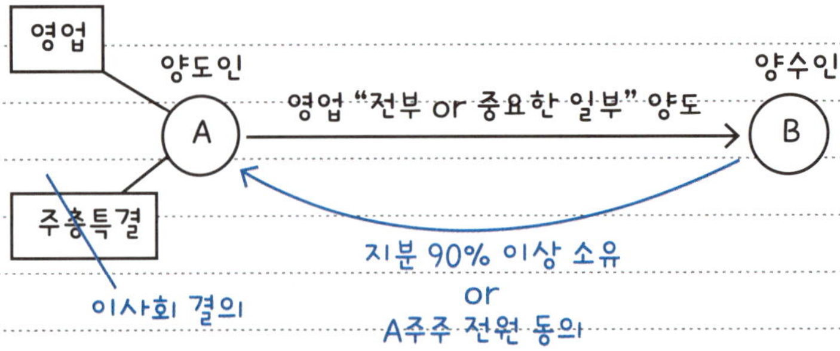

2. 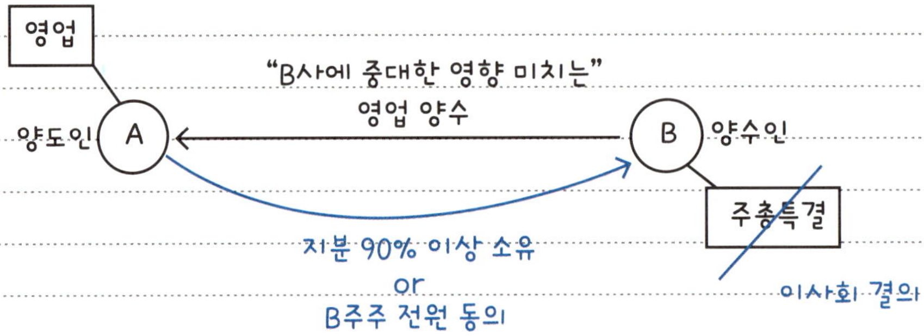
- 영업 양도인 A ← "B사에 중대한 영향 미치는" 영업 양수 ← 양수인 B
- 주총특결 (이사회 결의) ~~취소선~~
- 지분 90% 이상 소유 or B주주 전원 동의

	공고 or 통지
간이 ─ 90%↑ 보유	필요 (나머지 10% 주주)
└ 총주주의 동의	불필요

P 336

* 주식매수청구권 (거 / 합영포)

- 주식양도승인 **거**부
- **합**병 등
- **영**업양수도 등 ┐ 결의 반대주주
- 주식의 **포**괄적 교환 등 ┘

* 종류주주총회 ← 종류주주에 손해를 끼치는 경우(정 배 합)

	사례
정관변경(제435조)	우선주 배당률 인하
주식 배정 등(제344조 ③)	보통주·우선주간 배정비율 달리
합병, 분할, 주식교환, 주식이전(제436조)	보통주·우선주간 합병대가 달리

P 340

* 종류주총결의를 요하는 사항

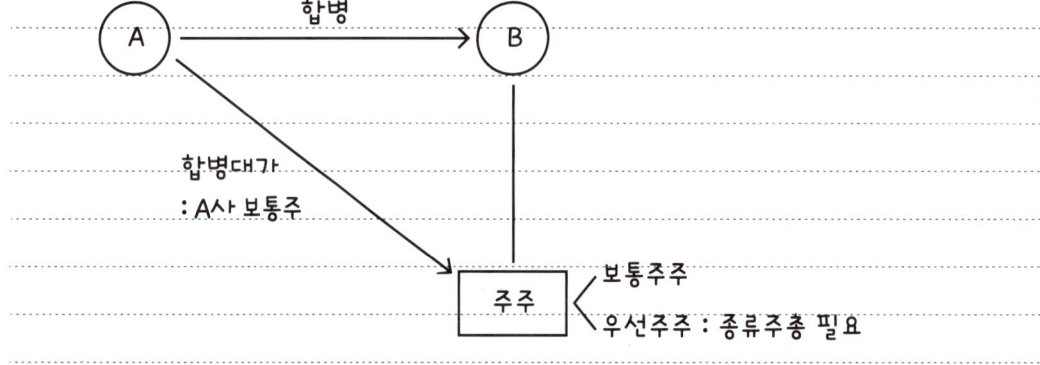

보통주주
우선주주 : 종류주총 필요

P 341

* 주주총회 결의의 하자

하자	중대	덜 중대
형식적하자 : 절차	주총결의 부존재 예 60% 주주 미통지	주총결의 취소 예 6% 주주 미통지
실질적하자 : 내용	주총결의 무효 예 법령위반	주총결의 취소 예 정관위배

	법령위반	효과
내용상 하자	예 마약제조결의	무효
절차상 하자	예 주주 미통지	부존재 OR 취소

P 344

✶ 하자있는 주총결의 후 주주가 된 자

```
           주총결의 효력 발생
    ●─────────↑────────↑──────↑──────→
   하자 있는   새로이 주주   결의취소소송
   주총 결의         └──────────┘
                         제기가능
```

예) 불공정한 영업양도

P 345

✶ 합병무효의 소와의 관계

```
                    흡수
          ┌─────────────→
    ←─주총결의 취소소송─┼─합병무효소송─→
         (2개월 內)    │   (6개월 內)
    ─────●────────────┼──────────────
       하자 있는      합병등기일
       주총 결의
```

✶ 재량기각

$\begin{pmatrix} 하자 O \\ 취소 X \end{pmatrix}$ ∴ 취소의 실익 X

예) 95% 주주에게 통지, 5% 주주에게 미통지 → 주총결의 취소 사유
　　95% 주주가 모두 찬성, 5% 주주에게 통지했어도 어차피 안건 통과
　　⇒ 법원의 재량으로 원고의 청구기각 可

✶ 회사법상 소송과 재량기각

- 원칙 : 인정
- 주총결의 무효·부존재·부당결의 취소변경 : 불인정

P 346

* 인용판결의 소급효 인정여부 (소결감)
  - 원칙: 불소급효 (∵ 다수의 이해관계자)
  - 예외: 소급효 ─ 주총결의하자
                 └ 감자무효의 소

* 소급효

```
                        소급효
         ←━━━━━━━━━━━━━━━━━━━━━━━
         |              |              |
       주총결의      취소소송 제기    취소판결
       (하자)
```

* 하자의 유형

	내용	절차
법령위반	무효	중대: 부존재
정관위반	취소	덜 중대: 취소

* 주총결의무효(부존재)확인소송의 입증책임

	입증책임
결의 O	회사
효력 X	원고

P 347

* 해임당한 이사의 법률상 이익

```
           주총결의 :         주총결의 :       해임결의 취소소송
           구이사해임(A)      신이사선임(B)      By A?
```

IF 하자
- [O] [X] 복직 불가 → 법률상 이익 X → 소제기 불가
- [O] [O] 복직 가능 → 법률상 이익 O → 소제기 가능

* 퇴임이사의 긴급사무처리권

```
      이사사임(A)     하자있는 주총결의     주총결의 하자소송
                                          By A?
```

IF 3인 → 2인 : 가능 (∵ 퇴임이사 긴급사무처리권)
   4인 → 3인 : 불가능 (∵ 퇴임이사 긴급사무처리권 인정 X)

P 348

* 제소권자로서의 주주

주주명부
[A]

X사 ←—납입— A 명의
            (B) 실질

	제소권자	이유
형식주주 A	O	형식설(판례)
실질주주 B	X	

A —주총결의 하자소송→ 법원

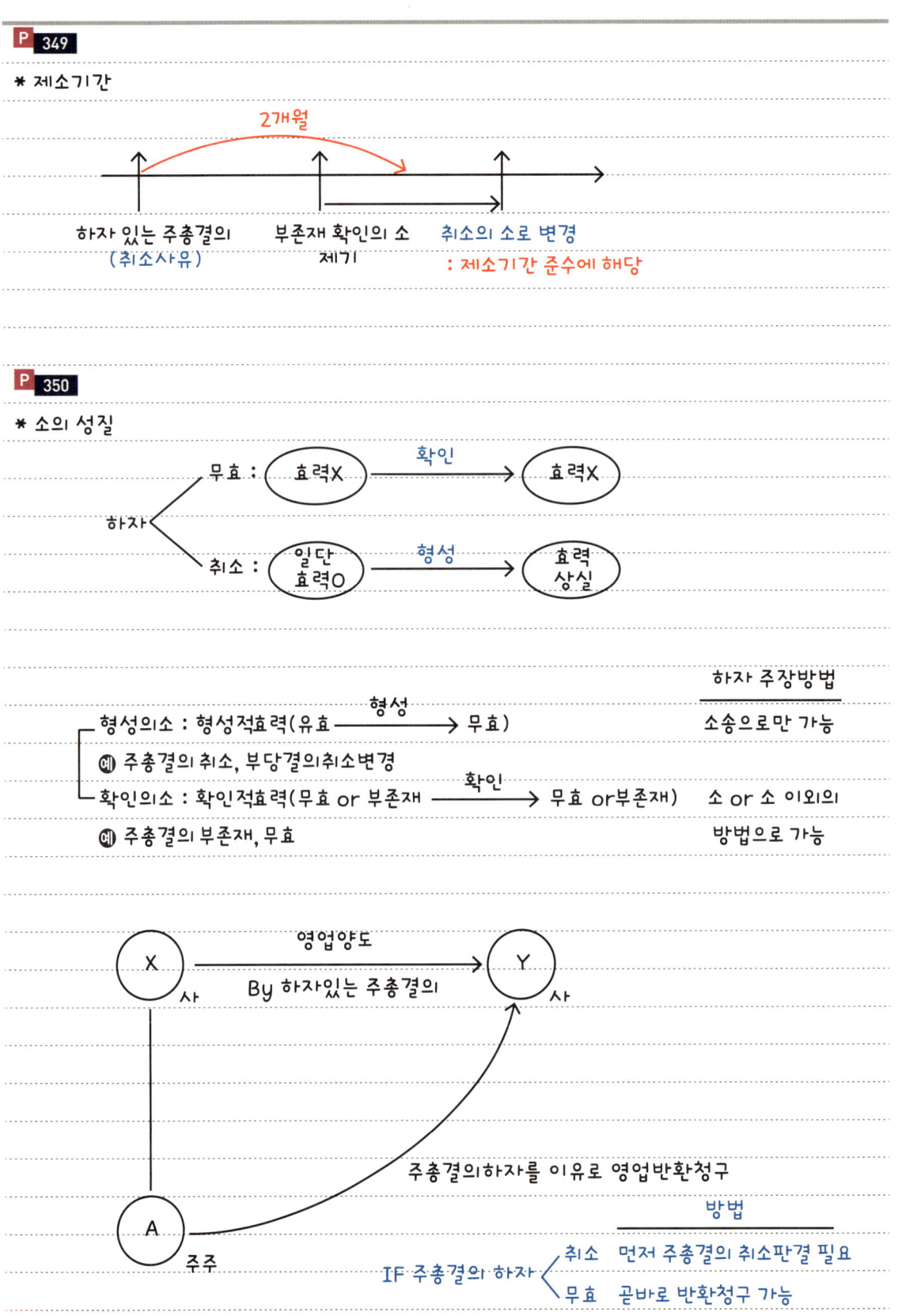

* 부당결의 취소·변경의 소

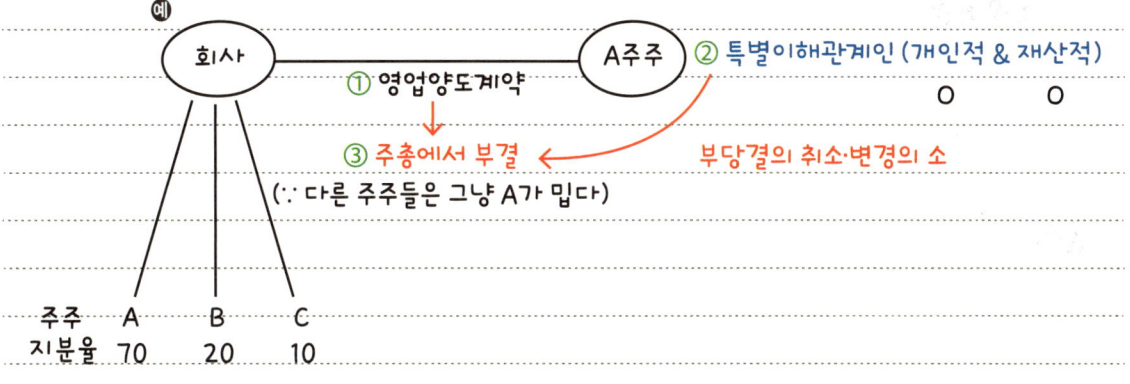

* 주총결의 하자소송

요건＼유형	결의취소	결의무효	결의부존재	부당결의취소·변경
제소권자	주주 / 이사 / 감사	제한 X		해당특별이해관계인
제소기간	2개월	제한 X		2개월
소의 성질	형성	확인		형성
재량기각	O	X		X

Chapter 05 주식회사의 기관(하)

제2절 | 이사회와 대표이사

P 353

✱ 이사와 임원의 관계

① 대표 / 이사
   전무 / 이사
   상무 / 이사   → 등기임원 : 삼성전자는 3명

   (대표·전무·상무) → 임원의 지위
   (이사) → 이사회구성원 → 등기사항

② 전무 X
   상무 X   → 비등기 임원 : 삼성전자는 100명 이상

③ X 이사
   X 이사 → 사외이사 : 삼성전자는 4명

P 354

✱ 이사의 임기(3년↓)

```
         1        2        3        4
         ↑                          ↑
      주주총회                    주주총회
      (3.10)                     (4.10)
      A선임                       B선임
```
: A임기는 3년+1개월 (By 정관)

P 356

∗ 사외이사 원수

- 일반상장   1/4 ↑
- 대규모 상장   3인 이상 & 과반수

∗ 사외이사 결격

대상회사	결격자	
비상장	최대주주 (주요주주 X)	배우자, 직계존비속
상장	최대주주	배우자, 직계존비속
	주요주주	배우자, 직계존비속

∗ 사외이사 결격

	요구
비상장	중립성
상장	중립성 + 공공성

P 357

∗ 직무집행정지와 직무대행자 선임의 가처분

```
        직무집행정지 & 직무대행자 선임
    ├───────────────────────────────┤
         (A)    가처분    (B)
    ↑                              ↑
  A 이사해임의 소              해임판결
```

		상대방
본안소송 :	이사해임의 소 & 주총결의 무효의 소	회사
가처분	직무정지 가처분 직무 대행자 선임	해당이사

제3편 회사법   187

P 358

✱ 직무대행자의 권한

	가능여부	효과
통상업무	언제나	유효
중요한 의사결정	가처분 명령 or 법원의 허가 → 위반시	선의의 제3자에 대항 X

✱ 상무인지 여부

		상무
정기주총	재무제표승인	O
	합병승인	X

P 359

✱ 대표권자의 판단

```
├──────────────┼─────────────────────────────┼──────────────┤
A 이사선임      직무집행정지 & 직무대행자 선임    C 이사선임
By 주총         (A)  By 법원    (B)            By 주총
하자 O                                          하자 X
```

Q. 적법한 대표권자는? B

	선임	권한범위		
		상무	비상무	
직무대행자	By. 법원	可	不可	다만 { 가처분 명령 / 법원허가 } 시, 가능
일시이사		可	可	

P 360

✱ 임기를 정한 이사의 해임

정당한사유	→	해임의 효력	회사의 이사에 대한 손해배상 책임
O		O	X
X		O	O

P 364

✱ 이사의 보수
- 총액 : 정관 또는 주총결의
- 배분(이사간) : 이사회 결의

P 367

✱ 집중투표제

X사
A : 70주
B : 30주

이사 3명 선출

단순투표제(각각 별개의 안건) :
```
        1    2    3
A :    70   70   70    3명 모두
B :    30   30   30    A측 선임
```

집중투표제(통틀어 하나의 안건) :
```
         1      2      3
A :    ²71    69    ³70    A측 2명
         2등                      B측 1명
B :    ¹90     0     0
        1등
```
최소한 1명은 B측 선임

P 368

✱ 정관으로 배제 가능한 경우 (불소 / 원집)
- 주권 **불**소지신고
- **원**격회의
- **집**중투표제

* 집중투표에 관한 특례(대규모 상장회사)
  └ 외국인투자자들이 많다.

  집중투표 배제 ←정관변경(추가)— 집중투표 인정
              —정관변경(삭제)→

  3/100 초과 주주는 3/100까지만 의결권 행사

P 369

* 이사회의 필수기관 여부

	이사가 1 or 2인	3인 이상
주식회사중 소규모 회사	이사회 X	상법상 이사회규정 적용
유한회사	이사회 X	상법상 이사회로 인정 X (∵ 소규모, 폐쇄성)

* 일반회사와 소규모회사의 기관 비교

	이사 →	이사회 →	대표이사 →	감사
일반회사	3인 이상	필수	이사회에서 선임	필수
소규모회사	1인 or 2인	임의	각자 대표	임의

* 이사회의 소집권자

┌ 각 이사
├ 감사
├ 집행임원
└ 소수주주(X)

Step 1) 이사에 소집 청구 —소집 X→ Step 2) 직접소집

	법원허가
감사	X
집행임원	O

P 371

* 이사의 직무집행 감시 or 감독

	내용	범위
이사회	감독(상하관계)	적법성 & 타당성
감사	감시(수평관계)	적법성만

* 특별이해관계인

	특별이해관계
개인적·재산적 이해관계	O
대표이사선임	X

* 특별이해관계인의 의결권

	포함
의사정족수(정원과반수 출석)	O
의결정족수(출석과반수 찬성)	X

예) 이사가 9인 / 6인 출석 / 1인 특별이해관계인

	의사정족수	의결정족수
다른사건	5/9	4/6
당해사건	5/9	3/5

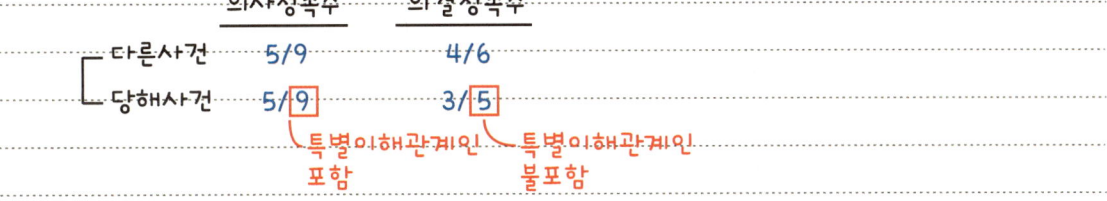

특별이해관계인 포함 / 특별이해관계인 불포함

P 374

* 채권자에게 열람등사 청구권 인정 (채열 / 분합계 / 재주 / 부부정)
- 합병계약서 (분할계획서)
- 재무제표
- 주총의사록 (이사회의사록)
- 주주명부
- 사채권자원부
- 정관

* 주주총회와 이사회의 비교

	주주총회	이사회
소집권자	이사회/ 주주 / 감사 / 법원	각 이사/ 감사/ 집행임원
소집절차	2주전 통지	1주전 통지(생략가능)
의결권수	주식수	인원수
서면투표	가능	불가능
의결권대리행사	가능	불가능
의결권불통일행사	가능	불가능
하자소송	회사법상 소송	민사소송
대세효	O	X
의사록 열람등사	주주 O / 채권자 O	주주 O / 채권자 X

* 이사회 내 위원회

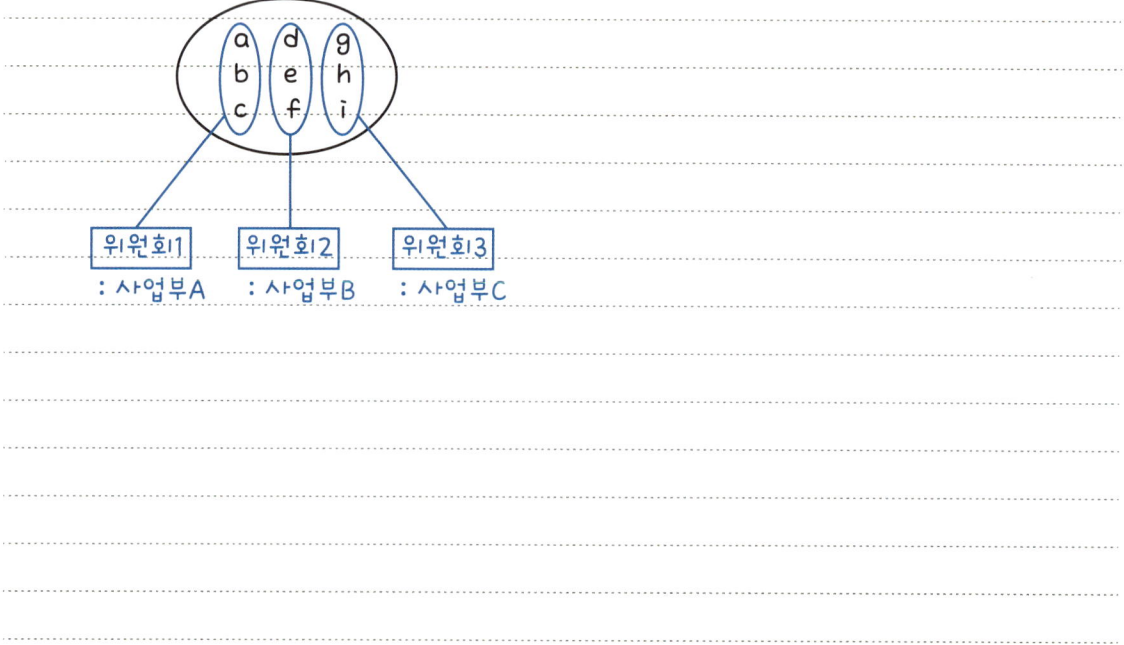

P 375

* 위원회에 위임불가 (정대위주)
  - 정 관규정
  - 대 표이사 선·해임
  - 위 원회의 설치·폐지 & 위원의 선·해임 관련
  - 주 주총승인사항

* 위원회의 결의 → 이사회 결의에 같음
  - 장점 : 신속하고 전문적인 의사결정
  - 단점 : 경솔 편협   이사회 재결의를 통한 통제

P 376

* 대표권 (대리권의 일종)

```
                              본인 A
회사                          수권 ↓  ↖ 법률효과
 │                           대리인 B ──→ C
 │ 대표권                          법률행위
 ↓                    법률효과
대표          ──────────────→    제3자
이사         영업에 관한
             재판상·재판외 모든 행위
```

P 379

* 능동대표와 수동대표 (의사표시)

```
                    (A, B, C 공동으로)
                    ────능동대표────▶
        회사   ◀───수동대표────      상대방
         │         (A, B, C 중 1인에게도 가능)
       ┌─┼─┐
       A  B  C
       공동 대표이사
```

P 382

* 대표이사의 [하자있는] 대표행위의 효력? ⇒ 거래상대방이 ┌ 선의
　　　　　　　위법한　　　　　　　　　　　　　　　　　　　　　& 　　　) 이면유효
　　　　　　　　　　　　　　　　　　　　　　　　　　　　　　└ 무중과실

- 내부적제한
- 이사회결의 X
- 대표권남용

P 383

* 결의를 거치지 않은 대표행위

	법률상	정관상
주총	절대적 무효	상대적 무효
이사회	상대적 무효	상대적 무효

P 384

* 이사회 결의없는 전단적 대표행위

	구체적인 검토
대외적 거래 → 상대방 선의·무중과실이면 유효	1), 4)
대내적 행위 → 무효(언제나)	2), 6)
단체법적 행위 → 유효(언제나)	5), 7)

P 388

* 표현대표이사

② 외관의 부여(귀책사유) → 악의만

```
              회사
             /    ↖
      대표권 /      \ 법률효과 O
          X /        \
           ↓          \
         Not ─── 거래 ── 제3자
        대표이사
    ① 외관의 존재        ③ 외관신뢰
                      (·선의 & 무중과실)
```

P 391

* 선임결의의 하자

⑦ 무권대표행위 → 표현대표이사

```
    ↑         ↑         ↑         ↑
   (A)       (A)
① 하자있는 이사선임  ② 대표이사 선임  ③ 주총결의   ④ 주총결의
  by 주총결의      by 이사회 결의    취소의 소     취소판결
   ⑤              ⑥              제기
```

소급효

P 393

* 표현대표이사 적용범위 → 거래안전보호(선의 제3자 보호)
  - 대표행위 : ○ (∵ 대외적)
  - 업무집행행위 : × (∵ 대내적)
  - 소송행위 : ×
  - 불법행위 : ×

P 394

* 대리와 대행의 구별

	의미	사례
대리(代理)	타인을 위해서 자신의 이름으로	甲의 대리인 乙
대행(代行)	타인을 위해서 타인의 이름으로	甲의 비서 乙이 甲의 도장날인

* 임원이 대표이사 명의를 사용한 경우

```
              X 사
              ↑
              │
외관부여   ┌─ A ─ 대표이사    법률효과 ○
(귀책사유)  │
           │ 대행권 ×
           ↓
무권대행인  B ──────────→  C
외관존재      법률행위         외관신뢰
           "X의 대표이사 A"   (선의 & 무중과실)
```

P 396

* 경업피지의무(제397조①)
  - 경업(거래)금지의무 : 자기 or 제3자계산 / 동종영업거래
  - (겸직) 금지의무 : 동종영업회사 / 무한책임사원, 이사

* 경업거래금지의무

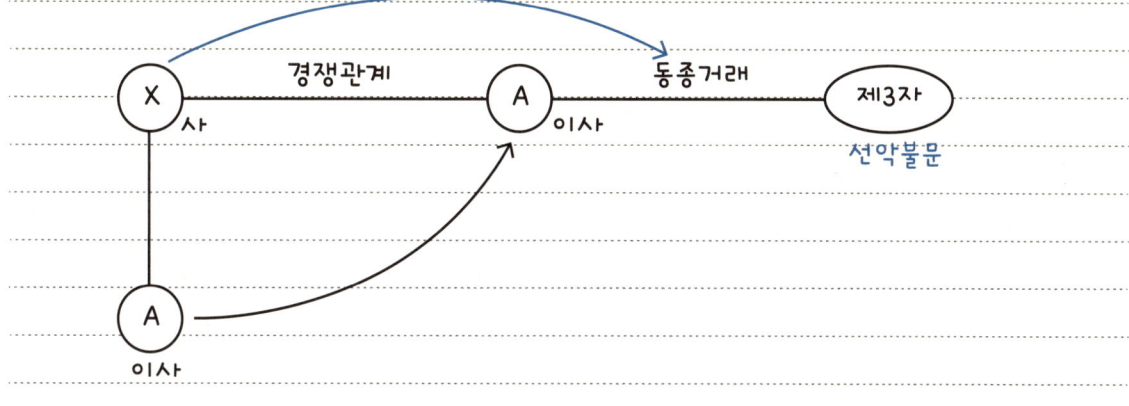

개입권
- 이득의 양도 : O (실질적)
- 직접거래당사자 : X (전면적)

경쟁관계 / 동종거래 / 선악불문

P 397

* 이사의 의무위반시

		해임	손해배상청구	개입권
경업회피의무	경업거래금지의무	O	O	O
	겸직금지의무	O	O	X
사업기회유용금지의무		O	O	X
자기거래금지의무		O	O	X

P 399

* 자기거래

건물 — X사 — 매각 → A 상대방
           |
           A 이사

이사회승인이 요구되는

P 400

* 이사 등의 범위

  1. 이사
  2. 상장사주요주주
  3. 특수관계인(배우자, 직계존비속, 피지배회사)

* 의결권 없는 주식
  - 유형 : 종 자 상 감 특
  - 제외 : 제 집 감 통 주 선
  - 의결권 행사 : 정 종 창 총 분

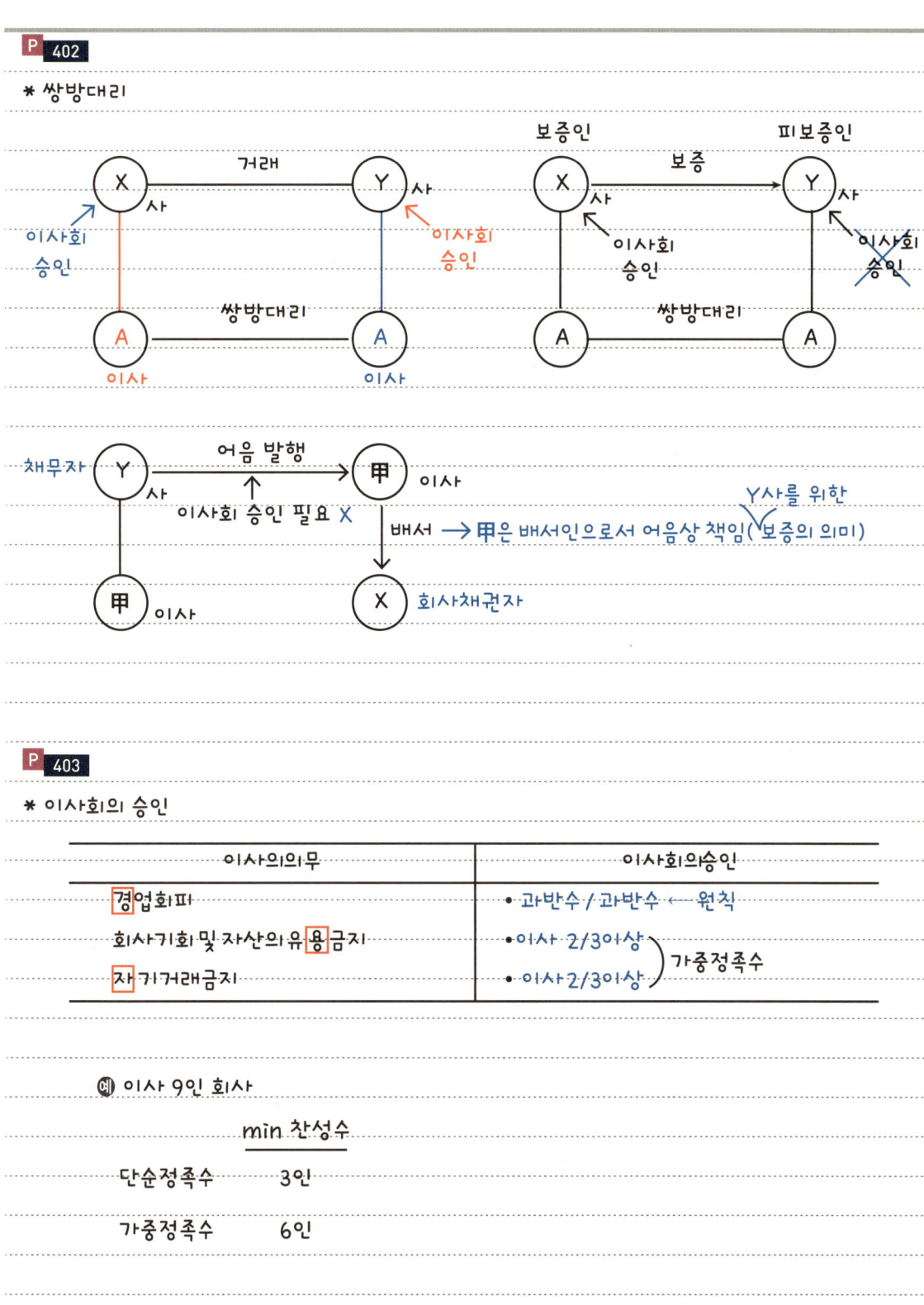

P 404

* 자기거래의 승인방법

		IF Not
형식적 : 이사회 사전 승인(개시의무)		회사에 효력 X
실질적 : 거래의 내용, 절차가 공정		이사의 손해배상책임

* 이사회 승인 없는 자기거래의 효과 (상대적 무효)

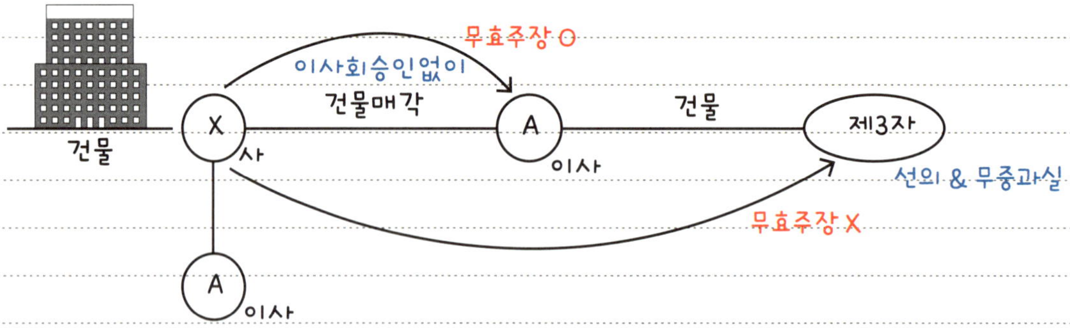

X사 → (이사회승인없이 건물매각) → A 이사 → (건물) → 제3자
- 무효주장 O (X사 → A)
- 무효주장 X (X사 → 제3자: 선의 & 무중과실)
- A는 이사

* 무효
- 절대적 : 제3자 선악불문 → 무효
- 상대적 : 선의 & 무중과실 → 유효

P 406

* 주요주주 등
  1. 주요주주 및 특수관계인
  2. 이사, 집행임원, 업무집행지시자 등
  3. 감사

P 406

* 주요주주 금지 사항 (선/외자신/금지)
  1. 주식매수선택권 부여 : 상장·비상장
  2. 사외이사 ┐
  3. 자기거래 │ 상장만
  4. 신용공여 ┘

* 선의의 제3자 보호

  상장회사 X ← ④ 보증청구 ○ (이행청구)
  ② 채무보증 (신용공여)
  주요주주 등 Y ← ① 금전대여 ← B 채권자 선의 & 무중과실
  채무자 ③ IF 변제 X →

※ 최대주주 등

    ┌ 1. 최대주주 및 특수관계인
    └ 2. 해당회사의 특수관계인 예) 계열사

회사	대상	내용
상장	주요주주 등	신용공여금지
대규모상장	최대주주등	거래 제한 → ┌ 이사회 승인 └ 주총보고
일반	이사등	자기거래 제한 → 이사회 승인

P 409

※ 이사의 책임

		요건	총주주 동의시	준용여부
자본충실책임 (무과실책임)	┌ 인수담보책임 :	고의 or 과실 불문	/ 면제불가	이사만
	└ 납입담보책임 :	(X)		(∵ 등기는 이사의 업무)
손해배상책임 (과실책임)	┌ 회사에 대한 책임 :	임무해태	/ 면제 가능	┌ 업무집행지시자 등 ├ 감사 └ 집행임원
	└ 제3자에 대한 책임 :	고의 or 중과실	/ 면제 불가	

P 412

※ 회사에 손해를 발생시킨 행위가 이사회 결의에 의한 경우

	이사회결의	손해배상책임
→ 특정이사가 ┌	찬성	O	→ 반대기재 없으면 찬성 추정
├	반대	X	cf) 찬성하지 않은 것에 대해 이사에게
├	기권	X	증명책임
└	불출석	X	

P 413

* 이사의 회사에 대한 손해배상책임

	사유
총주주 동의 : 100% 면제	불문
정관규정 ─ 사내이사 : min 6배 └ 사외이사 : min 3배	고의, 중과실, 경영자는 감면불가

* 정관상 책임감면 인정여부

  ─ 단순한 임무해태시 : 可
  ─ ┌ 고의 중과실 ┐
    │   │ : 不可   비교) 총주주 동의시는 사유불문
    └ 경 / 용 / 자 ┘

* 총주주 동의

  1. 각 주주의 손해가중
  2. 이사, 발기인의 회사에 대한 손해배상책임 면제
  3. 조직변경결의

* 책임해제 유보결의

  ```
           ┌────── 2년 ──────┐
           │        ↑        ▼
    재무제표 승인  책임해제 유보결의   이사의
    By 정기주총    By 주총          책임해제 X
         ↑              ↑
    특별이해관계인   특별이해관계인
      불해당          해당
  ```

P 414

✱ 재무제표 승인 후 2년 경과해도 책임이 해제되지 않는 경우

1. 책임해제 유보결의
2. 이사·감사의 부정행위
3. 재무제표승인 당시 기재 안된 손해

P 415

✱ 이사의 손해배상책임

To	성격	소멸시효
회사	채무불이행책임	10년
제3자	법정책임	10년

例) 분식회계손해배상책임

			소멸시효
청구권 경합설	상법 §401	법정책임	10년
	민법 §750	불법행위책임	(알게된 날로부터) 3년

✱ 제3자의 범위

		의미	제3자	사례
주주	직접손해	이사 —손해→ 주주	포함 O	신주인수권침해
	간접손해	이사 —손해→ 회사	포함 X	회사재산 횡령

P 418

* 업무집행지시자 등(제401조의 2)

유형	회사에 대한 영향력 입증
1. 업무집행지시자 예) 대주주	필요
2. 무권대행자 예) 채권자가 대표이사도장 날인	필요
3. 표현이사 예) 이사로 보이는 명칭	불필요

* 표현이사와 표현대표이사 구별

	표현이사	표현대표이사
요건	이사아닌 자 / 이사오인 명칭	대표아닌 자 / 대표오인 명칭
효과	이사의 손배책임	회사의 책임
대상	회사 / 제3자) 피해자	선의의 상대방 (무중과실)
규정	제401의2-①-3	제395조
취지	이사의 손해배상책임을 부담시키기 위해	거래상대방 보호

P 419

* 신주발행과 이사의 자본충실 책임

청약	배정	인수	납입	등기	
O	O	X	X	O	) 둘 다 이사의 인수담보책임
O	O	O	X	O	

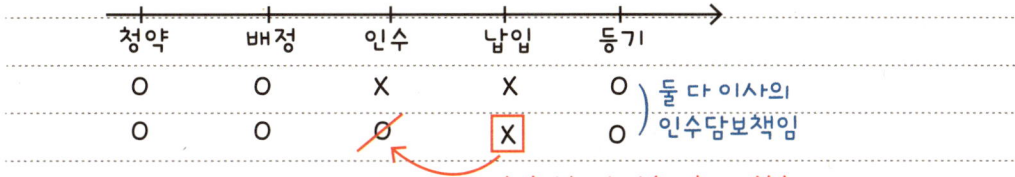
납입안하면 인수자체가 실효

P 420

* 위법행위유지청구권의 효과

```
소수주주  ──위법행위유지청구──▶  이사
```

	행위	주주의 유지청구에 이사가	
		순응 O	순응 X
이사의 당해행위 (유지청구의 대상이 되는 행위) 예) 계열사 자금지원	위법	—	이사의 손배책임
	적법	이사의 손배책임	—

P 422

* 주주 대표소송
  (제3자를 위한 소송) → 판결의 효력이 승소, 패소를 불문하고 제3자에 미친다.
  └ 회사
  ┌ 회사에 손해 : O
  └ 주주에 손해 : X

```
              회사  수익자
           ↗        ↖
    ① 손해            ② 손해배상청구 요구
         ↓        ③ 30일 내에    (회사 → 이사)
                   소 제기 X
   피고 이사  ◀── ④ 직접 소제기 ──  주주  원고
```

예) 글로비스 사건 ┬ 피고 : 정몽구
              ├ 청구금액 : 1.2조
              └ 인용금액 : 800억

* 대표소송의 상대방
  ┌ 내부자 : 이사, 감사, 발기인, 집행임원, 청산인, 업무집행지시자 등
  └ 외부자 : 통모인수인, 주주권 행사 관련 이익 공여받은 자

P 425

* 승소한 원고의 비용청구

```
제소주주  ① 비용청구 →  회사  ③ 구상 →  이사
        ← ② 지급
```

* 회사소송의 남용방지

		대표소송	다른 회사 소송
제소주주	담보제공명령 (사전적)	악의	악의 (해하려는 의도)
	패소시 손해배상책임 (사후적)	악의 or ~~중과실~~	악의 or 중과실
	지분 비율 유지	소제기 당시에만 1/100 유지 위법행위유지청구도 마찬가지	계속 유지 (3/100, 10/100)

P 426

* 다중대표소송

```
          모회사
          ( A )사
           ↑
      ② 50% 초과
           ↓
          자회사    ① 주식
          ( B )사
       ③ 손해발생↑
          ( Y ) ← ④ 소제기 가능 ( X )
          B의 이사              A주주
```

제3편 회사법

P 430

* 이사회 의장
  - 대표이사 O
    ➡ 대표이사가 이사회 의장
  - 집행임원설치 → 대표이사 X
    ➡ 이사회 의장 필요

* 이사회에 대한 보고의무

	정기적	이사회요구시(비정기적)	근거
이사	3월에 1회 이상	대표이사가	제393조 ③, ④
집행임원	3월에 1회 이상	언제든지 대표집행임원이	제408조의6 ①, ②

P 431

* 집행임원의 임기 : 2년 + α, 다만 정관규정 있으면 2년 초과할 수 있다(예 3년)

```
       |    X1    |    X2    |    X3    |
            ↑                     ↑
       정기주주총회           정기주주총회        A 임기는 2년 + 1개월
         이후                   이후              (By 정관)
       이사회(3.11)           이사회(4.11)
        : A 선임               : B 선임
```

제3절 | 감사와 감사위원회

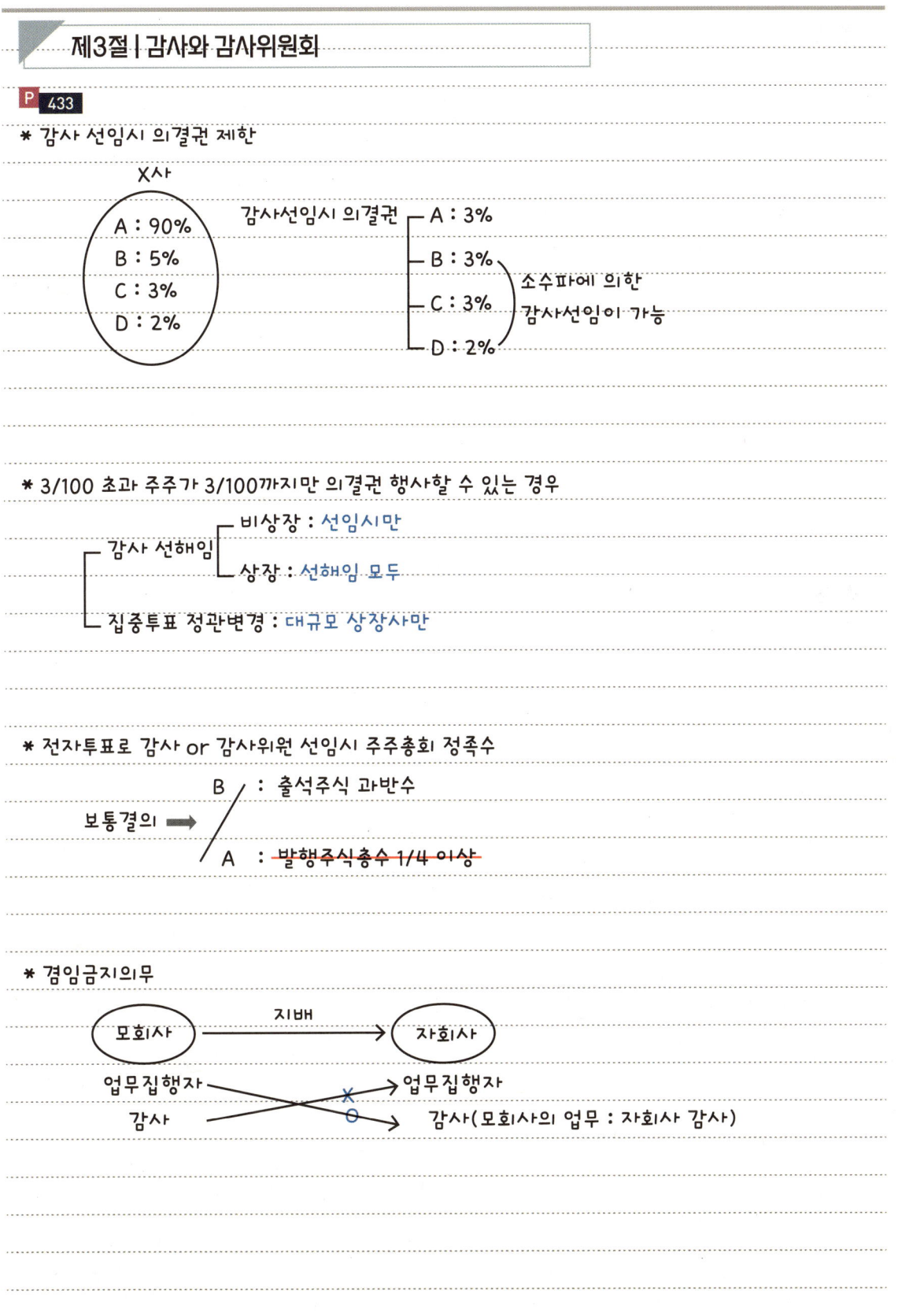

P 434

* 감사의 임기
  - 이사 : Max 3년 + α
  - 감사 : Fix 3년 ± α

```
        X1      X2      X3      X4
        ↑       ↑               ↑
       감사A    3년+α            정기총회
      (정기주총)                  4/10
       3/10
              감사B    3년-α
             (임시주총)
              9/10
```

P 436

* 감사의 이사회 관련권한
  - 이사회소집통지 받을 권한
  - 이사회소집청구권 → 이사회소집권
  - 이사회출석 및 의견진술권
  - 이사회의사록 기명날인권한

  ⎫ 의결권만빼고
  ⎬ 다있다.
  ⎭

* 회사소송의 대표권자

1. 일반회사(대감법)
   - 원칙 : 대표이사
   - 회사 - 이사간 : 감사 or 감사위원회
        (소규모회사는 법원이 결정)
   - 회사 - 감사위원간 : 법원이 결정 → 소규모회사는 감사가 임의기관
        (이사)
   - 회사 - 감사간 : 원칙대로 대표이사

   ⇒ (1) 대표이사
      (2) 감사(위원회) ⎫ 순서대로 판단
      (3) 법원결정

2. 집행임원을 설치한 회사(대리)
   - 원칙 : 대표집행임원
   - 회사 - 집행임원 : 이사회가 결정

P 437

* 자회사 보고요구 및 조사권

모회사 ——— 감사

50% 초과 ↓   조사권

자회사

Step 1) 자회사 영업보고 요구   IF { 보고 X / 보고내용 확인필요 }   Step 2) 자회사 조사

* 감사의 의무

	인정여부	이유
경업회피	X	업무집행권을 전제로 하는 의무
회사기회유용 금지	X	
자기거래금지	X	
겸임금지(제411조)	O	업무집행감시와 모순

P.438

* 감사의 책임

→ 이사의 손배책임과 동일
  자본충실책임은 없다

P.439

* 이사 전원의 2/3 이상의 찬성이 필요한 경우 (감자용)

- 감사위원회위원 해임
- 이사 자기거래 승인
- 회사기회유용 승인

P.440

* 감사위원회의 특수성

	인원	이사회 재의결
통상의 위원회	2人 이상	가능
감사위원회	3人 이상 사외이사가 2/3 이상	불가

P 441

✱ 감사와 감사위원회 비교

	선해임	임기
감사	주주총회	3년
감사위원회	이사회 (대규모상장회사는 주주총회)	규정없음

P 442

✱ 감사(감사위원회) 설치

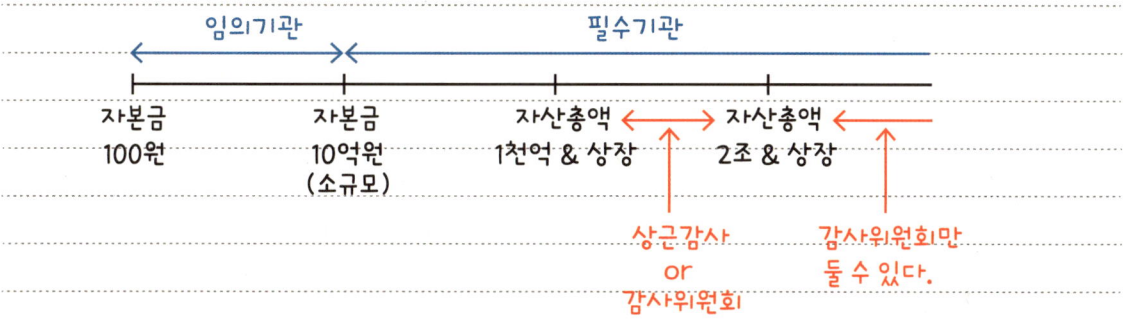

✱ 감사(위원회) 관련 3% 의결권 제한

	상황	지분비율 판단
비상장	선임	개별
상장	선임 해임	일반주주 : 개별 최대주주 ⎰ 감사, 사외이사 아닌 감사위원 → 합산 ⎱ 사외이사인 감사위원 → 개별
대규모 상장	선임 해임	일반주주 : 개별 최대주주 — 감사위원 ⎰ 사외이사 → 개별 ⎱ 사내이사 → 합산

* 대규모 상장사 이사 선임시 감사위원 분리선출

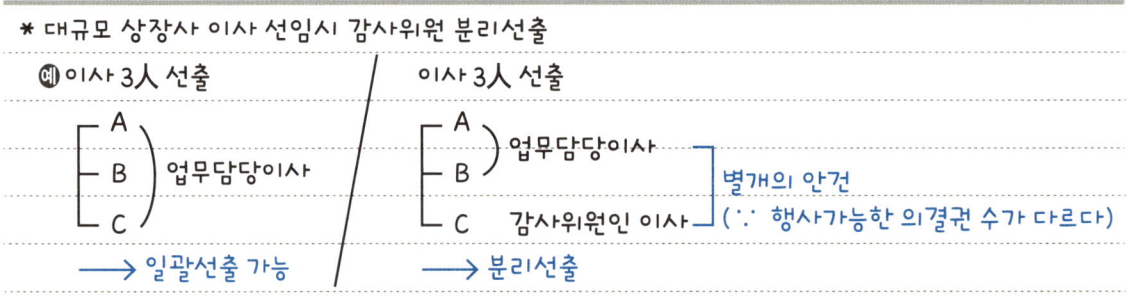

* 상장회사의 감사기관 특례

	비상장회사		상장회사		
규모	자본금 10억 미만	자본금 10억 이상	자산총액 1천억 미만	자산총액 1천억 이상	자산총액 2조 이상
감사의 선임	임의적	필요적	필요적	• 상근감사 1인 이상 필요 • 감사위원회 설치시 상근감사 불필요	불허
감사위원회의 설치	정관규정시 감사에 갈음하여 설치 가능(임의적)				필요적
감사위원의 선·해임	• 이사회의 결의 • 해임결의는 2/3 이상 가중정족수			• 주주총회 결의 • 분리선출방식	
감사위원회의 구성	• 3인 이상 이사로 구성 • 사외이사가 2/3 이상			• 위원 중 1인은 회계·재무전문가 • 감사위원회 대표는 사외이사	

* 소규모회사 특례 주요사항

내용	근거규정
• 발기설립시 공증인의 인증 없어도 발기인의 기명날인만으로 정관효력 발생	제292조 단서
• 발기설립시 잔고증명서로 주금납입보관증명서 대체가능	제318조 제3항
• 주주 전원의 동의가 있을 경우에는 소집절차없이 주주총회를 개최할 수 있고, 서면에 의한 결의로써 주주총회의 결의를 갈음 가능 • 결의의 목적사항에 대하여 주주 전원이 서면으로 동의를 한 때에는 서면에 의한 결의가 있는 것으로 본다.	제363조 제4항
• 서면에 의한 주주총회 결의 허용	제363조 제5항
• 이사의 수 3인 미만 가능	제383조 제1항
• 이사가 3인 미만인 경우 이사회제도 불필요 • 이사가 3인 미만인 경우 이사회 기능을 주주총회 또는 각 이사(또는 대표이사)가 담당	제383조 제4항
• 이사가 2명인 경우 원칙적으로 각 이사가 회사를 대표 • 정관에 따라 대표이사를 정한 경우에는 대표이사가 회사를 대표	제383조 제6항
• 감사는 임의기관(다만 감사 선임시 등기사항)	제409조 제4항
• 감사 미선임시 이사와 회사 간의 소송의 경우 법원에 대표자 선임을 신청	제409조 제5항

Chapter 06 주식회사의 그 밖의 제도

제1절 | 자본금의 증감

P 445

* 자본금의 증감

자산	부채
	자본금 = 발행주식수 × 액면금
	자본잉여금 → 자본준비금 → 법정준비금
	이익잉여금 → 이익준비금
	기타

* 무액면 주식

자산	자본금 4,000 ↑
	자본잉여금 4,000 ↓

예) 발행가: 8,000원
    액면가: ∅

P 447

* 신주의 액면미달발행 〈 액면금 5,000
                              발행가 4,000

현 금 4,000 / 자본금 5,000   현 금   4,000
주할차 1,000

5,000원 ← 자본금 : <u>등기사항</u>

(1,000) ← 주식할인발행차금

＊ 액면미달발행 요건 (2특저법 1월)

1. 설립 후 [2]년 경과
2. 주총 [특]별결의
3. 최[저]발행가액결정
4. [법]원의 인가
5. 인가후 [1월] 내

P 448

＊ 주주의 신주인수권

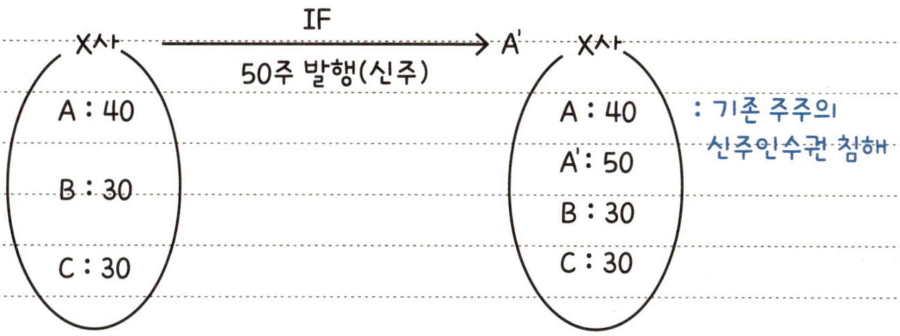

X사 ── IF 50주 발행(신주) ──→ X사
(A : 40, B : 30, C : 30)   (A : 40, A' : 50, B : 30, C : 30)

: 기존 주주의 신주인수권 침해

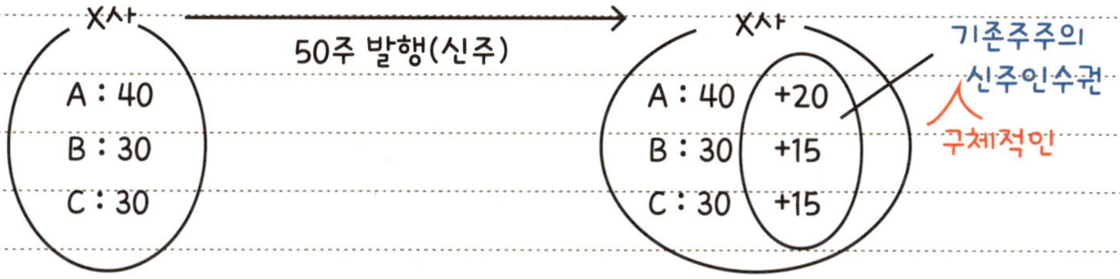

X사 ── 50주 발행(신주) ──→ X사
(A : 40, B : 30, C : 30)   (A : 40 +20, B : 30 +15, C : 30 +15)

기존주주의 신주인수권
구체적인

* 신주인수권

	양도
추상적 : 주식이	X
구체적 : 주주가 (배정기준일에)	O

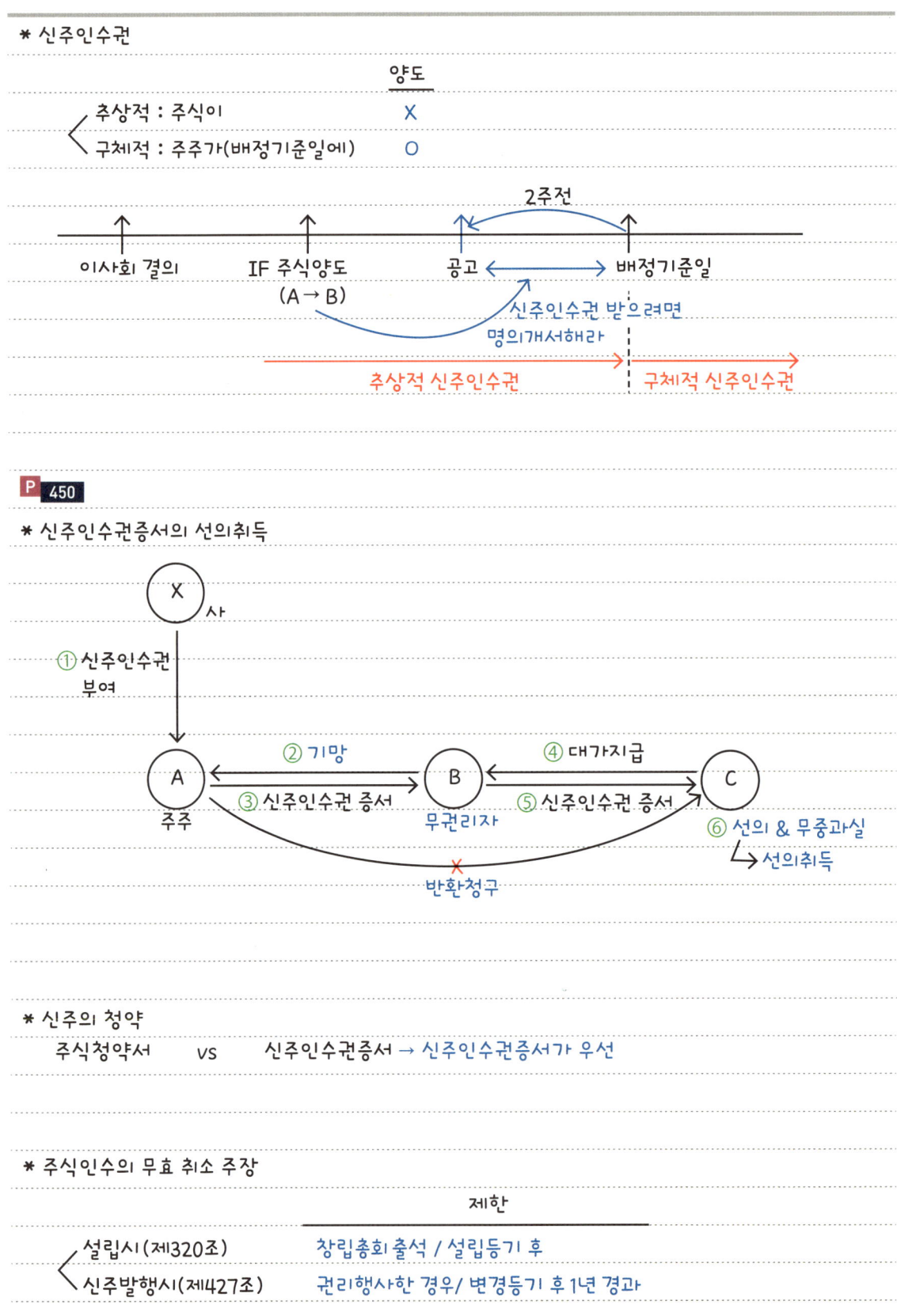

이사회 결의 → IF 주식양도 (A→B) → 공고 ←2주전→ 배정기준일

신주인수권 받으려면 명의개서해라

추상적 신주인수권 | 구체적 신주인수권

P 450

* 신주인수권증서의 선의취득

① 신주인수권 부여 (X사 → A 주주)
② 기망 (B 무권리자 → A)
③ 신주인수권 증서 (A → B)
④ 대가지급 (C → B)
⑤ 신주인수권 증서 (B → C)
⑥ 선의 & 무중과실 → 선의취득

반환청구 ✗ (A → C)

* 신주의 청약
  주식청약서 vs 신주인수권증서 → 신주인수권증서가 우선

* 주식인수의 무효 취소 주장

	제한
설립시 (제320조)	창립총회 출석 / 설립등기 후
신주발행시 (제427조)	권리행사한 경우 / 변경등기 후 1년 경과

P 451

* 신주의 배정

〈신주인수권자 배정〉 예) 주주배정

```
      약 2주
      ←→
  ┌───┬───┬───┬───┬───┬───→
  최고  청약  배정  인수  납입  주권발행
   ↑         ↑
실권예고부최고  당연배정
```

〈제3자 배정〉 신주인수권이 없는 자

```
  ┌───┬───┬───┬───┬───┬───→
  모집  청약  배정  인수  납입  주권발행
              ↑
           배정자유
```

* 주식청약증거금 : 실권주 발생을 막기 위해

```
  ┌────┬────┬────┬────→
  청약   배정   인수   납입
 (증거금)           └──┐
        └──── 갈음 ────┘
```

P 452

* 현물출자 통제(∵ 시가평가적정성)

	정관기재	법원선임 검사인조사
설립시	필요	필요
설립후	불필요 (∵수권자본주의)	필요

* 납입해태

1. 회사 설립시(정관기재사항)

```
청약    배정    인수    납입
 O      O      O      X
```
- 발기인 : 강제이행
- 모집주주 : 강제이행 or 실권절차 (선택)

2. 신주 발행시

```
청약    배정    인수    납입
 O      O      ∅      X
```
↑ 당연실권

P 453

* 이사의 인수담보책임

```
청약    배정    인수    납입    등기
         X      X      O
         ∅      X      O
```
→ 예) 등기 후 1년 내 취소(사기, 강박, 착오)

둘 다 이사의 인수담보책임

납입안하면 별도의 실권절차없이 인수자체가 실효

P 454

* 주주의 신주인수권의 대상

X사
- A : 50
- B : 20
- C : 10
- 자기주식 : 20 → 제3자에 매각시, 기존주주의 신주인수권 대상 X
 (∵ 신주가 아니라 구주)

P 456

✱ 현물출자자에게 신주를 배정하는 경우
　→ 주주의 신주인수권 대상X (∵ 현물출자의 취지) → 물건 사는데 ─ 돈이 없어서
　　　　　　　　　　　　　　　　　　　　　　　　　　　　　　└ 주식을 준다

✱ 주주의 신주인수권 양도

Ⓧ사 : 10% 유상증자

↑
100주

Ⓐ ──신주인수권 10개 양도──→ Ⓑ
주주　By 신주인수권 증서 교부

cf) 신주인수권증서가 발행되지 않은 상태에서도, 지명채권 양도방식에 따라 신주인수권 양도 가능

P 457

✱ 제3자의 신주인수권 (제3자 배정)
　┌ 형식적 요건 : 정관규정
　└ 실질적 요건 : 회사의 경영상 목적 달성

P 458

✱ 위법한 신주발행

　　　　　　　　　　　　　　　방법
　　　　　　　　　　　　재판상 / 재판외 ── 주주서한
　사전적 : 신주발행유지청구　　　　　　└ 신주발행금지 가처분
　사후적 : 신주발행 무효의 소　　재판상

※ 위법행위유지청구권과의 비교

		위법행위유지청구	신주발행유지청구
공통점		사전적 구제수단 재판상·재판외 모두 가능 (가처분) (서한)	
차이점	요건	법령·정관위배 & 회사의 회복할 수 없는 손해	법령·정관 위배 or 현저한 불공정 & 주주에게 불이익 발생염려
	상대방	해당이사	회사
	청구권자	소수주주권(1/100) 감사	단독주주권
	대상회사	주식회사 유한회사	주식회사

※ 통모인수인의 책임

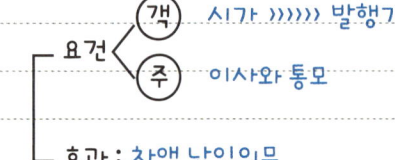

- 요건
  - 객: 시가 》》》》》 발행가
  - 주: 이사와 통모
- 효과: 차액 납입의무

※ 에버랜드 전환사채발행 사건

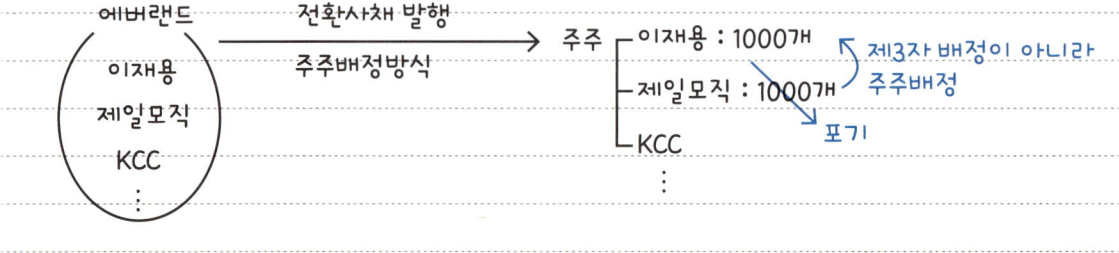

에버랜드 → 전환사채 발행 / 주주배정방식 → 주주
- 이재용: 1000개 ← 제3자 배정이 아니라 주주배정
- 제일모직: 1000개 → 포기
- KCC

(이재용, 제일모직, KCC ...)

P 465

* 무효판결의 효력(불소급효)

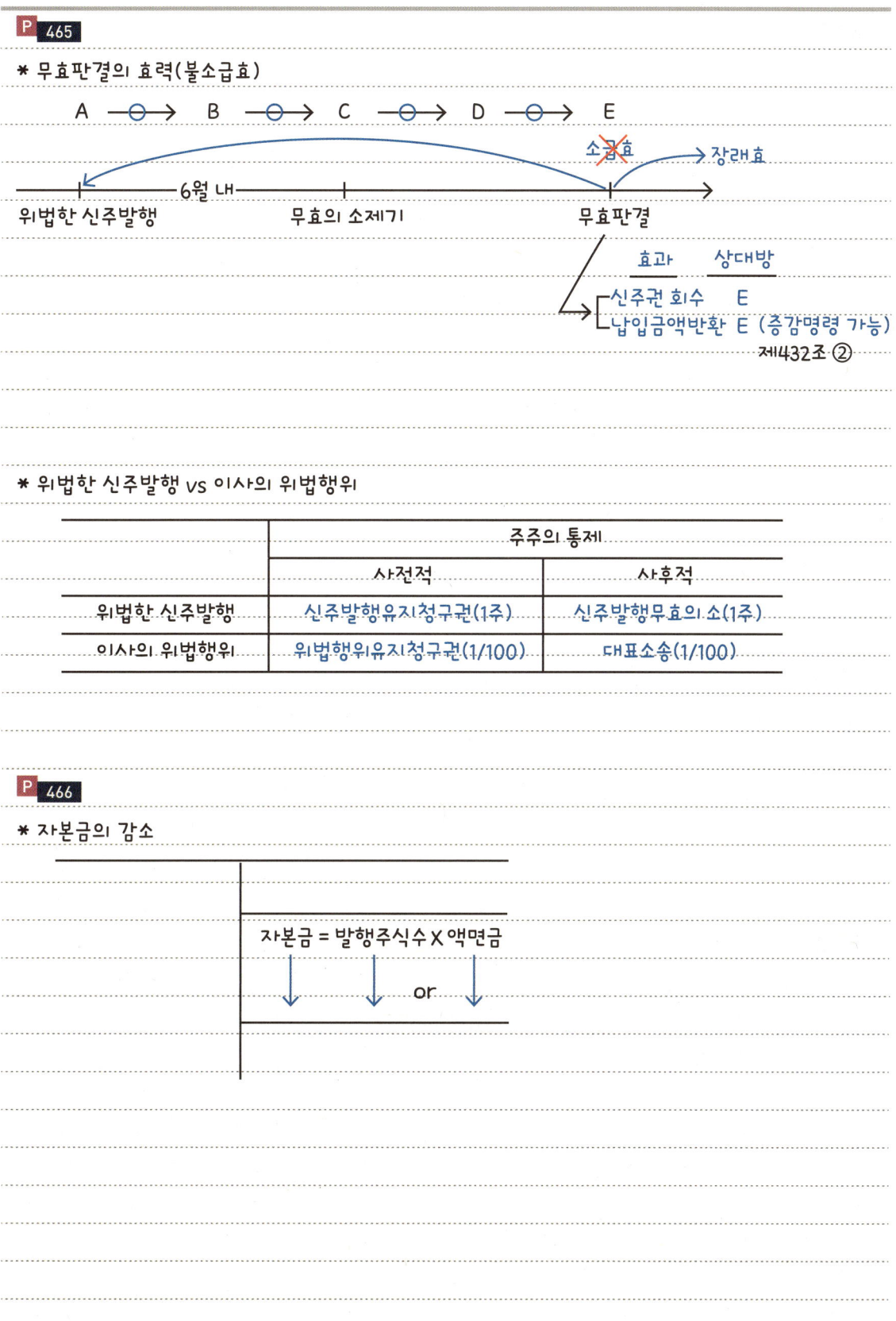

* 위법한 신주발행 vs 이사의 위법행위

	주주의 통제	
	사전적	사후적
위법한 신주발행	신주발행유지청구권(1주)	신주발행무효의 소(1주)
이사의 위법행위	위법행위유지청구권(1/100)	대표소송(1/100)

P 466

* 자본금의 감소

자본금 = 발행주식수 × 액면금
   ↓   ↓   or   ↓

P 467

★ 결손의 보전을 위한 자본금의 감소

자본금	1,000		자본금	300
자본잉여금	0		자본잉여금	0
이익잉여금	-700	감자후 →	이익잉여금	0
기타	0		기타	0

(결손금 ← 이익잉여금)

```
자본(금)잠식 ┬ 부분자본(금)잠식 : 0 < 순자산 < 자본금
             └ 완전자본(금)잠식 : 순자산 < 0
```

★ 감자의 종류

	주총결의	채권자보호절차
실질상감자	특별결의	필요 (∵순자산감소)
명목상 감자(결손보전감자)	보통결의	불필요 (∵순자산불변)

P 468

★ 자본금감소의 변경등기

	변경등기	정관변경	
주식수 감소	O	X	→ 기발행주식수는 절대적 기재사항 X
주금액 감소 (액면금)	O	O	→ 목 / 상 / 예 / ① / 본 / 공

* 발행예정주식수

발행번호

① 발행할주식의 총수 : 100만주
② 기발행주식수 : 70만주 —20만주 소각→ 50만주   000001~700000
③ 미발행주식수 : 30만주 ————————→ 여전히 30만주   700001~1000000

	정관	등기사항
①	O	O
②	X	O
③	-	-

P 469

* 감자무효의 소

흡수설
주총결의 하자의 소 → 감자 무효의 소

주총결의 ——— 감자효력발행 ——— 변경등기 후 6개월

P 470

* 판결의 효력

소급효 O (∵ 새로운 이해관계자 발생 X)

감자효력발생 ——— 소제기 ——— 무효판결

* 감자부존재확인의 소

	상황	제소기간
감자무효의 소	위법한 감자가 이루어짐	6개월
감자부존재확인의 소	감자한 사실 없음에도 감자등기	제소기간 없음

제2절 | 정관의 변경과 회사의 계산 및 사채

P 472

* (연결)재무제표
  - B/S ⎫
  - I/S ⎭ → 상법
  - 이익잉여금처분계산서 ⎫
  - (결손금처리 계산서) ⎬ 대통령령
  - 자본변동표 ⎭

* 등 : 영업보고서, 감사보고서

P 473

* 계산절차(재무제표 등의 작성 절차)

(이사) 재무제표 및 영업보고서 작성
  ↓ 이사회 승인
(감사)
  ↓ + 감사보고서
(이사)
  ↓ 비치(1주전)
(정기주총)

이사 → 감사 : 6주전
감사 → 이사 : 비상장 / 상장 4주내
1주전

* 대표이사의 작성의무
  - 재무제표 : 이사회 승인 ⟶ 정기주총 (승인)
    (제447조)   (제449조①)
  - 영업보고서 : 이사회 승인 ⟶ 정기주총 (보고)
    (제447의2조)   (제449조②)

* 주총결의 ──갈음──→ 이사회결의
  • 경우 ─ 재무제표 [승]인   • 요건 ─ [정]관규정
         ─ [이]익배당   ─ [감]사전원동의
         ─ [자]기주식 취득   ─ [외]부감사인 적정의견
                                         ─ 주주총회 [보]고

P 474

* 준비금

	자본금
	자본잉여금 ← 자본준비금 ⎫ 법정준비금
	이익잉여금 ← 이익준비금 ⎭
	자본조정기타

P 475

* 법정준비금의 사용

	절차	이유	사용목적
결손의 전보(제460조)	이사회결의	재원이동	특정
자본금 전입(제461조)			
준비금 감액(제461의 2조)	주총결의	사외유출	제한 X

P 476

* 준비금 자본금 전입의 절차

  1. By 이사회결의

  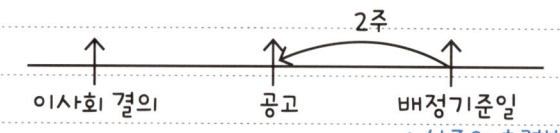

  배정기준일: 신주의 효력발생
  → 이 날의 주주에게

  2. By 주총결의

  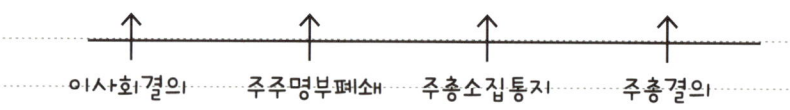

  주주명부폐쇄 → 이 날의 주주에게
  주총결의: 신주의 효력 발생

P 477

* 주주가 되는 시기

상황		시기
유상증자		납입일 다음날
무상증자	By 이사회결의	배정기준일
	By 주총결의	주총결의일
주식배당		주주총회 종결한 때
특수사채	전환사채	전환권 행사시
	신주인수권부사채	신주대금납입시

P 478

* 배당가능이익

  순자산
  (-) 자본금
  (-) 법정준비금
  (-) 당기적립할 이익준비금
  (-) 미실현이익(자산재평가이익)
  ─────────────
  　　배당가능이익

* 구체적 배당금지급청구권 : 배당결의시 발생

〈배당결의시〉

이익잉여금 ××× / 배당금지급채무 ×××

〈배당금지급시〉

배당금 지급채무 ××× / 현금 ×××

P 480

* 위법배당 반환청구

상황	반환청구권자	
	회사	채권자
배당가능이익초과(협의)	O	O
절차·시기가 위법(광의)	O	X

P 482

* 주식배당과 준비금의 자본금 전입

	주식배당	준비금의 자본금전입(무상증자)
성격	이익배당(과실)	주식분할(원본)
재원	배당가능이익	법정준비금
절차	주총보통결의	이사회결의
시기	정기주총	언제라도
물상대위	등록질만	등록질, 약식질 불문
종류주식	다른 종류주식 可	다른 종류주식 不可(같은 종류주식만)

P 484

* 위법한 주식배당(반환청구 X)

```
         ↑                ↑
      이사회 결의      주총 보통결의
                      신주의 효력발생
         ←신주발행 유지청구→←신주발행 무효의 소→
                                    (6개월 내)
```

P 486

* 중간배당의 요건

```
|――――― X1 ―――――|――――― X2 ―――――|
                ↑            ↑
               3/15          9/1
              정기배당       중간배당
           (By 주총결의)  (By 이사회결의)
              X1년도 배당가능이익 기준
```

* 배당가능이익
  - 전기 : 기준
  - 당기 : 고려

P 488

* 현물배당

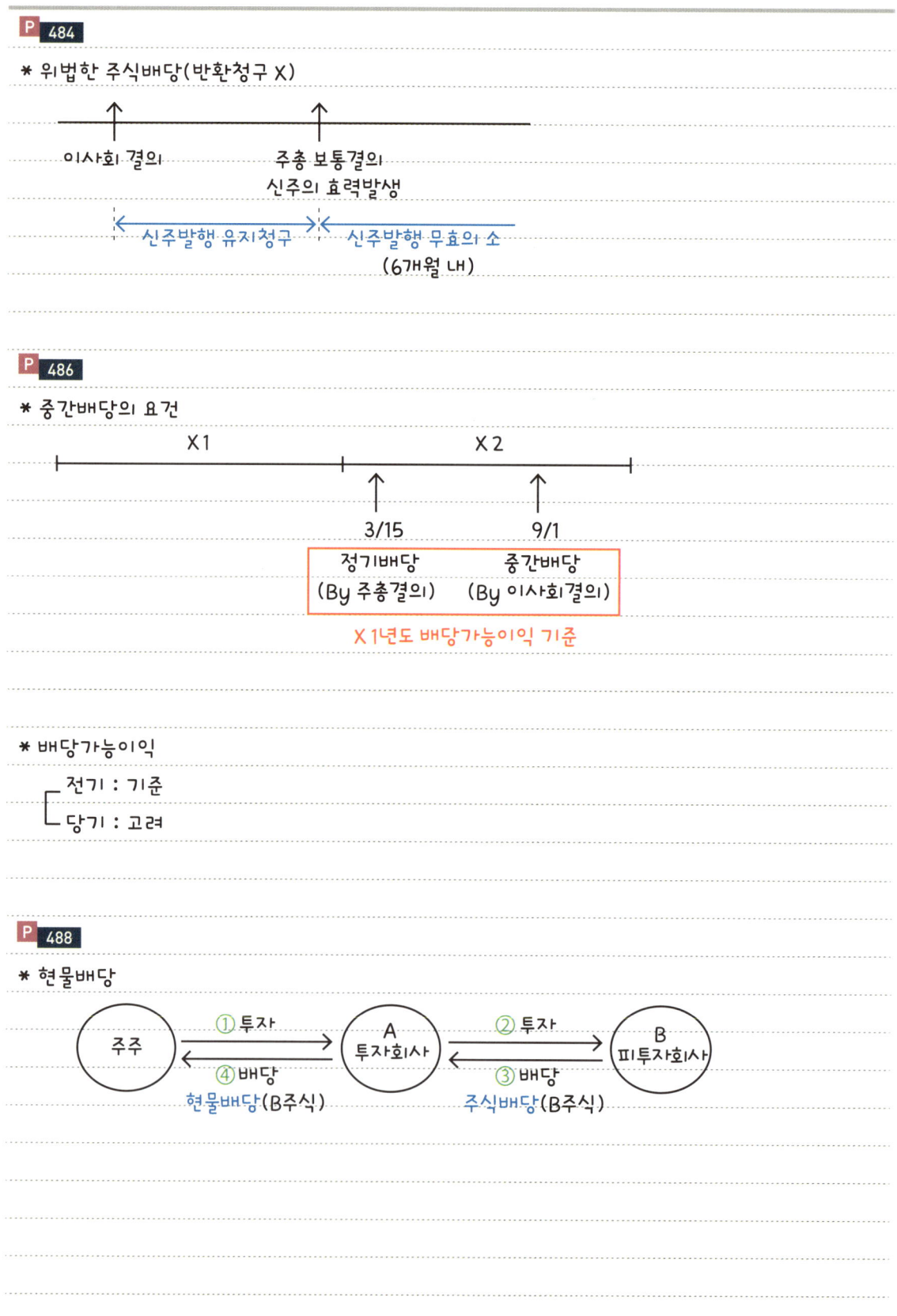

주주 ―①투자→ A 투자회사 ―②투자→ B 피투자회사
주주 ←④배당― A 투자회사 ←③배당― B 피투자회사
       현물배당(B주식)   주식배당(B주식)

★ 배당의 유형

```
대상물              시기
┌ 금전
│          ╲╱── 정기배당(주총결의)
├ 현물      ╳
│          ╱╲── 중간배당(이사회결의)
└ 주식    ✗
```

★ 배당시 정관규정·결의의 종류

		정관규정	결의
배당시기	정기배당	불필요	주총(이사회)
	중간배당	필요	이사회
배당종류	주식배당	*불필요	주총
	현물배당	필요	주총(이사회)

P 489

★ 열람청구권

	공개		비공개	
대상	재무제표 등	주총의사록	회계장부	이사회 의사록
청구권자	단독주주, 채권자	단독주주, 채권자	소수주주(3/100)	단독주주
이유제시	불필요	불필요	필요	필요
청구방법	구두가능	구두가능	서면만	구두가능
회사의거부권	✗	✗	○	○
근거	제448조①	제396조②	제466조	제391조③

* 자회사 회계장부 열람·등사 청구

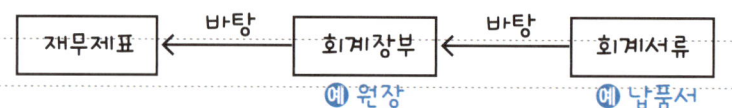

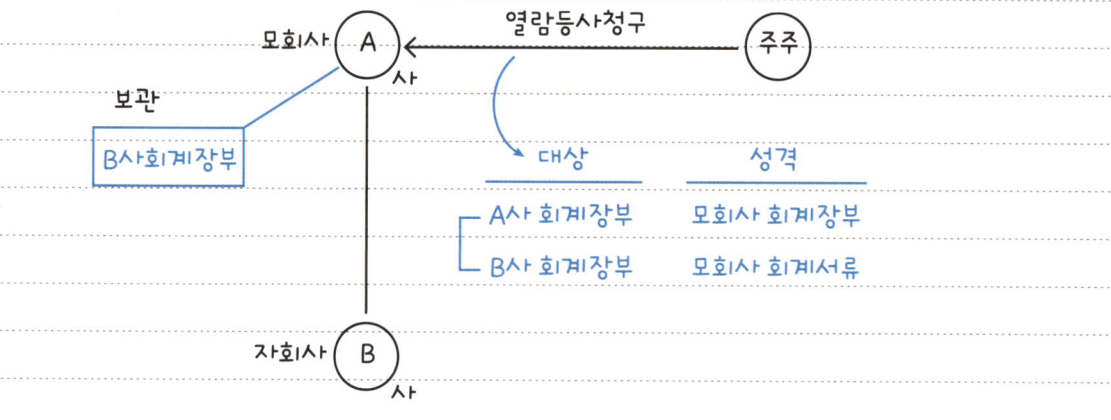

490

491

* 소수주주의 검사인 선임청구

사유	지분비율
위법행위, 부정행위조사	3/100
주주총회의 적법성조사	1/100 ← 위대주검공통

492

* 이익공여금지

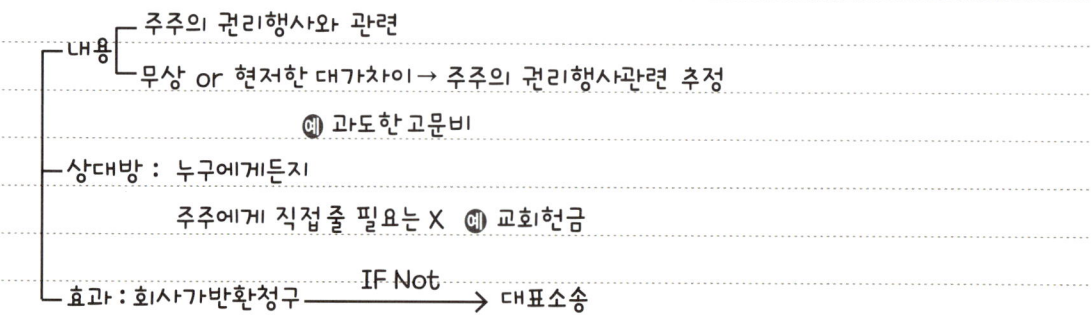

- 내용 ─ 주주의 권리행사와 관련
       └ 무상 or 현저한 대가차이 → 주주의 권리행사관련 추정
              예) 과도한 고문비
- 상대방 : 누구에게든지
       주주에게 직접줄 필요는 X 예) 교회헌금
- 효과 : 회사가 반환청구 ──IF Not──→ 대표소송

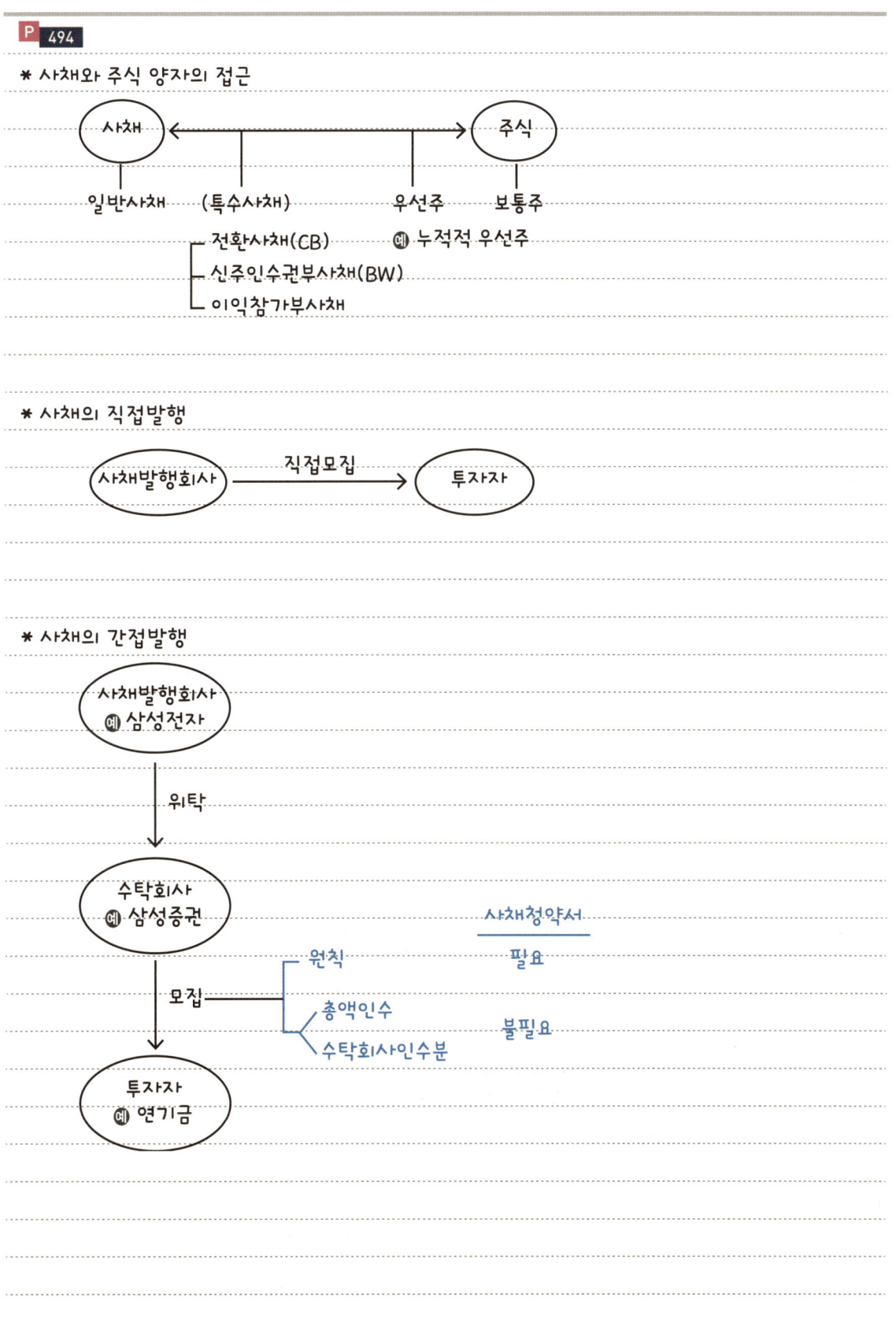

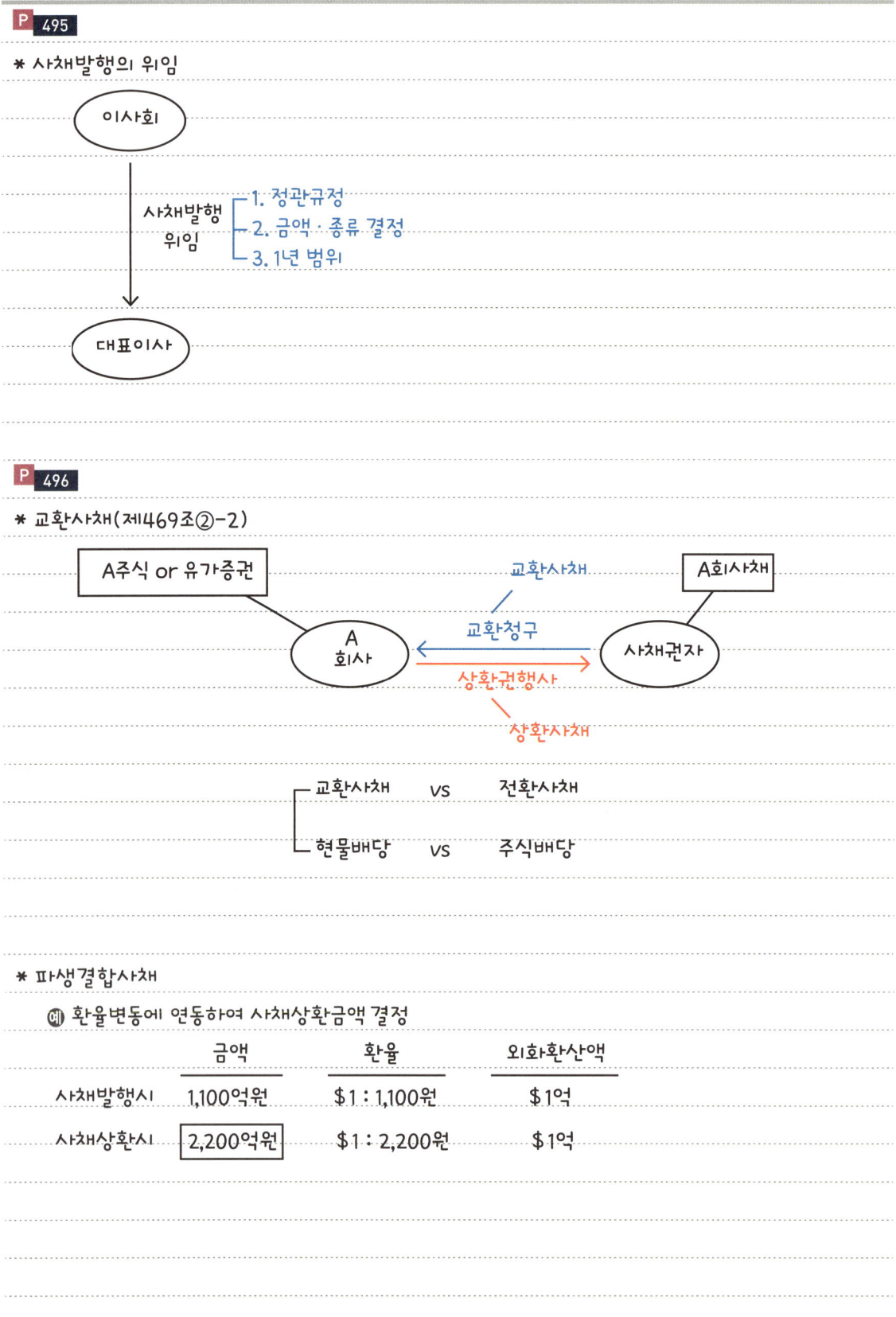

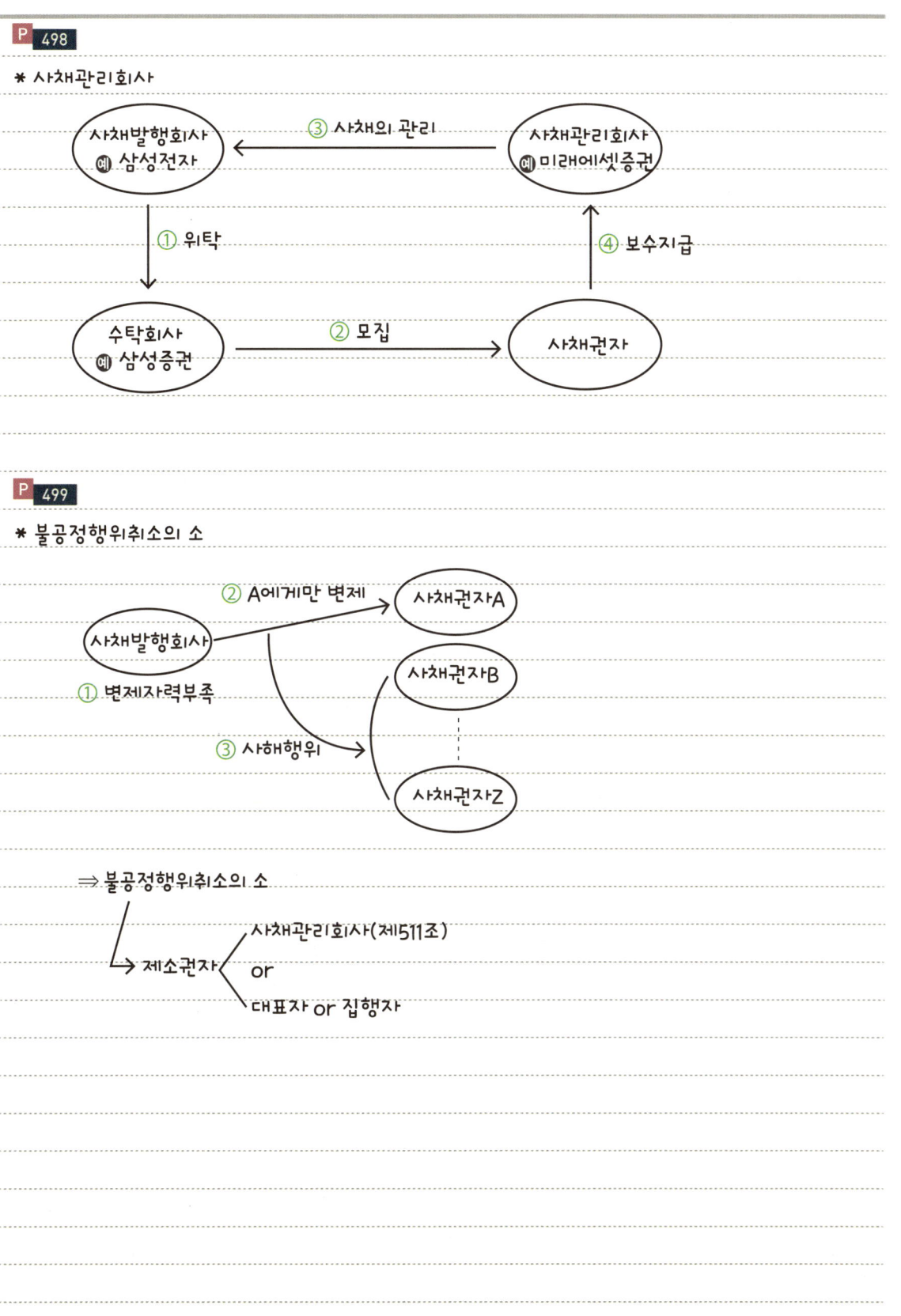

P 500

* 사채권자집회

회사   VS   (사채권자A, 사채권자B, 사채권자C ...)   사채권자 집회
(동종의 사채권자로 구성)

* D중공업 사채발행

	금액	이율
2016. 1사분기 57차	200억	4%
2016. 2사분기 58차	500억	6%
2017. 1사분기 59차	80억	2.5%

각각 별개의 사채권자 집회가 존재

* 사채권자집회 소집권자
  - 사채발행회사
  - 사채관리회사
  - 소수사채권자(10/100) : 해상선 채 소주
  - ~~수탁회사~~

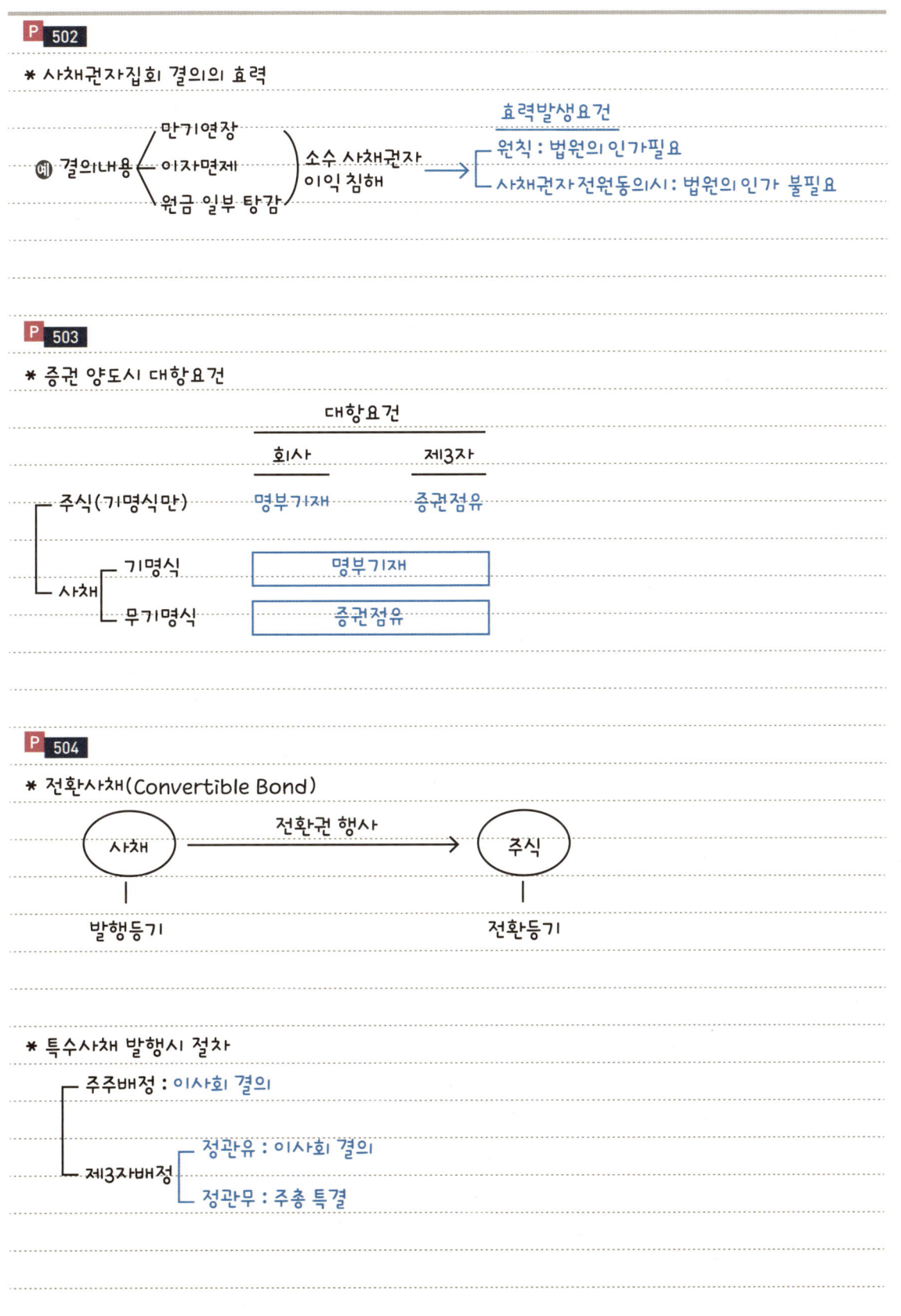

P 505

* 주주 외의 자에게 발행하는 경우

  예) 삼성그룹 지배구조

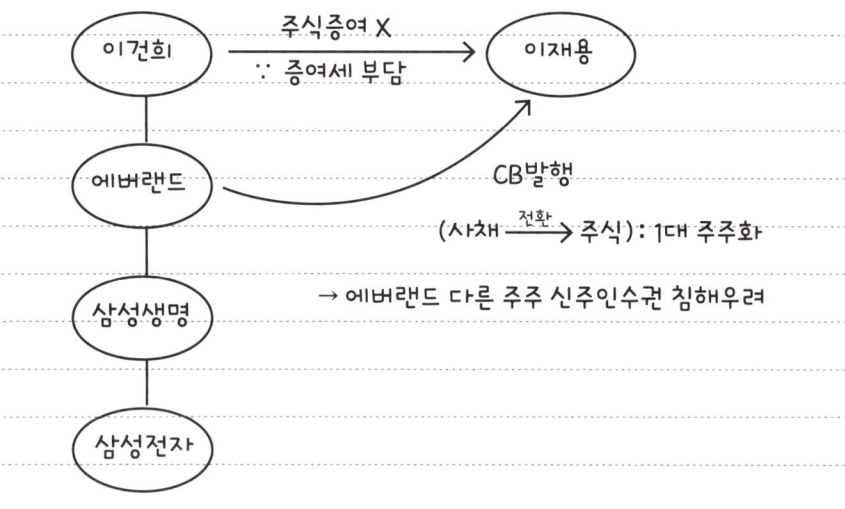

→ 에버랜드 다른 주주 신주인수권 침해우려

* 제3자 배정

	신주발행	CB, BW발행
형식적요건	정관규정	정관규정 or *주총특결
실질적요건	경영상 목적 달성	경영상 목적 달성
주주에게 통지	필요(제418조 4항)	불필요

P 507

* 주주명부 폐쇄기간과의 관계

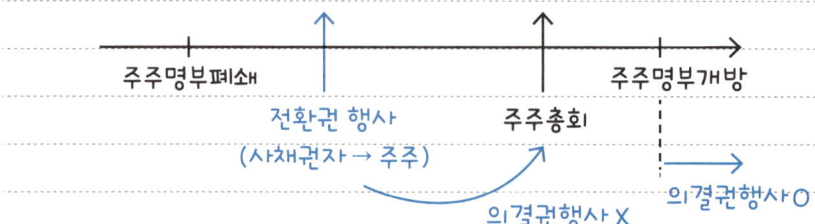

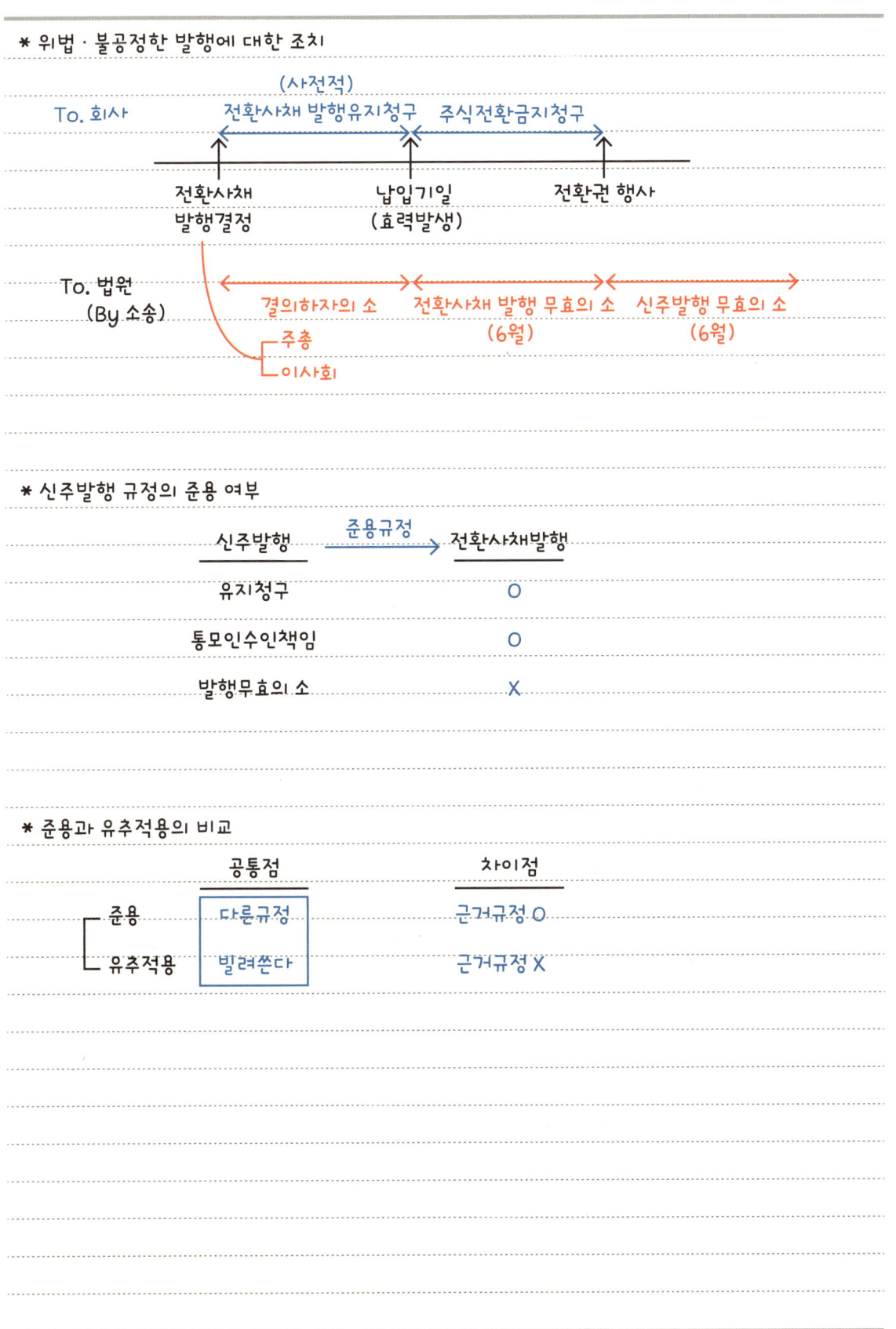

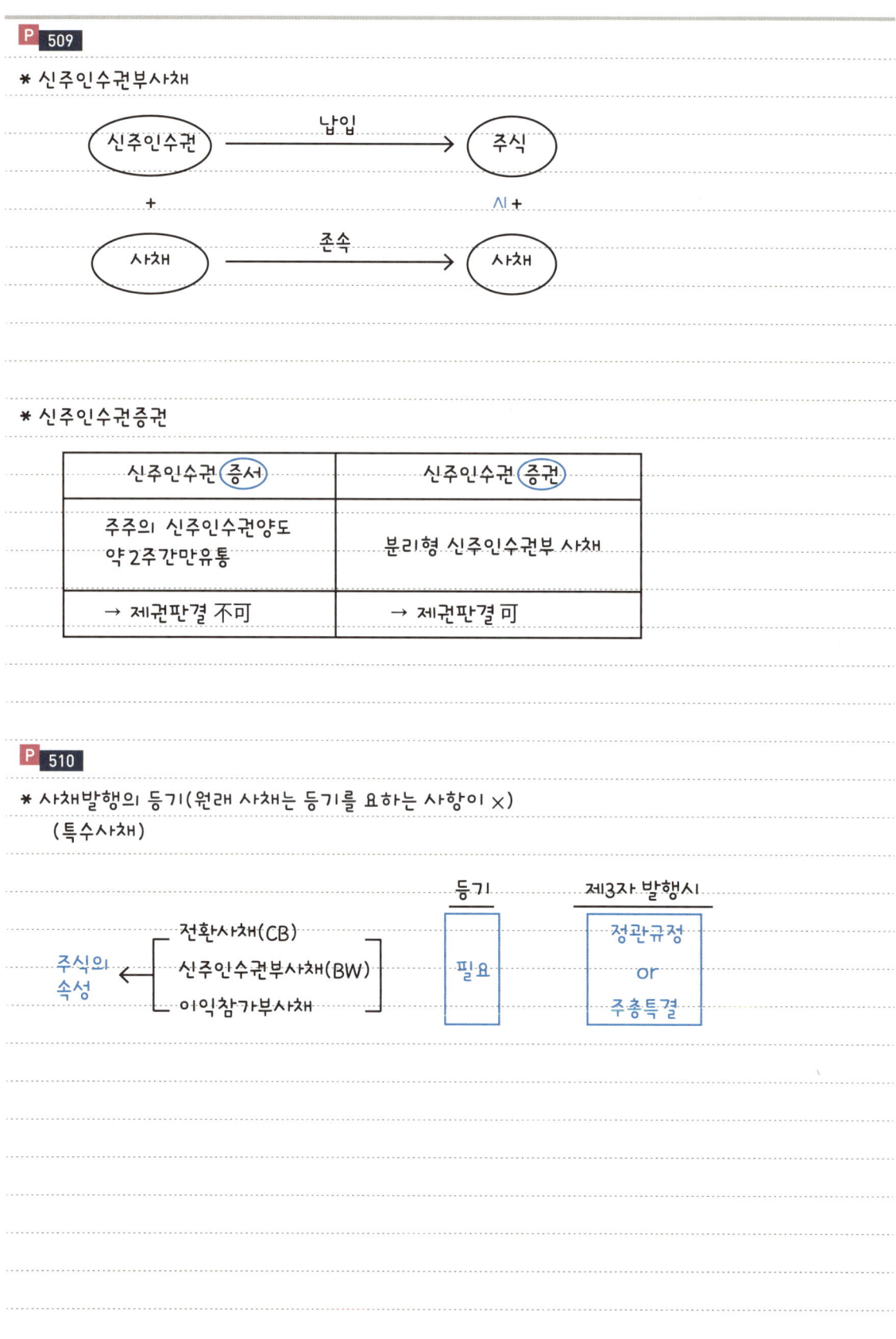

P 511

＊ 대용납입

(From 사채권자 To 회사)

신주인수권 → 납입 → 주식   사채상환금 —대용→ 주식대금
         상계
         변제
  +   (From 회사 To 사채권자)   +   변제로 소멸

  사채   사채(소멸)

P 512

＊ 질권자의 물상대위(To 신주)
- 전환사채   O
- 신주인수권부사채(원칙)   X
- 신주인수권부사채(대용납입) O

Chapter 07 그 밖의 회사

제1절 | 합명회사

P 514

∗ 회사의 설립절차

<-------------------- 실체형성 -------------------->

	정관작성	사원의확정	기관의구성	출자이행	설립등기
합명회사	O	← · · · · · · · · · · →		X	O
합자회사	O	← · · · · · · · · · · →		X	O
유한책임회사	O	← · · · · · · · · · · →		O	O
유한회사	O	← · · · · · →	사원총회 or 정관	O	O
주식회사	O	인수와납입	창립(발기인) 총회	O	O

P 515

∗ 출자의 내용

	무한책임 합명 – 사원 합자 – 무한사원	유한책임 기타 사원
출자 ┬ 신용	O	X
├ 노무	O	X
├ 현물	O	O
└ 금전	O	O

∗ 채권출자 후 미변제시
  1. 채권액(원본)　┐
  2. 이자　　　　　├ 지급책임
  3. 손해배상　　　┘

* 이미 도래한 구체적 출자의무

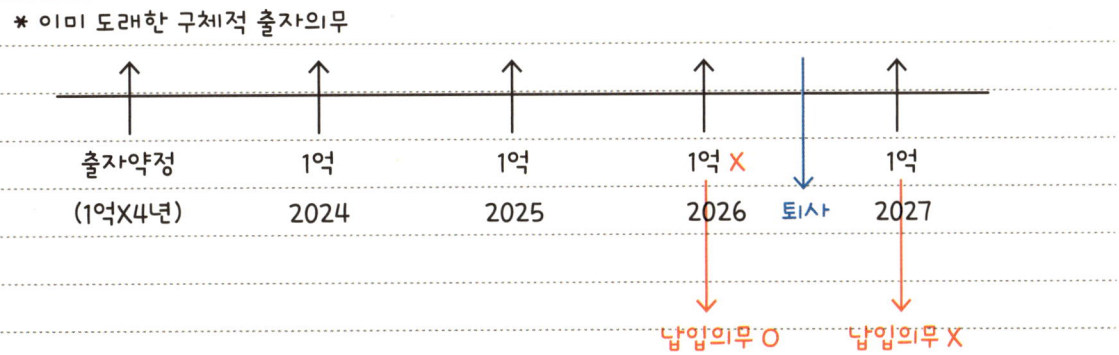

P 517

* 회사이익의 보호

	합명회사 사원 / 합자회사 무한사원 / LLC의 업무집행사원		주식회사 이사
경업거래	허락	다른 사원 전원 동의	통상정족수
	회사의 개입권 행사	다른 사원 과반수 결의	
	법원에 제명선고 청구	다른 사원 과반수 결의	
자기거래	다른 사원 과반수 결의		가중정족수

P 518

* 지분의 상속

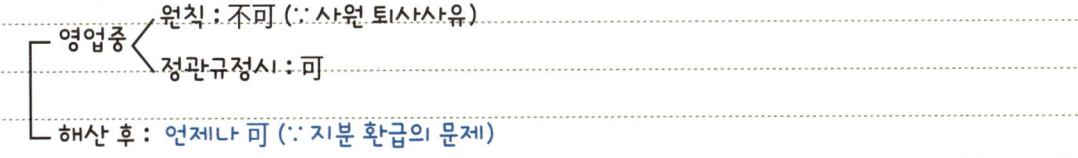

* 지분의 압류

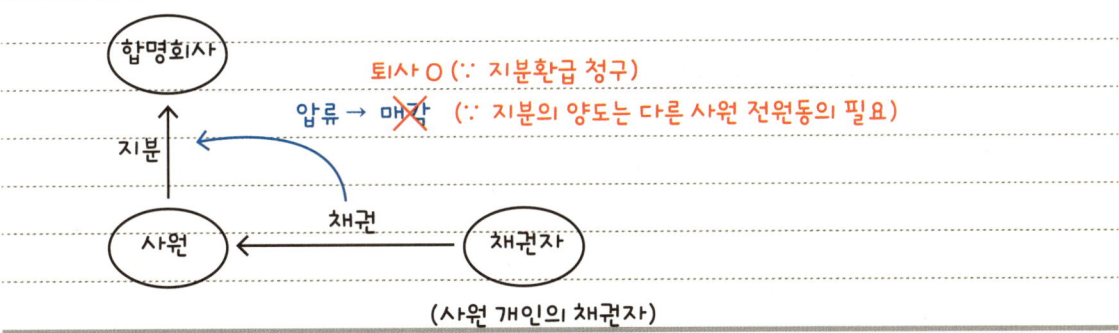

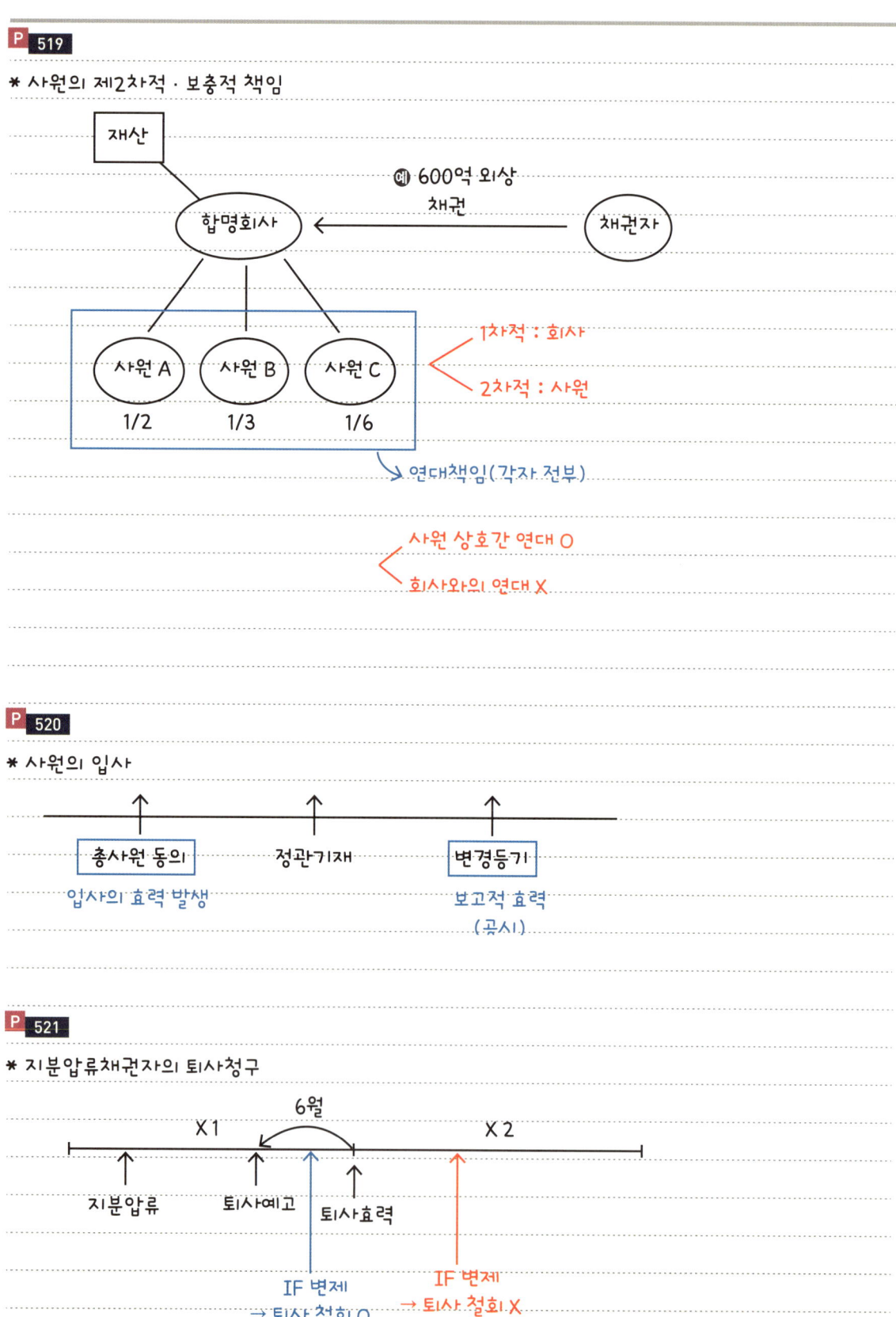

제2절 | 합자회사

P 525

* 사원의 책임의 변경(등기사항) — 유한책임사원인지, 무한책임사원인지 구분

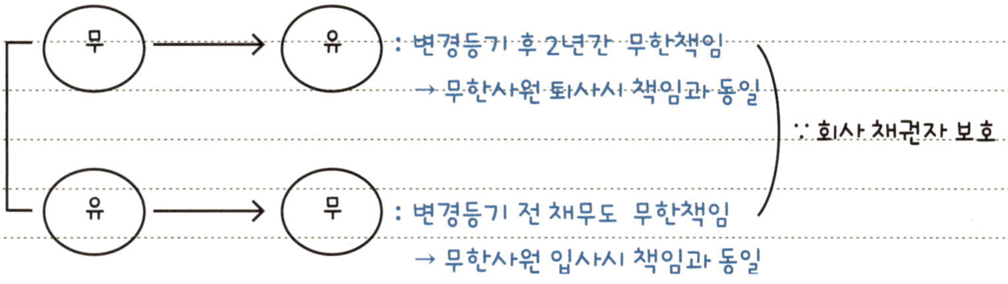

- 무 → 유 : 변경등기 후 2년간 무한책임
  → 무한사원 퇴사시 책임과 동일
- 유 → 무 : 변경등기 전 채무도 무한책임
  → 무한사원 입사시 책임과 동일

∴ 회사채권자 보호

* 사원의 변동

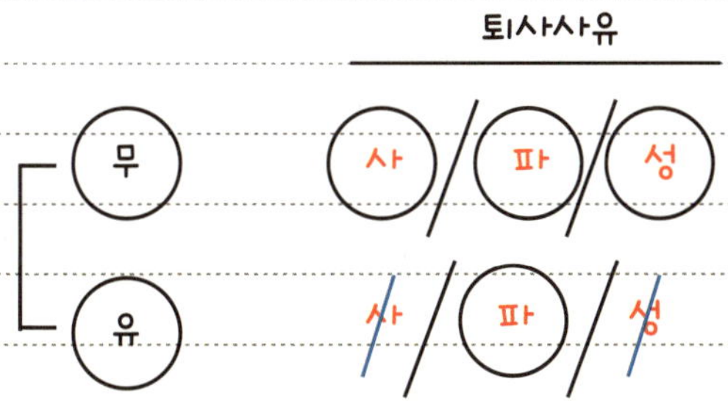

퇴사사유

- 무 : 사 / 파 / 성
- 유 : ~~사~~ / 파 / ~~성~~

제3절 | 유한회사

P 526

* 변태설립사항

	정관기재	법원조사
주식회사	○	○
유한회사	○	×

P 527

* 설립의 하자
  - 무효 : 객관적 하자 예) 법령·정관 위반
  - 취소 : 주관적 하자 예) 사기, 착오, 강박 등
    ➡ 주식회사의 경우, 설립무효만 인정

* 사해설립취소 (제185조)

```
              유한회사
               ↑  ↖
               │    ↖ ③ 설립취소청구 (회사와 사원이 공동피고)
            ② 사해설립
               │        ↖
      사원   ┌───┐  ① 채권   ┌───┐
            │ A │ ←────────│ B │
            └───┘           └───┘
            채무자          사원의 채권자
```

※ 관여자의 책임 — 부 설 사 결 사
　　　　　　　　— 미 설 사 이 감

	설립시		증자시	
	사원	이사·감사	사원	이사·감사
부족한 재산가액 (과대평가)	O	X	결의찬성한자	X
미필출자 (등기후)	O	O	X	O

→ 돈 안들어옴　　　→ 등기는 이사의 업무 ←

P 528

※ 사원평등원칙 → 주주평등 원칙과 비교

	의결권	┌ 잔여재산분배 └ 이익배당	출자인수권 (주식회사의 신주인수권과 동일)
원칙		지분비율로	
예외	By 정관	By 정관	By 정관 or 특별결의

└ 제3자배정

P 529

※ 지분양도 대항요건

	회사	제3자
주식회사	명의개서	주권점유
유한회사	사원명부 기재	

※ 유한회사의 지분의 입질

　┌ 등록질 : ~~증권점유~~ + 명부기재
　└ 약식질 : ~~증권점유~~
　　　　　(∵ 유한회사는 주권발행 못함)

P 531

* 유한회사

	성격
이사회	인정 X
감사	임의기관
대표이사	임의기관

P 533

* 유한회사의 자본금

	수권자본주의	확정자본주의
정관기재사항	발행예정주식총수 설립시 발행주식수	자본금총액
대상회사	주식회사	유한회사

* 법정준비금의 사용

	주식회사	유한회사
1. 결손금 전보	O	O
2. 준비금의 자본금 전입	O	X ⎫ 준용규정 없음
3. 준비금 감액	O	X ⎭

P 534

* 회사법상 등기의 효력

	효력	사례
원칙: 보고적 효력 (대항력)	등기 X시 선의의 제3자 대항 X	→ 설립, 조직변경, 합병, 분할, 포괄적 이전 (포괄적 교환은 X)
예외: 창설적 효력	등기 X시 효력자치 X	┌ 설립 등 등기 └ 유한회사 증자등기

제4절 | 유한책임회사

P 535

✱ 유한책임회사(LLC)
- 예) 회계법인, 의료법인 등의 전문가집단
  - 대내 : 인적회사 ➡ 조합 (∵ 합명회사 준용)
  - 대외 : 물적회사 (유한책임)

P 536

✱ 신용·노무출자가 가능한 경우
- 익명조합 ⟶ 영업자
- 합자조합 ⟶ 업무집행조합원
- 합명회사 ⟶ 사원
- 합자회사 ⟶ 무한사원

P 537

✱ 유한책임회사의 배당

	유한책임회사	유한회사	주식회사
금전배당	잉여금분배 (정관규정)	O	O
중간배당		O (제583조 → 제462조의3)	O
주식배당		X (∵ 주식 X)	O
현물배당		X (∵ 주식을 전제)	O

P 538

* 사원의 지분의 양도

인적 ─ 합명회사 : 다른 사원 전원의 동의
     ├ 합자회사 : ┬ 유한책임사원 : 무한책임사원 전원의 동의
     │   └ 무한책임사원 : 다른 사원 전원의 동의(유한책임사원 포함)
     ├ 유한책임회사 : ┬ 비업무집행사원 : 업무집행사원 전원동의 ┐ 정관으로 달리 정할 수 있다.
     │   └ 업무집행사원 : 다른 사원 전원의 동의   ┘
     │   └→ 비업무집행사원 포함
     ├ 유한회사 : 양도가 자유로움 / 정관으로 양도 자체를 금지(제556조)
물적 └ 주식회사 : 양도가 자유로움 / 정관규정으로 양도에 이사회 승인 필요(제335조)

P 539

* 채권자 보호절차가 필요한 경우

LLC 퇴사시 유한책임
⬇
IF 지분환급시 잉여금 초과환급
⬇
채권자 보호절차 필요

부록1 기업법 I '앞글자 정리사항'

구분	주제	앞글자	내용		
제1편 상법총칙	상행위의 영업성	영/계/대	• **영**리성 • **계**속성 • **대**외적 인식가능성		
	소상인 적용배제규정	지/호/장/등	• **지**배인 • 상**호** • 상업**장**부 • 상업**등**기		
	지배인 종임사유	사/파/성		지배인	영업주
			사망	○	×
			파산	○	○
			피**성**년후견	○	×
	상호등기의 효력	동/동/등	• **동**일 시·군에서 • **동**종영업으로 • 타인이 **등**기한 상호 ⇒ 등기하지 못한다.		
	상호가등기가 인정되는 경우	회/상/목/본 주/유/설	회사의 종류	가등기사유	
			모든 **회**사	**상**호 변경 **목**적 변경 **본**점소재지 변경	
			주식회사 **유**한회사(**유**한책임회사)	**설**립시	
	상호의 폐지	이주/말	• 상호폐지 후 **2주** 내 폐지등기 안하면 • 이해관계인이 등기**말**소청구 가능		
		이년/폐	• 상호등기 후 정당한 사유 없이 **2년** 간 상호사용 안하면 • 상호**폐**지 의제		
	상업장부	회/대	• **회**계장부 • **대**차대조표		
	영업양수인의 책임	사/등/통	• 상호를 **사**용해도 • (책임 없음을) **등**기·**통**지하면 ⇒ 책임 안진다		
		불/광/통	• 상호를 **불**사용해도 • (채무인수를) **광**고·**통**지하면 ⇒ 책임 진다		

구분	주제	앞글자	내용		
제2편 상행위	쌍방적 상행위	매 / 일유 / 대 / 중 / 맹 / 채	• 상사**매**매 • **일**반상사**유**치권 • **대**리상 • **중**개상 • 가**맹**업 • **채**권매입업		
	유치권 요건 일반	당 / 피 / 목 / 관 / 반	• **당**사자 • **피**담보채권 • 유치**목**적물 • **관**련성 • **반**대특약 부존재		
	일반상사유치권의 목적물	권상 / 무소	• 채**권**자의 **상**행위 • 채**무**자의 **소**유		
	피담보채권과 유치목적물 간 관련성	관 / 민 / 송	* **관**련성 필요 • **민**사유치권 • 운**송**(주선)인		
	상사채무에 대한 연대책임	무 / 상 / 연	• (채무자가 수인인 경우) 채**무**자의 입장에서 • **상**행위라야 • **연**대책임		
	상사매매 특칙	공 / 검 / 보 // 확	• 매도인 목적물 **공**탁·경매권 • 매수인 목적물 **검**사·하자 통지 의무 • 계약 해지시 매수인 목적물 **보**관 공탁의무 • **확**정기 매매의 해제		
	상시 거래관계	상거 // 낙 / 산	* **상**시 **거**래관계(쌍방 상인일 필요는 없음) • 청약 **낙**부통지의무 • 상호계**산**		
	종임사유	사 / 파 / 성		업무집행자	비업무집행자
			사망	○	×
			파산	○	○
			피**성**년후견	○	×
				업무집행자	비업무집행자
			익명조합	영업자	익명조합원
			합자조합	업무집행조합원	유한책임조합원
			합자회사	무한책임사원	유한책임사원
			주식회사	이사, 감사	

구분	주제		앞글자	내용
제2편 상행위	퇴임 후 비밀유지의무		대 / 가 / 리 / 집 / 준	• **대**리상 • **가**맹상 • **이**사·감사 • **집**행임원 • **준**법지원인
	위탁매매에서 매수위탁자가 상인인 경우		검 / 보 / 확	• 매수인의 목적물 **검**사·하자 통지의무 • 계약해지시 매수인 목적물 **보**관·공탁의무 • **확**정기매매의 해제
	전면적 개입권 (주선업자)		위 / 준 / 주	• **위**탁매매인 • **준**위탁매매인 • 운송**주**선인
	이행담보책임 (개입의무)		중 / 위	• **중**개상 • **위**탁매매인
	손해배상책임 특칙	상인의 종류	운 / 주 / 창 / 공			**운**송인	운송**주**선인	**창**고업자	**공**중접객업자	
					정액배상주의	○	×	×	×
					고가물특칙	○	○	×	○
		특칙의 종류	정 / 고 / 특 / 단		**특**별소멸사유	○	×	○	×
					단기소멸시효	○	○	○	○
				* ×친 부분을 한글 "ㅈ"으로 기억
	운송인 정액배상주의		전 / 연 / 할	• **전**부멸실 • **연**착 • 인도**할** 날의 도착지 가격
	계약 해지시 예고 기간	필요	상 / 창 / 대 / 리 / 익 / 맹		**상**호계산	**창**고업자	**대**리상	**리**스계약	**익**명조합	가**맹**업
			언 / 반 / 2 / 3 / 6 / 상		**언**제든지	**반**월(2주)	**2**월	**3**월	**6**월	**상**당기간
				단기 -- 장기
		불필요 (부득이 즉시)	익 / 대 / 창	• **익**명조합 • **대**리상 • **창**고업자

구분	주제		앞글자	내용
제3편 회사법	제소권자		청/파//감/합/분	* **청**산인, **파**산관재인 • **감**자 • **합**병 • **분**할
			청/포/교/이	* **청**산인 • 주식의 **포**괄적 **교**환·**이**전
			채//위/감/합/분	* **채**권자 • **위**법배당 • **감**자 • **합**병 • **분**할
	채권자 보호절차 요구되는 경우		인청/물조/분결/감/합	• **인**적회사의 임의**청**산 • **물**적회사 **조**직변경 • **분**할시 책임분리**결**의 • **감**자 • **합**병
	합병 주총결의 ⇒ 이사회 결의	간이 합병	간/소/이	• **간**이합병시 • **소**멸회사의 ⇒ **이**사회 결의로 갈음
		소규모 합병	소/존/이	• **소**규모 합병시 • **존**속회사의 ⇒ **이**사회 결의로 갈음
	합병·분할의 절차		계/대/결/채/보/등	1. 합병**계**약서(분할계획서) 작성 2. **대**차대조표 등의 공시 3. 합병**결**의 4. **채**권자보호절차 5. 창립총회 or **보**고총회 6. 합병**등**기
	주식의 포괄적 교환 및 이전 절차		계/대/결/실/등	1. 주식교환**계**약서(주식이전계획서) 작성 2. **대**차대조표 등의 공시 3. 주식교환(이전)계약 승인**결**의 4. 주권**실**효절차 5. **등**기

구분	주제	앞글자	내용			
제3편 회사법	해산명령과 해산의제의 구별	일 / 지 / 명 오 / 면 / 제	• **1**년 이상 • 영업휴**지**시 • 해산**명**령 • **5**년 이상 • 휴**면**시 • 해산의**제**			
	주식매수청구권 인정되는 경우	거 / 합 / 영 / 포	• 주식양도 승인**거**부 • **합**병 • **영**업양도 등 • 주식의 **포**괄적 교환·이전			
	변태설립사항 조사	빨 / 리 / 법 모 / 발 / 창		법원에 검사인 선임청구	검사인의 보고 및 변경	
			발기설립	**이**사가	**법**원에	
			모집설립	**발**기인이	**창**립총회에	
	정관의 절대적 기재사항	목 / 상 / 예 / 1 / 본 / 공 시 / 발	절대적 기재사항		정관기재	등기사항
			• 회사의 **목**적 • **상**호 • 발행**예**정주식총수 • 액면주식 **1**주 금액 • **본**점 소재지 • 회사가 **공**고하는 방법		○	○
			• 설립**시** 발행주식수 • **발**기인의 성명·주민번호·주소		○	×
	변태설립사항의 종류	현 / 재 / 특 / 비 / 보	종류		검사인의 조사 갈음	
			현물출자		감정인	
			재산인수			
			특별이익		공증인	
			설립**비**용			
			발기인**보**수			
	1/100 비율	위 / 대 / 주검 / 공통	• **위**법행위유지청구권 • **대**표소송 • **주**총전 **검**사인 선임청구 • 주총소집 **공**고로 **통**지에 갈음(상장회사 한정)			
	5/100 비율	소금 / 사 / 자	• **소**규모합병시 **금**전교부한도(순자산가액) • **사**후설립 • **자**기주식 질취한도			

구분	주제	앞글자	내용
제3편 회사법	10 / 100 비율	해 / 상 / 선 / 채 / 소주	• **해**산판결청구권 • **상**호보유주식 • 주식매수**선**택권 제한 • 사**채**권자집회 소집 • **소**규모합병시 **주**식교부한도(발행주식총액)
	주주만 행사가능	신 / 대 / 이 / 해	• **신**주발행유지청구(단독주주권) • **대**표소송 (1/100) • **이**사해임청구 (3/100) • **해**산판결청구 (10/100)
	상장회사 소수주주권 행사시 6개월 보유기간 요구	임 / 제 / 열 / 해 / 검 / 유 / 대	• **임**시총회소집청구권 • 주주**제**안권 • 회계장부**열**람권 • 이사**해**임판결 청구권 • **검**사인 선임청구권 • 위법행위**유**지청구권 • **대**표소송권
	소규모발기설립 특례	소발 / 공 / 납 / 생략	* **소**규모 **발**기설립 • **공**증인의 인증 • **납**입금보관증명서 ⇒ **생략** 가능
	의결권 제한 주식 — 유형	종 / 자 / 상 / 감 / 특 / 유형	(아래 표 참조)
	의결권 제한 주식 — 제외되는 경우	제 / 집 / 감 / 통 / 주 / 선 / 제외	• 주주**제**안권 • **집**중투표제 • **감**사선임시 3% 제한 • 주총소집**통**지 • 상장사 **주**요주주(10%) 판단 • 주식매수**선**택권 배제주주(10%) 판단
	의결권 제한 주식 — 예외적인 의결권 행사	정 / 종 / 창 / 총 / 분 / 행사	• **정**관에서 정한 사항 • **종**류주주총회결의 • **창**립총회결의 • **총**주주의 동의를 요하는 결의 • **분**할(분할합병)결의

유형 표:

	산입	
	발행주식총수	출석한 주식수
종류주식	×	×
자기주식	×	×
상호보유주식	×	×
감사선임시 3% 초과분	×	×
특별이해관계인 주식	○	×

구분	주제		앞글자	내용	
제3편 회사법	정관으로 배제가능		**불소 / 원 / 집**	• 주권**불소**지제도 • **원**격회의 • **집**중투표제	
	자기 주식	예외적인 취득	**합 / 영 / 실 / 단 / 청**	• **합**병 또는 **영**업의 양수 • 회사의 권리 **실**행 • **단**주의 처리 • 주주가 주식매수**청**구권 행사	
		예외적인 질취	**합 / 영 / 실**	• **합**병 또는 **영**업의 양수 • 회사의 권리 **실**행	
	자회사의 모회사 주식 예외적인 취득		**합 / 영 / 실 / 포**	• **합**병 또는 **영**업의 양수 • 회사의 권리 **실**행 • 주식의 **포**괄적 교환·이전	
	상대방 선악 불문		**상미 / 모 / 자 / 반환 / 가처분**	• **상**호양도 **미**등기	상대방 선악불문 유효
				• **모**회사주식 취득제한 • **자**기주식 취득제한 • 위법배당**반환** • 직무집행정지, 직무대행자선임 **가처분** 효력	상대방 선악불문 무효
	주총결의를 이사회 결의로 갈음 (정관 기재시)	경우	**승 / 리 / 자**	• 재무제표 **승**인 • **이**익배당 • **자**기주식의 취득	
		요건	**정 / 감 / 외 / 보**	• **정**관규정 • **감**사(위원) 전원 동의 • **외**부감사인의 적정의견 • 주주총회에 **보**고	
	법원 직권으로 가능한 경우		**상 / 해 / 청 / 주 / 이 / 사비**	• **상**업장부 제출명령 • **해**산명령 • **청**산인 선임 • **주**총의장 선임 • **이**사회의장 선임 • **사**채권자 인가**비**용부담	

구분	주제	앞글자	내용
제3편 회사법	정관상 주식양도 제한시 양도절차	승/거/지/통/매 30/20/14/10	1. 양도**승**인청구 　　　　　　　　(**30**일 내) 2. 회사의 **거**부통지 　　　　　　　　(**20**일 내) 3. 상대방 **지**정청구 　　　　　　　　(**14**일 내) 4. 상대방 지정**통**지 　　　　　　　　(**10**일 내) 5. 상대방의 **매**도청구
	'인접'지	양/주집	• 영업**양**도인의 경업금지의무 : 동일 또는 인접지역 • **주**총소**집**장소 : 본점소재지 또는 인접지
	투표방식 규정	서정/전이	• **서**면투표는 **정**관으로 • **전**자투표는 **이**사회결의로
	종류주주총회 결의가 필요한 경우	정/배/합	• **정**관변경으로 종류주주에게 손해발생 우려 • 주식**배**정에 관하여 주식의 종류에 따라 달리 정하는 경우 • **합**병, 분할, 주식교환, 주식이전으로 종류주주에게 손해발생 　우려
	예외적으로 소급효가 인정되는 판결	소/결/감	＊ **소**급효 인정되는 경우 • 주주총회 **결**의의 하자 • **감**자무효의 소
	이사회가 위원회에 위임불가	정/대/위/주	• **정**관규정 • **대**표이사 선·해임 • **위**원회의 설치·폐지, 위원의 선·해임 • **주**총승인사항
	채권자에게 열람등사청구권 인정	채열/분합계/ 재/주/부/부/정	＊ **채**권자의 **열**람등사청구권 • (**분**할계획서) **합**병**계**약서 • **재**무제표 등(재무제표, 영업보고서, 감사보고서) • **주**총의사록 • 주주명**부** • 사채권자 원**부** • **정**관
	이사회 승인이 필요한 이사의 의무	경/용/자	• **경**업회피의무 • 사업기회유**용**금지의무 • **자**기거래금지의무
	이사 전원 2/3 이상의 찬성 필요	감/자/용	• **감**사위원 해임 • 이사의 **자**기거래 승인 • 회사기회유**용** 승인

구분	주제	앞글자	내용
제3편 회사법	주요주주 금지사항	선/외/자/신//금지	• 주식매수**선**택권 • 상장사 사**외**이사 • 상장사 **자**기거래 • 상장사 **신**용공여 ⇒ 주요주주 **금지**사항
	회사소송의 대표권자	대/감/법 대/리	1. 일반회사 (대/감/법) 　**대**표이사 → **감**사(위원회) → **법**원 결정의 순서 2. 집행임원 설치회사 (대/리) 　**대**표집행임원 → **이**사회 결정의 순서
	액면미달발행 요건	2/특/저/법/1월	• 설립 후 **2**년 경과 • 주총**특**별결의 • 최**저**발행가액결정 • **법**원의 인가 • 인가 후 **1월** 내
	재무제표 등 작성 절차	6/4/1/1	1. 이사 ⇒ 감사 : 정기주총 **6**주 전 2. 감사 ⇒ 이사(비상장) : 제출받은 날로부터 **4**주 내 3. 감사 ⇒ 이사(상장) : 정기주총일의 **1**주 전까지 4. 재무제표 등의 비치·공시 : 정기주총 **1**주 전
	재무제표 공시	본오/지삼	• **본**점에서 **5**년 • **지**점에서 **3**년
	유한회사에서 설립(증자)관여자의 책임	부/설/사/결/사 미/설/사/이/감	(아래 표 참조)

	설립시		증자시	
	사원	이사·감사	사원	이사·감사
부족한 재산가액 (과대평가)	○	×	**결**의 찬성한 자	×
미필출자 (등기 후)	○	○	×	○

부록2 상법상 추정규정 정리

상법상 추정인지 간주인지 혼동되는 경우가 많습니다. 추정되는 경우를 정리하고, 그 외의 경우는 간주로 판단하기 바랍니다.

1. 상법통칙·상행위

개념	내용	근거
상업등기부의 추정	등기부에 이사(감사)로 등기된 자는 적법한 이사(감사)로 추정한다.	대판 91다4409
등기된 상호 사용시 부정목적 추정	동일시군에서 동종영업으로 타인이 등기한 상호를 사용하는 자는 부정한 목적으로 추정한다.	제23조 제2항
영업을 위한 것으로 추정	상인의 행위는 영업을 위하여 하는 것으로 추정한다.	제47조 제2항
	[비교] 상인이 영업을 위하여 하는 행위는 상행위로 본다.	제47조 제1항
화물상환증 발행시 운송물 수령의 추정	화물상환증이 발행된 경우에는 운송인과 송하인 사이에 화물상환증에 적힌 대로 운송계약이 체결되고 운송물을 수령한 것으로 추정한다.	제131조 제1항
	→ 창고증권에 준용	제157조
리스물건 수령의 추정	리스이용자가 금융리스물건 수령증을 발급한 경우에는 리스업자로부터 적합한 금융리스물건을 수령한 것으로 추정한다.	제168조의3 제3항

2. 회사법

개념	내용	근거
거래상대방의 선의·무중과실 추정	외관법리와 관련하여, 무권리자와 거래한 상대방은 선의·무중과실로 추정한다.	상법상 외관법리에 공통적으로 적용
주권 점유자의 적법소지인 추정	주권의 점유자는 적법한 소지인으로 추정한다.	제336조
	→ 신주인수권증서에 준용	제420조의3
	→ 신주인수권증권에 준용	제516조의6
전자등록부상 적법권리자 추정	전자등록부에 주식을 등록한 자는 그 등록된 주식에 대한 권리를 적법하게 보유한 것으로 추정한다.	제356조의2
주주명부 기재시 주주로 추정	주주명부에 주주로 등재되어 있는 자는 주주로 추정되어, 그 주식에 관한 의결권을 적법하게 행사할 수 있다.	대판 2007다51505
회사 기회유용의 추정	회사의 기회를 유용하여 이사 또는 제3자가 얻은 이익은 회사의 손해로 추정한다.	제397조 제2항
결의에 찬성한 이사로 추정	이사회의 결의에 참가한 이사로서 이의를 한 기재가 없는 자는 찬성한 것으로 추정한다.	제399조 제3항
주주의 권리행사 관련 추정	회사가 특정 주주에게 무상으로 또는 현저하게 적은 반대급부를 얻고 공여한 이익은 주주의 권리행사와 관련하여 공여한 것으로 추정한다.	제467조의2 제2항

공인회계사 시험대비

2026
기업법 I 필기노트
상법총칙 / 상행위 / 회사법

정인국

고려대학교 법학과 졸업
제45회 사법시험 합격
사법연수원 제35기 수료
변호사
미국 공인회계사 시험 합격(Maine 주)
우리경영아카데미 회계사 및 세무사 상법 강의

[저 서]
- 기업법 연도별 기출문제(2007~2025)
- 객관식 기업법 I
- 하루에 끝장내기 기업법 I, 기업법 II

초 판1쇄	2017년 5월 14일 발행
제2판1쇄	2018년 4월 30일 발행
제3판1쇄	2019년 4월 20일 발행
제4판1쇄	2020년 5월 6일 발행
제5판1쇄	2021년 5월 12일 발행
제6판1쇄	2022년 5월 12일 발행
제7판1쇄	2023년 4월 28일 발행
제8판1쇄	2024년 4월 30일 발행
제9판1쇄	2025년 4월 21일 발행
제9판2쇄	2025년 6월 10일 발행
지은이	정인국
펴낸이	이은경
펴낸곳	㈜세경북스
주 소	서울특별시 서초구 방배천로26길 25 유성빌딩 2층
전 화	02-596-3596
팩 스	02-596-3597
신 고	제2013-000189호
정 가	16,000원

저자와의 협의하에 인지를 생략함

이 책의 모든 권리는 ㈜세경북스에 있습니다.
본 출판사의 동의 없이 내용을 복제하거나 전산장치에
저장·전파할 수 없습니다.
Printed in Korea
ISBN : 979-11-5973-454-0 13360